千村故事

名人名流卷（下）

浙江省农业和农村工作办公室
浙江农林大学中国农民发展研究中心
浙江省农民发展研究中心
中国名村变迁与农民发展协同创新中心

本卷主编　王长金　彭庭松

中国社会科学出版社

目 录

下 篇

第一章 曲家风雅 ……………………………………………… (331)

  长兴丁新村：元曲大家臧懋循 ………………………………… (331)

  海盐澉浦村：集众"家"于一身的杨梓 ……………………… (334)

  兰溪夏李村：心系家乡的喜剧大师李渔 ……………………… (338)

  苍南金城村：一代名伶蒲门生 ………………………………… (341)

  嵊州东王村：李氏兄弟与越剧诞生 …………………………… (345)

  嵊州九十村：戒德寺走出的越剧班主裘光贤 ………………… (349)

  余姚天华村：一生献给京剧事业的阿甲 ……………………… (353)

  金华金东东叶村：人民音乐家施光南 ………………………… (356)

  绍兴上虞东联村：当代著名导演谢晋 ………………………… (360)

第二章 师道风范 ……………………………………………… (363)

  绍兴上虞春晖村：教育名流经亨颐 …………………………… (363)

  新昌西坑村：致力于蚕桑教育与推广的陈氏兄妹 …………… (367)

  长兴方一村：纺织界先驱蒋乃镛 ……………………………… (371)

  嵊州小昆村：丝绸专家马伯乐 ………………………………… (375)

  苍南麟头村：数学权威姜立夫 ………………………………… (379)

  平阳腾带村：出身农家的数学泰斗苏步青 …………………… (383)

  象山东陈村：爱国"怪人"陈汉章 …………………………… (387)

  浦江郑义门村：宋濂主持东明书院 …………………………… (391)

  东阳蔡宅村：一生为教育奔走的蔡汝霖 ……………………… (394)

  青田阜山村：与教育结缘的中将兄弟 ………………………… (397)

  德清燎原村：黄郛以教育带动乡村改造 ……………………… (400)

  缙云型坑村：以校为家的畲族教育家蓝台 …………………… (404)

义乌分水塘村：陈望道首译《共产党宣言》 …………… （407）
奉化青云村：藏书代有继承人 …………………………… （410）
瑞安林南村：三任温中校长的金嵘轩 …………………… （414）
海宁路仲村：中国近代植物学奠基人钱崇澍 …………… （418）
浦江钟村：人文荟萃的钟氏后裔 ………………………… （422）
嵊州浦口村：马寅初与家乡的三个小故事 ……………… （425）
嘉善洪溪村：地球物理学家顾功叙 ……………………… （429）
绍兴青坛村：爱国学者董秋芳 …………………………… （433）

第三章　名儒风标 …………………………………………… （436）

永康塘里村：孙权后人，忠孝传家 ……………………… （436）
文成武阳村：敢打抱不平的刘伯温 ……………………… （439）
永康芝英一村：洋务重臣能吏应宝时 …………………… （442）
淳安郭村：理学大家郭村悟源头活水 …………………… （445）
吴兴妙西村：沈家本的妙西情缘 ………………………… （449）
龙泉黄南村：永嘉学派的集大成者叶适 ………………… （453）
兰溪渡渎村：八婺儒宗章懋 ……………………………… （457）
义乌朱店村：大夫第中走出的学者朱一新 ……………… （460）
开化北源村：寒窗苦读，高中状元的程宿 ……………… （464）
开化下街村：朱熹讲学包山书院 ………………………… （468）
龙游西金源村：惨遭陷害的忠良胡大昌 ………………… （472）
常山徐村：端直秉公的南宋史学家范冲 ………………… （475）
平阳钱仓村：深得朱子之心的史伯璿 …………………… （478）
台州黄岩前蒋村：《脚气集》作者车若水 ……………… （483）
仙居上林村：林氏忠孝代代传 …………………………… （486）
龙游童岗坞村：精藏善读的书商童珮 …………………… （489）
温岭琛山村：把藏书当成志业的金嗣献 ………………… （493）
宁波鄞州沙港村：全祖望的沙港足迹 …………………… （496）
余姚金冠村：辗转异域，反清复明的朱舜水 …………… （500）
宁海中胡村：一生只为《通鉴》作注的胡三省 ………… （504）

永康桥下二村：人龙文虎的状元陈亮 ………………………… （508）
松阳象溪村：品高学富的进士高焕然 ………………………… （512）
兰溪后金村：理学名家金履祥 ………………………………… （515）
新昌雪头村：雪溪流韵，名人辈出 …………………………… （517）

第四章　仁医风华 ……………………………………………… （520）

丽水莲都下圳村：福地仁医黄秉乾 …………………………… （520）
松阳西田村：六代行医的叶氏世家 …………………………… （523）
慈溪双湖村：叶种德堂创始人叶谱山 ………………………… （526）
奉化马头村：上海眼科医院创始人陈滋 ……………………… （529）
安吉郎村：畲族神医雷信禄 …………………………………… （532）
湖州南浔港胡村："落马箭"武解元汤御龙 ………………… （536）
临海孔丘村：起死回生的神医章省春 ………………………… （539）
杭州萧山楼家塔村：行医济世惠天下的楼英 ………………… （542）

第五章　诗画风神 ……………………………………………… （546）

海宁桃园村：海内棋圣范西屏 ………………………………… （546）
三门小蒲村：革命作家林淡秋 ………………………………… （550）
松阳桐溪村：名相叶梦得及其家族 …………………………… （553）
永嘉瓯渠村：崇文尚武的吴氏家族 …………………………… （557）
永嘉蓬溪村：山水诗鼻祖谢灵运 ……………………………… （560）
乐清北阁村：文艺全才李经敕 ………………………………… （563）
岱山北浦村：诗画声名动江浙的厉志 ………………………… （566）
奉化董家村：书法大家董开章 ………………………………… （569）
建德建南村：注解《唐诗三百首》的章燮 …………………… （573）
建德珏塘村：青山深处的诗人翁洮 …………………………… （576）
桐庐芦茨村：晚唐诗人方干及其后裔 ………………………… （580）
富阳双江村：晚唐诗坛怪才罗隐 ……………………………… （583）
安吉鄣吴村：画写乡愁吴昌硕 ………………………………… （586）
绍兴安桥头村：鲁迅在外婆家的故事 ………………………… （589）
湖州南浔下昂村：赵孟頫与下昂村的渊源 …………………… （592）

金华金东畈田蒋村：诗坛泰斗在这里诞生 ……………………（596）

浦江礼张村：笔尖上的礼氏名人 ………………………………（599）

金华金东琐园村：儿童文学家鲁兵 ……………………………（602）

常山前旺村：王介与王安石的笔墨情怨 ………………………（606）

衢州衢江朱杨村：盈川好县令杨炯 ……………………………（610）

诸暨东溪村：歌咏阶梯山景的骆问礼 …………………………（613）

绍兴上虞东山村：功勋彪炳的谢安 ……………………………（616）

遂昌举淤口村：杨可扬的版画人生 ……………………………（620）

缙云仁岸村："山村自家人"潘天寿 ……………………………（624）

象山黄贤村：林逋巧对斗知县 …………………………………（628）

后记 ………………………………………………………………（631）

下篇

第一章　曲家风雅

长兴丁新村

元曲大家臧懋循

臧懋循（1550—1620），字晋叔，号顾渚山人，明代戏曲家、戏曲理论家。浙江长兴人，以编著《元曲选》而闻名，是集元曲之大成者。

臧懋循于明嘉靖二十九年（1550）生于长兴丁新村，为臧继芳季子，其嫡母为吕山石泉吴氏，生母丁氏乃侧室。臧懋循天资聪颖，3岁能诵，7岁通晓"五经"，时人奇之。孝丰名人吴维岳喜其才，将弟吴维京之女嫁之。

1568年，曾两任知府的父亲离世，臧懋循继续刻苦攻读，万历元年（1573）参加乡试中举，万历八年（1580）以第三甲第88名赐同进士出身。次年授湖北荆州府学教授；万历十年任应天乡试同考官，不久任夷陵（今湖北宜昌）知县；万历十一年，升任南京国子监博士。由于为人不拘小节，于万历十三年（1585）受到弹劾被罢官，返归乡里，其时仅36岁。万历二十四年移居南京，万历三十年再次举家返乡。

臧懋循博闻强记，涉猎宽泛，才高隽永，且善结友人。南京为官时，与汤显祖、王世贞、梅鼎祚、袁中道等友善，时常游览六朝遗迹，风流倜傥；寓居乡里时，与吴稼登、吴梦旸、茅维诗词唱和，并称"吴兴四子"；万历二十九年，与曹学佺、陈邦瞻等名士结集金陵诗社。

臧懋循热爱家乡，万历二十四年与里人重建鼎甲桥；罢官后赋诗言志，留下了歌咏家乡风光的诗句；他还传承了臧氏科举世家的文风，其后人又有5人进士及第，举人数位。万历四十八年（1620）亡故，卒年71岁，与夫人吴氏同葬于孝丰鄣吴村（今隶安吉县）岳家墓地。

目前丁新村仍有臧懋循故居，主要包括负苞堂、雕虫馆。"负苞堂"的含义应该来自汉朝王符的《潜夫论》。"负"和"苞"都是植物，古书上的"负"指的是"蕡草",即今天的吊瓜,"苞"就是席草,可以用来编草鞋。古时候,这两种植物很普遍,村落周围大概到处都有。王符是东汉末年的人,他不满东汉政治腐败,终身不仕,但潜心探讨人情世事,写作的《潜夫论》抨击时政弊端,宣扬一种民本思想。《潜夫论》中有这么一段话:"人之善恶,不必世族;性之贤鄙,不必世俗。中堂生负苞,山野生兰芷。"大意是说,人的善恶贤劣,不能只从他的门第出身看,中堂之固,难保日后不长"蕡草"和"苞草",而荒山僻野,说不定潜藏着兰芷的芳香。

臧懋循借用王符的话取作堂名。"中堂生负苞"包含一种警戒:门庭败落,难免杂草丛生。万历四十四年,他的堂兄臧懋中告诫自己两位同登进士的儿子:"孺子毋以一第骄人,顾立朝自兹始,未有己不正而能正人者。一堕足,终身不可湔洗。"表达的也是这个意思。但臧懋循的可贵之处,在于他没有因"堕足"而沉沦,他的"负苞堂"还潜伏着另一层含义:"山野生兰芷"。果然,身处乡野的臧懋循,留给后人的芬芳远在那些仕途得志者之上。

雕虫馆乃臧懋循的藏书处之一,臧懋循自称雕虫馆主人。

雕虫指雕刻虫书,虫书又叫鸟虫书、鸟虫篆,是秦书八体中的一种字体,是西汉学童必习的小技。雕虫比喻微不足道的技能。臧懋循以雕虫命名,足见其不傲才以骄人的谦虚品德。

臧懋循的主要成就还是在出版事业上。他在1602年返乡后,在雉城创办了印刷工场,命名为"雕虫馆",自选、自编、自刻并亲自主持书籍的发行,成为中国最早一代具有代表性的私人出版商。先后编纂出版的著作有《六博碎金》8卷、《古逸词》24卷、《古诗选》56卷、《唐诗选》47卷、《校刻兵垣四编》,以及《玉茗堂四梦》(汤显祖著)、《校正古本荆钗记》《改定昙花记》和弹词《仙游录》《侠游录》《梦游录》等,总字数达三百余万字,堪称卷帙浩繁,在雕版印刷的时代殊为不易。

让臧懋循青史留名的伟大著作是他主编的《元曲选》100卷。他受家乡戏曲盛行的深刻影响,对戏曲具独到的鉴赏能力;究其一生,尤其着迷于元代杂剧,曾自述"吾家藏杂剧多秘本"。在其家藏的基础上,又利用与松江徐阶、申时行、王锡爵等人的姻亲、师友关系,不惜代价广收散佚的元曲;晚年利用送幼孙到河南确山娶亲之机,在河南、湖北等地遍寻各种元曲版本,在湖北麻城刘承禧处,一次借得二百来种杂剧抄本。历时30年的搜罗、筛选、改编,终于在万历四十三年（1615）刊行《元曲选》100卷、图1卷,为传承中华文化作出了巨大的贡献。

（长兴县农办）

海盐澉浦村

集众"家"于一身的杨梓

杨梓（1260—1327），元代官员、富商、戏曲家、美食家等，海盐澉浦人，历官浙东道宣慰副使金都元帅府事，后以嘉议大夫杭州路总管致仕。卒后，追封弘农郡侯，谥康惠。

戏曲家

杨梓风流倜傥，好侠义，喜交人，爱好戏曲。因搞海运贸易，往来商人很多，他家经常招待客商仕宦，设家宴举行各种演奏，因此拥有杨氏自家的演出班子。

《海盐县志》载"杨发其家复筑室招商，世揽利权。富至僮奴千指，尽善音乐。饭僧写经建刹，遍二浙三吴"。据元代姚桐寿《乐郊私语》记载："杨氏家僮千指，无有不善南北歌调者。"所谓千指即百人，大概杨家能够唱海盐腔的年轻女子超过一百人，这么大规模的戏文班子，歌声喧阗，响遏行云。"海盐少年，多善歌乐府，皆出于澉川杨氏。"又据明董谷《续澉水志》记载："西门内大街，南有真武庙，元宣慰使杨梓居之，建楼十楹，以贮妻妾，谓之梳妆楼。"姬妾们将洗下的胭脂剩水倾入楼旁池中，水尽染色，尽为之赤，人称胭脂湖（今澉浦镇中心小学内）。桃红柳绿之际，杨梓便携歌姬到南北湖游览，丝竹隐隐，宴乐融融。杨梓也曾邀名曲家张可久秋游南北湖和唱，张可久有越调《作别澉川杨安抚》，其中有"不堪听，尊前一曲《阳关令》；斜阳恁明，寒波如镜，分明照离情"。而这十间楼，随着明初杨氏一族远徙至今不可知的异地，终于废为延真观。明代，楼尚有存，故可以凭吊，可以登临，这是有诗为证的："彩鸳飞去曲池荒，栏槛依然绕绿杨。春色不知歌舞尽，野花犹学美人妆。"（明·陈金《题宣慰妆楼》）明正统年间，有位道士朱洞玄，大概也是古雅之人，登楼，见有帘幕镜奁古书玩物等件，想来这风雅的道士是何等的欣喜了。清代彭孙贻亦有诗云"画阁青山宣慰家，曾将金屋贮名花。朱楼吐月开妆镜，红袖翻风驻彩霞。乐府酒旗银落索，姬人宫粉玉钩斜。舞台歌榭今何处？澉水荒城只暮鸦！"可以为之一证。

杨梓精通音律，长于写散曲。在好友著名的戏曲音乐家贯云石的指点下，杨梓发挥自己的才艺，在创作补遗中对流行的南北歌调进行加工，逐渐形成海盐腔，并以之作为杨氏歌僮演唱的"家法"。这种柔美婉转的新唱腔由明代开始盛行，并成为南戏的四大声腔（海盐腔、余姚腔、弋阳腔、昆山腔）之首，逐步取代了在南方流行的北曲杂剧在戏曲舞台上的统治地位，海盐少年"往往得其家法，以能歌名于浙右"而名声大噪。据史料记载，当时"海盐戏文弟子"盛行一时，该腔流布地区后扩展到浙江乃至江西、山东和北京，对后来中国的昆山腔等各种声腔的形成和发展产生了重要的影响。反映明代嘉靖年间社会生活的《金瓶梅词话》中，记载海盐子弟演剧和清唱者有八处之多。书中西门庆凡接待大官，必用海盐子弟，以为郑重。

《全元散曲》录有他的小令29首。他所创作的东乐府散曲，"俊逸为当时之冠"，在社会上很有影响。杨梓还自己动手写剧本。杨梓编写的剧本，今天保存下来的有三种：《下高丽敬德不伏老》《承明殿霍光鬼谏》《忠义士豫让吞炭》，在元杂剧中属上乘之作。郑振铎在编《世界文库》第二册时首刊《敬德不服老》一剧。此剧的第一折有高腔改编本《敬德打朝》，第二折至今犹有以《诈疯》之名的演出。该剧成就较高，明代曾改编为传奇《金貂记》。《乐郊私语》说杨梓写剧"寓祖、父之意"，意即杨梓宣扬不忘旧主，是因为他的祖、父都曾在宋朝为官，有不忘宋朝的思想。这是一种说法。杨梓的杂剧和戏曲活动，奠定了他在元代戏曲史上的重要地位，使他成为元代戏曲家中的佼佼者而载入中国文学史。

富商

中国古代航海或说坐船远航，无非是五类人：和尚、太监、使节、海商和海盗，这之中真正有动力去探索海洋的是海商，但轻商的古代中国，海商的名字和事迹很少被史家记录下来，唯有澉浦亦官亦商的"杨氏三代（杨发、杨梓、杨枢）"是个例外，杨梓为杨发之子。据《明一统志》载："澉浦在海盐县南三十六里，《水经》云：谷水于县出，为澉浦。以通巨海。晋光熙初尝有三毛人集于此，盖泛于风也。元至元间，宣慰杨耐翁，居此构屋，招集海商居民质易，遂成聚落。洪武中亦筑城浦上。"这里所说在澉浦招集海商的宣慰杨耐翁，即杨梓。杨梓早年主要从事对日本和高丽等国贸易，间或也做南洋的生意，至元三十年（1293）因熟悉南中国海路和东南亚风情，参加了元军入侵爪哇的海上战争，为元廷海上远征军出钱出船，并亲任远洋导航。杨梓征战归来，受封为安抚总司，后任杭州路总管，是海商海军兼而有之的航海家。《崇宁万寿禅寺杨氏施田记》说：中大夫、浙东宣慰副使佥都元帅府事杨公梓在至大三年（1310）冬十月二日，用海船僦钱如浙东。"说明杨家有自己的海船。

杨氏一门三代，从事海上贸易，下南洋，下西洋，既为远征南洋的海军领航员，又是接送波斯湾外商的使节，虽称不上伟大，但算得上真正的远洋航海家。杨家是1301年下西洋的，郑和是1405年7月11日出发去西洋，杨家比郑和下西洋早了104年。杨耐翁曾在澉浦造了大量的房屋招海商，澉浦也自此有了街道。元代澉浦的海港为杨氏几代统治，杨家的财富为杨氏从事戏曲事业提供了深厚的物质基础。

建筑家

如果说杨梓创海盐腔是无意间给后人留下了一笔"非物质文化遗产"，那么，在他有生之年，还给我们实实在在地留了一件"物质遗产"——老澉浦耳熟能详的一口重达"五千余斤之钟悬于十丈之楼"（董谷《续澉水志》卷九）的澉浦铜钟。

杨梓在任杭州路总管时，与日本有相当频繁的贸易。商船在日本卸货后，如果空船回来，海面上风急浪高，时有翻船的危险，船家精明，纷纷购买日本黄铜压舱，以稳定船身，平安驶过凶险的海面。船回到澉浦，卸铜后再装货去日本，如此反复。因澉浦常年干旱，为了镇压风水，祈祷丰年，保一方平安，杨梓把这些从日本装来的压舱铜，浇铸了一口大铜钟，这口钟重达2740公斤，高2米余，内径1米余，壁厚20余厘米，双龙盘绕的钟钮、祥云如意图案的钟肩、流水花纹的钟腰、回形纹的钟边、波浪形的钟口，钟面还镌刻有密集的文字。后又建6丈楼悬之，其声铿洪，十里外闻焉。

钟楼于明成化、嘉靖、万历年间几经重修改建，增为3层，高10丈。清康熙、乾隆、光绪及民国年间又几度修葺、重建，缘梯登楼，可览澉浦镇全景。在明代更是辟钟楼为"禅悦钟声"，列"澉川八景"之一，与苏州寒山寺钟声相媲美。楼中旧有楹联："钟以神名，听百零八杵撞来，真能发人深省。楼因禅悦，为九十九峰环绕，洵堪与物咸熙。"吴文晖有登钟楼诗云："鸣磬归鸦集，登楼驯鸽逢，谁遮千里目，九十九青峰。返照踵虚牗，凉烟浮暮钟。笼纱吾岂望，题壁半尘封。"明代钟梁亦有诗："禅悦钟声出海城，紫烟苍霭晓冥冥。梦回高枕湖山下，不是枫桥夜半声。"澉人古谚"澉浦城里穷则穷，还有三千六百斤铜"还在当地流传。

美食家

除了是杂剧作家、辞官在家的隐士、戏班班头、地方慈善事业的捐助人，杨梓还是一个不折不扣的美食家。因家中常有家宴，但菜肴不能老一套，要讲究各种美味。吴侠虎先生说他"善烹饪，有食谱流传"，杨梓家宴的著名菜肴——鱼卤羊肉、烫黄鳝（即火笃鳝）、五子登科和蛴虫越馄饨。

据说杨梓按照"鲜"字字形，将小山羊煮滚后去沫，加入海鱼或河鱼煮出的清汤，再加糖、酱、枣、酒等，用文火焖透，其味果然鲜淳。后来加入芋艿，味道更加淳厚。传说杨梓某日听曲忘情，而厨师置上好羊肉于大铁锅中，烧制的时间不知不觉超过了往日。不料，这烧过头的羊肉，色泽红亮，酥而不烂，油而不腻，味道倍于异日。

五子登科还有一个好口彩——五福临门，制法：先用一麻雀纳入一鸽子，再将鸽子纳入鸡，再将鸡纳入鸭子，再将鸭子纳入鹅中，置一大锅内，加水以文火焖蒸，至全部熟透，厨师当着客人面剖开，五禽忽然在目，层层剥食，味道好极。这样讲究的吃法，想来也只有杨梓这样的人才想得出。蛴虫越馄饨是杨梓不得已而发明的，杨家宴会多，澉浦没有这么多的螃蟹，而澉浦海涂，蛴虫越极多，杨梓即以蛴虫越替代，做出的馄饨，据说味道与蟹肉馄饨无异。

杨梓六十寿诞，要在家宴请宾客。杨家弟子提前准备，反复商量，杨家后厨的人认为"八"这个喜数好，就准备出了八大寿菜：两冷盆，三大菜，三热炒。而且给这八个菜取了既吉祥又能体现杨家声望的名字。后来有条件的老百姓办宴席也跟着用这八菜。后来这八菜代代相传成了定例，不再改变，就称为"澉浦八大碗"。目前，澉浦羊肉已与清汤肉皮、糖醋炒鱼等澉浦喜筵八大菜一起，被纳入当地非物质文化遗产加以保护。

（海盐县农办）

兰溪夏李村

心系家乡的喜剧大师李渔

李渔（1611—1680），中国古代著名戏曲作家和戏曲理论家。明末清初兰溪夏李村人。原名仙侣，字谪凡，号笠翁、天徒，别署觉世稗官、随庵主人等。李渔一生勤于笔耕，著述颇丰，擅长喜剧创作，并取得非凡成就，被誉为"东方的莎士比亚""世界喜剧大师"等。1991年8月，浙江古籍出版社刊印《李渔全集》共20卷六百多万字的煌煌巨著，见证了这位天才一生的心血。

李渔家乡夏李村距离兰溪城区约20公里，是个宁静的小山村。李渔出生于明万历三十九年（1611）的八月初七。他的出生还有段美丽的传说。据说李渔的母亲怀了11个月的胎，肚子痛了3天3夜，还是没有分娩。这时，村里来了一位白须长老，他看了看说，这孩子不是一般的孩子，是星宿下凡，这房子阴气重，地盘轻，载不动他，长老建议把产妇抬到祠堂的阳宅里去生。于是大家就七手八脚地将产妇往祠堂阳宅里抬，在阳宅里刚放下，孩子就"哇"的一声出世了。大家就叫长老给孩子取名，长老说，他是文星谪凡，是仙之侣，天之徒，就取名叫李谪凡，字仙侣，号天徒。

李渔的少年时代在江苏如皋度过。夏李村人多地少，"流寓于外者几三分之二"。其族中不少人都在江苏如皋经营药材，李渔的父亲李如松也在那里开了一家药店。李渔出生不久，父亲就将家迁往那里。

天资聪颖的李渔，很早就识字作文。"四书""五经"烂熟于心，赋诗作文信手拈来，一旦下笔，洋洋洒洒便是千言。他学习刻苦自励，每年在自家后院的梧桐树上刻诗一首，以警戒自己不虚度年华。父母看在眼里，喜在心头，决心花力气将儿子培养，以便来日光宗耀祖。为了让儿子能有个好的学习环境，李渔母亲学孟母"三迁教子"，将李渔最终安置到"老鹳楼"里读书。正当李渔扬鞭奋蹄，学有专攻时，天有不测风云，父亲突然因病去世，全家陷入悲哀和困顿之中。

19 岁的李渔决定扶柩回到夏李村，一边守孝，一边准备参加科举考试。其间娶了距夏李村约十里的生塘徐村徐氏女为妻。崇祯八年（1635），李渔去金华参加童子试，成绩优异，一鸣惊人，人送外号"五经童子"。崇祯十五年（1642），明王朝举行最后一次乡试，李渔再赴杭州应试，由于局势动荡，李渔未到杭州便又返回兰溪。不久，受新任婺州司马许檄彩之邀，做了幕客。后又结识新任知府朱梅溪，两人志趣相投，过从甚密。数年后，清兵攻入金华，李渔在金华的旧居被毁，被迫离开金华再次回到了兰溪。

天地巨变，功名顿成泡影；死里逃生，家财消失殆尽。年少沧桑的李渔不得不重回夏李村栖身。村里也只剩下一间破旧的老屋了，根本无法安置家人。他看中了离村一千多米的伊山脚下的一块风水宝地，旁边安放着族人的坟茔，村里人很少来此，地价自然便宜。于是他就将老屋置换了这块地，并在此地苦心经营起一座漂亮的乡村别墅来，连同周边伊山荒地，占地竟达百亩。李渔将戏剧布景的美学观点运用到造园，并将此处别业名之为伊园。李渔对此别业很是满意，写了《伊园十便》《伊园十二宜》等不少诗作来赞美它。整个伊园亭台楼阁布局既实用便利，又充满了人文情趣。据其诗所写到的伊园，中有燕又堂、停舸、苑封桥、苑在亭、踏响廊、打果轩、迁径、蟾影口、来泉灶等。

尽管李渔自嘲为一个识字农夫，隐居乡里，但出于对家乡的热爱与关心，他还是从事了不少公益事业。他倡修水利，对全村田畈、山地的水利设施进行重新设计规划。3 年里，以他为首，共改建或新建石坪坝等 4 处堰坝，把村庄周围的两条河渠全部打通，又新开凿了伊坑等 3 条堰坑沟渠共计 6 华里，不但使上千亩易旱的黄土丘陵地形成"自流灌溉"，大大改善了农田水利，而且解决了村民饮用水不便的问题，使得村民至今受益。其中石坪坝后改名为李渔坝，其设计尤为巧妙，水坝单独设立排沙孔的做法，在如今江南水利文物中很是少见。因为其独特的研究价值，1989 年李渔坝被列为浙江省文物保护单位。

在夏李村有一名亭，名曰且停亭，被列为"中国十大过路凉亭"之一。此亭也是李渔当年牵头修建的。修建此亭时，当地财主李富贵出钱最多，亭成时，他提出亭子命名为富贵亭。李渔不置可否，轻轻一笑说："我且出一对联，如果你能对上，此亭就叫富贵亭。如若不能，亭名就在我的对联中了。"未等李富贵点头，李渔就吟出一联："名乎利乎道路奔波休碌碌，来者往者溪山清静且停停"。李富贵听出了弦外之音，加之才疏学浅，不能应对，只好红着脸拱手认输。如今且停亭已经修葺一新，当人们读到这对联，想起这有趣的来历，心中都免不了要会心一笑。

顺治八年（1651）李渔被推为宗祠总理，主持宗祠事物和村务管理。他亲自制定了李氏宗祠《祠约十三则》，提出了较为完善的管理方法，这是兰溪历史上著名的"村规民约"，是依法治村的依据。他也主持修订了《龙门李氏宗谱》。李渔为村里忘我工作，深受村民的爱戴与欢迎。

李渔在一次兴修水利过程中，与邻村生塘胡村发生了利益冲突，陷入了一场官司。因"胡姓刁诈，事不如愿，结讼中止"，这让李渔深感失望。加之生计和事业的考虑，李渔决定离开家乡，前往杭州开辟新天地了。他写下《卖山券》，忍痛将伊园卖掉。文中说，山林园子可以卖掉，但其精灵还在。不管过去多少年，人们都还会记得伊园的主人就是李渔。略显苦涩的幽默中寄托着对故乡和伊园的深切依恋！

离开夏李村后，李渔辗转于旅途，"二十年来负笈四方，三分天下，几遍其二"，卖文演戏过生活。一生也似飘蓬，先在杭州购建"武林小筑"，后又迁往南京营造"芥子园"，晚年又回杭州建"层园"定居。不管走到哪里，李渔对夏李村的思念从未减少。在他60岁的时候，才得以再次回到夏李村。20年弹指一挥间，李渔回到村里少不了感慨物是人非，旧貌新颜。他写下了《二十年不返故乡重归志感》，诗云："不到故乡久，归来乔木删。故人多白冢，后辈也苍颜。俗以贫归朴，农由荒得闲。喜听惟涧水，仍是旧潺湲。"兰溪县令赵滚听闻李渔回乡，特地送来"才名震世"的牌匾，以示对这位乡贤的敬重。如今这块牌匾仍然悬挂于夏李村李氏宗祠。

李渔原本想叶落归根，但由于种种原因未能如愿，最终是"老将诗骨葬西湖"。李渔是一个将家乡装在心里的人，他对家乡的牵挂，留在了他的文字中；他对家乡建设的贡献，至今人们还在受益。兰溪和夏李村的人民，也没有忘记这位多才多艺的前辈，他们建造了李渔文化公园，塑起了李渔像，修复了祖居和祠堂……如今的兰溪，李渔文化无处不在。"举世尽成弥勒佛，度人秃笔始堪投"，李渔作戏曲的目的在于让人们开怀一笑。可以告慰的是，李渔的剧目今天还在家乡不断上演，欢声笑语一定会代代相传的。

（彭庭松）

> 苍南金城村

一代名伶蒲门生

  金城村位于苍南县马站镇境内，地处浙闽通衢，水陆码头通达，是明清时期浙南重镇——蒲城（旧称蒲门）城内两个行政村之一。村内蒲壮所城是明洪武十七年（1384）为防倭而建，于1996年列为全国重点文物保护单位，2012年被浙江省文化厅、浙江省旅游局命名为浙江省非物质文化遗产旅游景区（民俗文化旅游村），2013年列入温州市历史文化保护与利用重点村落。村内有金、华、叶姓三大望族，自宋元以来文风鼎盛，人才辈出。一代名伶蒲门生就是出生于此，他危难之时中兴永昆的故事，在坊间至今广为流传。

  据史料记载，蒲城叶姓，自南宋学者叶适迁居到温州水心，明嘉靖间，其后裔叶翠林才来蒲城兴开当铺。清乾嘉年间蒲城叶氏后人叶正春开始着手在明夏衙基原基上兴建叶氏三大宅院。蒲门生故居就位于叶氏三大宅院之一，庭院内有一井名"无糟井"。关于无糟井在村里有个传说：某日，有位道人来到此地，走进东门一家小酒肆，酒兴正酣时却被店家告知酒罄打烊。道人只觉尚未尽兴，心痒难受，看店堂之后有口小井，嗔道："井中有酒，何不打来？"店家慑于其威，惶恐之余便打井水与之饮，道人畅饮几桶，却连声赞叹，之后拂尘而去。从此，井水变酒，声名远播，店家由此致富发家。数年后，道人云游经过此地，特意上门探访，店主百般殷勤接待自不必说。闲聊中，店主抱怨道："井水变酒，却又无糟，不免遗憾。"道人一听，随即拂尘一挥，大笑而去。从此，井水又成清水一汪。后世有人云："天高不算高，人心才是高。井水当酒卖，还嫌酒无糟。"

  蒲门生高祖叶正春，据传富甲一方，因院内无糟井之戒，虽拥有良田千亩，却性情淡泊，为人谦和，周济贫困，为乡人所敬重。蒲门生原名叶良金，字丽生，因以饰演生角出名，按照历来因地名人的习惯，遂以"蒲门生"为艺名。历经五代，叶家已由盛转衰，到良金这一代已家道中落，祖业凋零。叶良金幼年家贫，只念过几年私塾，为生计所迫做过牧童，也曾贩糖，因其天资聪慧，长相英俊，嗓音清亮而又粗通文墨，模仿他人形神兼备，能随口编唱村坊小曲而深受乡民喜爱。后因偶遇某乱弹班班主，遂随班学戏，正式走上学戏唱曲之路。

叶良金被戏班收留学戏后，天赋高，入戏快，加上勤学苦练，三年后便成为一位出色的生角，成为温州乱弹（今为瓯剧）最著名的"老锦绣"班的台柱，后又为"同福"掌班，由乱弹改唱昆剧，因其技艺精湛、唱腔婉转而闻名浙南。

彼时，叶良金曾因家贫不得继续求学而抱憾终身，因此爱慕风雅。每到一地演出，虽然只作短短几日停留，但他仍要独借一处安静所在，布置素雅后邀请当地的文人学士，每每翰墨往来，诗词唱酬，乐在其中。他曾拜学者吴次垣（江南人）为义父，在吴的指导下习文学诗，吴桥（今平阳万全）诸生吴树森擅长诗词，长叶良金40岁，两人结为忘年交，在此间吴树森曾多次赠诗与蒲门生。此外，时任温州知府的张盛藻也有一首《看剧演李密》："一曲笙歌傀儡场，蒲山姓氏片时彰，妆来面目神惟肖，望去须眉气自扬。泪洒伯当悲剑短，樽开翟让示弓强，英雄往事成千古，莫与江东共较量。"写的就是观看叶良金的演出，并对他的舞台形象给予了高度的赞扬。民国温州人黄一萍在《温州之戏剧》中说叶良金"善画梅，能为小诗词，在班为小生，演剧能出神入化。迄今犹为人传赞不替"。坊间公认其为"温雅风流，有文人学士之风致，实伶界之泰斗"。

永昆又名温昆，剧中的正生和小生分属两个不同的行当，以正生见长的首推叶良金，叶良金一生在剧中创造过多种角色，所演正生戏如《牧羊记》中之苏武、《东窗记》中之岳飞、《连环记》中之吕布、《十五贯》中之况钟、《金印记》中之苏秦等，眉宇间自有一股浩然正气，举止间拥有一种独到的神韵，为其他演员所不可比拟。他也兼演小生，如《千金记》中韩信、《八义记》中程婴、《玉簪记》中潘必正等角色，都能演得丝丝入扣，活灵活现。据传，他曾应邀到福鼎溪光演出，福鼎知县听闻蒲门生大名特地赶来看戏。当天日场演出的是《十五贯》，蒲门生当时饰演况钟，知县为其演技感动，看了一场意犹未尽，夜场要求再演，第二天日场，又叫安排《十五贯》，竟一连看三场。叶在某地演出《开金锁》一剧时，当演到该剧《游庵》一折，因叶饰演的生角欲混迹庵堂而假扮女尼学习敲木鱼、念经，动作滑稽、狼狈，惹得台下哄堂大笑，一个久患痛背者忍痛挤到台下，因剧情而大笑酣畅，痈口崩裂，痈患却就此痊愈。而民间流传最广的还是他在《珍珠塔》中所饰的方卿，坊间都称他为"活方卿"。

据温州学者沈不沉掌握的资料，叶良金不仅擅演生角，还能自编剧本，自编自演，自编自唱，这在当时艺人中实属凤毛麟角，独树一帜。永昆至今保留的《花鞋记》《杀金记》以及本地流传的《恶蛇报》等剧，都出自他的手笔。《花鞋记》为清同治、光绪年间各昆班常演之剧目，后被温州乱弹（瓯剧）所移植，一直盛演不衰。他在剧中塑造的"大姐"后来成了温州人形容泼辣、刻薄、行为放荡的女人的一句民间谚语。《杀金记》为永嘉昆剧的看家武戏，也是永嘉昆剧的独有剧目，全剧武功汲取平阳南拳中的"打短手"，对打极为精彩，多在庙会或斗台时演出。据传，20世纪初，人们还在温州"拦街福"看到此剧的演出盛况。他在舞台形象的塑造上也摸索出一套模式，至今，永昆剧的正生、小生等的舞台调度和动作规范，大都还遵循当年他所开创的生角路数。

清乾隆后，由于乱弹等强烈冲击，永昆一度呈现冷寂的状态，清梁章钜在《浪迹续谈》中记到："比年余侨居邗水，就养瓯江，时有演戏之局，大约专讲昆腔，不过十之二三。"其惨淡光景可见一斑。直至道光年间，温州只有"霭云""秀柏"两个昆班，后来"霭云"班溺于海，"秀柏"班死于瘟疫，昆剧从此中断了二十余年，几近绝响。鉴于昆班断档，叶良金作为"老锦绣"班当家生角，与高玉卿、杨盛桃二人遂破门而出，重组新戏班取名"同福"（原名洪福），大家公推他为班首，同福的组建与当时"老锦绣"乱弹形成了旗鼓相当的局面，使已经中断了二十多年的温州昆剧得以恢复，"同福"的组建令几近绝响的永昆出现一个新拐点，开始进入中兴时期。

永昆的中兴得益于拥有一批优秀的演员。叶良金和杨盛桃原为"老锦绣"班台柱，在观众中有很大的影响。加上分散在各班的昆剧演员纷纷加入，演员阵容强大，演艺精湛，风格独特，他们的名字口耳相传，艺名家喻户晓。

为推陈出新，编创独有的看家剧目，叶良金着手编创新剧，加上他又邀请金华等地老演员来班现身传艺，剧目更趋丰富，很快声名鹊起。"同福"长期巡演于温台两府城乡，戏金较一般班社为高，各地迎神赛会都以聘到"同福"为荣。旧时温州民谚有"同福价钿老"之说。叶良金还亲授学生徐郑、炳虎、邱一峰等多人，这些演员后来都成为永昆戏班的台柱，成为永昆中兴的中坚力量。而叶良金正当演得大红大紫时，由于劳累过度，32岁时不幸英年早逝。

叶良金去世后，由该班台柱演员杨盛桃接任班主。杨盛桃，人称"阿桃儿"，温州人至今还流传着"阿桃儿做罗丝梦"的谚语。清光绪二十年，杨盛桃由演旦角改演生角，改班名为"新同福"，并沿袭叶良金独创的自编自演特色，深受观众喜爱。后"新同福"又分出另组"品玉"，"品玉"为与"同福"分庭抗礼，在行头及剧目创新上狠下工夫，遂与"同福"班并驾齐驱，两班之间相互竞争，相互促进，成为当时温台地区最为活跃的两大昆班。在叶良金创办"同福"至民国初的40年间，永昆戏班总数共发展到了二十余班，并造成了"温州戏十九仍尚昆腔"的局面，开创了永昆历史上最令人称羡的黄金时期。由此，蒲门生（叶良金）的名字也在永昆兴衰史上留下了浓墨重彩的一笔。

（苍南县农办）

嵊州东王村

李氏兄弟与越剧诞生

1906年3月,嵊县平原一带的麦子渐渐泛黄,亦农亦艺的唱书艺人陆续回到家乡,准备春收麦子和播种早稻。

返乡队伍中,有两位行色匆匆的年轻艺人,见到东王村口的香樟树,便迫不及待地把背包、钿褡从身上卸下,抛在地上。各自喘了一口气,然后从树旁流过的水甽里喝了几口甘洌的山泉水。其中一个撩起衣襟擦了擦脸,站在香樟树下,大声唱道:

"一听万岁把臣宣,午门外来了我保国贤,

男儿当有凌云志,天下大事敢向前!

万岁呀,我的樟爷万岁哪——"

随着唱书声,几位村民出来看热闹,一位长得方正结实的中年汉子指着唱书的道:

"世泉,侬介猢狲!铜钿多少赚回来了?介高兴。"

世泉停下唱书,向中年拱手作揖:

"海法叔,小侄向您老人家请安了!"

这是东王村唱书艺人李世泉与弟弟李茂正回到村口的动人一幕。

在当时通信信息十分落后的年代,走南闯北的唱书艺人算得上见过世面的消息灵通人士。村里人听说李世泉兄弟俩回来了,就纷纷去李家听朝事(新闻)。有一次,兄弟俩谈起在於潜几个唱书艺人集在一起,分角色唱戏的事,唱着唱着,不是前言不搭后语,就是抢戏抢台词,台上乱成一锅粥,台下笑得闹堂堂。村人们一听,唱书也可以像戏班一样上台做戏,觉得新鲜好奇。鼓动李家兄弟也来唱台大戏,让乡亲们开开眼界。

李氏弟兄心想,春耕还早,来就来:

"挨罗罗罗——,脸皮三寸厚,出去打花鼓,难看怕得我!"

于是,李世泉邀请周边村的钱景松、袁福生、高炳火、高金灿、俞柏松等唱书艺人,聚集在李世泉家,商量做戏之事。他们做了一个计划:做戏模仿"余姚鹦歌",一人一角。一次不行二次,二次不行三次,反正在自家门口,玩玩开心,也没什么东西丢掉。定下第一夜戏单:先演小戏《十件头》《倪凤扇茶》,再演正戏《双金花》后半本。决定小生穿长衫,小旦穿竹布衫裙,大面穿马褂,这些服装都是当时流行款式,容易得到。但缺少一件官服,在《双金花》里有官爷人物,想来想去没办法,花钱去买,一时买不到,兜里也没钱。钱景松突然想到菩萨庙里菩萨穿的不都是官服?于是就去向菩萨借了一套官服充数,同时还借来菩萨的胡须(戏班称髯口、摞把)。化妆用妇女平时用的鹅蛋粉当水粉,红纸醮水代胭脂,锅底灰画眉。村里有位胆识过人的姑娘李凤珠,见他们化装得人不人鬼不鬼的,就主动帮他们化妆。

3月27日夜,东王村的香火堂前搭起四只稻桶,铺上门板当戏台。嵊县人自己会做戏了!一句无比自豪、无比嘹亮的广告语吸引了周围村庄的无数百姓。吃过晚饭,百姓们背着长条凳三三两两来到东王村,把香火堂前的空地挤得水泄不通。

演到后半场《双金花》时,高炳火饰小姐蔡金莲,蔡小姐身处闺阁,思郎心切。高炳火一时找不出适合的台词,就反反复复地吟唱着嵊州一首名叫《空闺怨》的民歌作台词:

行行复行行,
小脚踮踮满动心。
一行行到闺阁顶,
面对镜台懒梳整。

行行复行行,
小脚踮踮满动心。
一行行到灶脚跟,
面对茶饭无心情。

行行复行行,
小脚踮踮满动心。
一行行到大天井,
面对蝴蝶戏花没精神。

行行复行行，
小脚跐跐满动心。
一行行到大台门，
望郎望到月亮婆婆爬上东山顶。

这次演出虽然粗糙，但获得了成功。越剧从此诞生了！

首次演出的成功，极大地调动了艺人们的热情。根据第一夜香火堂前爆满的实情，第二夜把戏台移到村口的香樟树下。四出邀请亲友看戏，还去甘霖镇集市买菜招待客人。

消息传到甘霖团练干办樊金焕耳里，不由得怒火中烧。绍兴府台衙门正在推行减戏禁戏，你东王唱书艺人竟敢把小小曲艺敷衍成大戏，这是其一。其二，甘霖所辖之地，讨亲做事、演戏谢神，莫不送帖恭请我樊金焕，如今东王演戏竟招呼都不打一声。于是，樊金焕信口诬陷东王演的是"鹦歌淫戏"，有伤风化，扰乱治安，便召集手下18个团丁，准备晚上袭击戏场，禁戏抓人。李世泉他们得悉后，又气又恨，蹬脚磔地，但都无计可施。

帮戏班化妆的李凤珠姑娘见他们急得团团转，觉得好笑。讥笑他们一群大老爷们就为这一点点小事愁得寻死活命的！李世泉问李凤珠有什么高招时，李凤珠笑着说："去问我爹！"一语道破天机，李世泉当即去请求本村名绅李海法。

李海法绰号"断尾巴龙"，他暗中加入了光复会，与革命志士有广泛接触（民国初年做过县知事），在当地很有威望。他一听此事，勃然作怒："我割出300亩水田也要与他（樊金焕）争个高低！"李海法拉出一把太师椅坐在香樟树下，派出36个青壮年作"卫客"（保安），并吩咐："樊金焕的团丁进来一对打死一双，一个也不要放过！"李海法派人去甘霖镇上故意放口风，樊金焕听到李海法出面干涉，吃了一惊。他深知李海法是个"刀笔讼师"，社会上有名望，红白两道都吃得开。就派手下的干将荣岳麻皮，化装成鸡毛换砂糖的"小货郎"，挑着糖担进了东王村，见李海法坐在香樟树下，进村要道都有卫客把守。荣岳麻皮侦知内情后返回甘霖镇，把实情报与樊金焕。樊金焕慑于李海法的威信，不敢进村。

第二夜又顺利演出。

自东王村演出后，邻村如东山等村纷纷邀请东王戏班去演戏。钱景松、高炳火组织的戏班去离甘霖镇3里的尹家村演出时，遭到樊金焕的突然袭击，戏班全体演员被抓走，行头也被扣留。最后由李海法出面交涉才得以保释出来。

后来，李世泉、钱景松他们去沿山一带演出，连个戏班的名称都没有。戏班里也没有丝弦乐器，只有一只鼓板敲击出"的的笃笃"的声音，就称之为"的笃班"。

就这样，一个崭新的戏曲剧种从东王村"的的笃笃"的山间小路走出来，发展壮大成了全国第二大剧种——越剧。

（成于渐）

嵊州九十村

戒德寺走出的越剧班主裘光贤

崇仁镇九十村,位于崇仁古镇那狭长老街的尽头,全村共 1037 户 2836 人。村内古建筑林立,名胜古迹众多,文化底蕴深厚。位于三市头路西端的"上方井"是崇仁最古老的水井之一,开凿于三国时期。就是这甘冽的井水,滋养了一代代的崇仁人。到清朝末年,因为地处嵊州联络绍兴、诸暨的交通枢纽,崇仁成为嵊县(现嵊州市)第一大集镇,繁荣异常。而戒德寺又在这西去的必经之路上。九十村依山傍水,有山丘平地,水资源丰富,地理环境优越,人民生活富足、安乐、祥和,适合人们劳作生息。在劳作之余,往往会有人哼几句田头小调,编一段乡村俚语,以此自娱自乐。

戒德寺,为嵊州市早期古刹之一。距九十村西约三里,始建于南北朝齐永明三年(485),原名光德院。唐武宗会昌五年(845)八月,光德院在"会昌灭法"时被拆毁,晋天福七年(942)重建。宋治平三年(1066)改名戒德寺。宋元丰年间(1078—1085),黄颐又捐资重建。《剡录》记戒德寺"依火炉尖山,山甚秀拔,如星子峰前有松林,左右皆松竹,二池澄洁"。最旺时期,寺庙有田产 300 多亩。但等到民国时期,已是一片破落不堪的景象。东倒西歪的山门,几近淤塞的放生池,早已没有了往昔的巍峨壮观。但这一切并不妨碍它在越剧的发展史上留下光辉的一笔。

一 高升舞台

民国十九年(1930),因交通改道而日渐衰落的戒德寺迎来了一位行色匆匆的中年男人,那就是崇仁镇上的生意人裘光贤。

裘光贤,谱名广贤,字惠芳,崇仁镇九十村人。以经商为生,但因经营不善,时局混乱,生意难以为继,成为"空手头人"。他为人正直,处事机敏,初识文字,笃爱戏曲。先于民国十二年(1923),与钱章尧合股经营嵊县老紫云班（绍剧），自任班主，演出于嵊县、绍兴、新昌等地。民国十三年（1924）年底，嵊县第一副女子科班的创始人王金水，因经营不善难以为继，由裘光贤出资租下科班，经过一番整改，在1925年春，带着施银花、屠杏花等第一代女子越剧艺人流动演出于嵊县、绍兴、新昌、宁波、嘉兴等地城乡。饱尝了早期女子科班的四处流浪之苦，但也积累了丰富的带班经验，为后期的"高升""小高升"舞台的成功打下了坚实的基础。后因租赁时间到期，科班被王金水收回。

　　民国十九年（1930），裘光贤的亲戚、长乐大崑人邢惠彬，出资300银元，委托其筹组高升舞台（俗称"老高升"）。招收女孩子学戏的消息很快在长乐不胫而走，很多人前去报名，跃跃欲试。张香娥的容貌虽不很姣美，但小方脸上的一对眼睛生得很有灵气，裘光贤看着她露出了满意的脸色。张香娥看到班主的反应不差，胆子也大了，放开了喉音唱了起来，不时还来一下不像样的动作。"好了，好了！"裘光贤马上拍板收下了小香娥。接着是班主与家长签订"关书"（契约），大致内容：学艺3年，帮师1年。学艺期间不得擅自离班，否则家长赔偿一切费用损失，生伤病死，各凭天命。4年期间，膳宿由班主供给。4年期满，发薪金大洋100（第一年10元，第二年20，第三年30，第四年40）。签完关书，艺徒向班主磕头、向师傅行拜师大礼。再由班主与师傅根据每个人的嗓音、容貌、身材，分别给予定下学习行当；又根据行当，分别另取艺名，如裘阿凤学小丑，取艺名贾灵凤；钱春韵学小旦，改名筱丹桂；裘雅香学大面，改名裘大官；商雅卿学老生，改名商芳臣；张湘娥学小生，改名张湘卿。4月1日，越剧历史上的第三副女子科班"高升舞台"在崇仁戒德寺如期开班。共招收学徒23人，裘光贤自己出任班长。并与喻传海、应方义、竺小忠等师傅合议，制定了"做戏要认证，做人要清白""吃得苦中苦，方为人上人"的班规，并严密防范男女交往。每到一地演出，他把铺盖卷往徒弟睡觉的房门口一放，守住门口，不让闲人进内，以防意外。裘光贤以戏班管理严密、克己律人、严以课徒，而被称为"笃牌班长"。喻传海担任开笔师傅，他教戏非常耐心细致，善于把生活中的动作加以提炼，用于舞台表演。自己在生活上做出表率，在艺徒中威信很高。他对艺徒各方面要求都很严格，唱腔、身段学得不好，必须重来，被同行冠以"笃牌师傅"的雅号。喻传海的同门师兄弟张云标、卫梅朵、马潮水、一枝梅等男班艺人来看他时，他必定留他们教戏，分别对小生、小旦、老生等行当的艺徒作辅导。这批学员中如筱丹桂（钱春韵）、张湘卿（张湘娥）、筱灵凤、商芳臣、周宝奎、贾灵凤、裘大官等在经过若干年的磨炼后，都成了越剧界的一代红伶。原定科期四年，后因当时物价飞涨，不得已提前出科，演出于嵊县、杭州、宁波、绍兴等地城乡，由于管理严格，学习刻苦，"高升舞台"一炮打响，名声传遍了江浙沪一带。特别是筱丹桂，为自己的艺术成就迈出了成功的第一步。

二　小高升舞台

20世纪30年代初的某一天，廿八都人张宗海在平阳县公安局长任上，受同乡连累而被革职，因而家境拮据，生活捉襟见肘。无奈前往杭州谋求出路，适逢裘光贤带领的"高升舞台"在城站（即杭州火车站）边的第一舞台演出，挂头牌的名伶筱丹桂艳丽出场时，台下观众的掌声呼啦啦一片，使张宗海怦然心动，觉得让两个女儿前去学戏倒是一条不错的出路。

张宗海有文化，又喜欢京剧，思想比较开明，并不以为学戏就低人一等。当时就与裘光贤合计，托付两个女儿学戏的事。

裘光贤嗜戏，热衷于办班。对于张家两小姐想学戏自然是赞同的，就想再另外再立一副科班，自己还是当老板，让张宗海再找几人凑点股份。张宗海也正苦无出路，一听正中下怀，随联络了张怀卿、邓贞元二人，于是裘光贤和张宗海各出300元，张怀卿和邓元贞各出200元，凑足1000元开班招人，借"高升舞台"的名气，打出了"小高升"的牌子，教学地点还是安排在戒德寺内。这一期的学员有：粉牡丹张吉喜（即张茵）、玉牡丹陈翠英、白牡丹钱苗钗、芙蓉花周宜男、海棠花张金香、八岁红邓香娜、钱鑫培（钱宝珠）、裘奎官（裘灿花）等三十几人。教育方法与高升舞台一脉相承，对艺徒的要求还是文武兼备。每天上午和晚上学唱文戏，由文戏师傅教授落地唱书中的"花园赋""考场赋""讨饭赋"，等等。清晨练功归武戏师傅，刀、枪、棍、棒，常常是手脸挂伤、浑身酸痛。这样苦练三个月后，虚龄只有九岁的张茵第一次在家门口的瞻山庙戏台上拉开了她近七十年的越剧生涯。当初决定送她学戏的父亲可能不会想到，就是这样一个柔弱女孩，在若干年后，撑起了"浙派越剧"的半边天。

戒德寺，一个破落的千年古刹。裘光贤，一个经商无方的"空手头人"。这两者的结合，使越剧这个年轻的剧种平添了一串闪亮的名字。在越剧这个年轻剧种的发展史上，留下了无可替代的地位。

虽然在滚滚的历史洪流中，戒德寺早已不复存在。裘光贤、喻传海、张宗海及他们的弟子筱丹桂、张湘卿、周宝奎、张茵、钱鑫培、商芳臣等一批越剧名伶，都已大多魂归道山，但当年他们学习越剧时所发出的吟嘎之调还始终在崇仁大地上回旋。

近年来，随着"越剧寻根游"的兴起，重修千年古刹"戒德寺"呼声不断，在九十村有识之士的多方努力、奔走下，得到了上级领导的支持，重建戒德寺得以提上议事日程，重建工作得以逐步开展。我相信，在不久的将来，戒德寺这一越剧的重要历史遗存又会重回人间。

（张浙锋）

余姚天华村

一生献给京剧事业的阿甲

相信大家都看过京剧《红灯记》，但可能不知道故事取材于电影《自有后来人》。是谁改编为京剧的？是阿甲（1907—1994）。阿甲又是何人？他是著名导演艺术家、戏曲理论家、京剧改革家。虽然阿甲出生在江苏武进，但他与余姚天华符氏关系密切。

查天华符氏族谱，阿甲原名符镇宝，又名符律衡、符正，系天华符氏宗祠尚允公派、大宜公下、德明公支、本智公南宅四房嫡系世孙，阿甲是他的艺名。

阿甲自小从父读汉学，擅长书画并迷恋京剧，乡里称他为"十龄童"。年少即仗才智离家在外闯荡，替人作书、作画并票戏，曾得益于一代京剧宗师谭鑫培的指点，成家后辗转供职，当过记者、教员等职，经常失业，家贫如洗。

阿甲对旧中国的黑暗腐败极为不满，追求进步思想，抗日战争爆发后，他历尽艰险，奔赴革命圣地延安。先考入鲁迅艺术学院美术系研究生班，尔后他的京剧才华被发现，调做京剧工作。他向中央上书洋洋万言，切陈对京剧的改革意见和建议，中央接受他的建议，组建了"鲁艺平（京）剧研究团"，由他任团长。接着又成立了"延安平（京）剧研究院"，阿甲任研究院主任，后任副院长。1940年入党，1942年参加了延安文艺座谈会。他经常到杨家岭毛主席家中做客，主席见他身体瘦弱，给钱叫他买些营养品调养身体，阿甲当即婉言谢绝。过了几天毛主席叫他去做客，将别人敬赠的补药转送给阿甲，充分体现一代伟人对文艺工作者的重视和关怀。

阿甲的妻子方华，苏州人，1936年参加曹禺组织的"中国戏剧学会"。南京沦陷后参加抗日救亡的募捐活动。后来由翦伯赞介绍去长沙八路军办事处，由徐特立护送去延安考取鲁迅艺术学院，毕业后到"鲁艺平（京）剧研究团"与阿甲一起工作。一次敌机轰炸延安，在炸弹砸下来的呼啸声中，方华把阿甲推倒在地，自己伏在他的身上掩护，炸弹爆炸后，战友们赶快过来把二人从灰土中救起，方华的英勇壮举感动了大家。组织上十分关注他俩，多次研究动员他俩成婚，但阿甲仍思念着失去音信的前妻范兰贞和两个儿子挺军、丐军。婚事一直拖到1944年5月，才由中央党校派刘志明同志去操办完成。

中央书记处批准成立"鲁艺平（京）剧研究团"后，阿甲曾以十八集团军的名义，到西安将毛主席、周恩来、董必武、林伯渠、邓颖超等领导捐助购买的剧团行当安全押运到延安。阿甲积极参与现代戏和新编历史剧的创作，演出和编导了抗日戏《松花江上》《钱守常》；历史剧《宋江》《三打祝家庄》等戏，在演出中不照搬老戏，总是从表演到唱腔、台词进行改动，力求创新，塑造了许多令观众难忘的艺术形象。毛主席重视并爱看京剧，阿甲等人得到他很多的关心和教诲。延安文艺座谈会后，阿甲积极创作，编导抗日现代戏和新编历史剧，被专家誉为独具魅力的"阿派"。

新中国成立后，阿甲先生当选为第一届全国文联委员；任中央文化部戏曲改进局艺术处的副处长；中国戏曲研究院研究室主任；中国京剧院名誉院长；当选中国戏剧家协会副主席；中国戏曲导演学会名誉会长；中国戏曲表演学会会长；中国艺术研究院博士生导师；中国人民政治协商会议全国委员会第五、六届委员；特别是在1955年中国京剧院成立，梅兰芳任院长，阿甲先生任总导演，继任京剧院副院长。"文化大革命"期间遭江青一伙的恶毒诬陷，残酷迫害，酿成震惊全国的文艺冤案，但他始终顽强不屈，坚持斗争，对党的信念坚定不移。"文革"结束后他已年届古稀，身心备受摧残，但他更加珍惜有限的岁月，加紧为戏曲艺术苦苦求索。他集戏曲的编、导、演和理论研究于一身。

在京期间他编导了大批剧目，有《赤壁之战》《凤凰二乔》《红灯记》《平原游击队》等。导演的剧目有《智斩鲁斋郎》《摘星楼》《斩经堂》《白毛女》《洪湖赤卫队》《李香君》《晴雯》《朱买臣休妻》《小忽雷》等。

中国的戏曲原来没有明确的导演制，不符合现代戏剧体制的要求，限制着戏曲舞台艺术的质量和戏曲艺术的成长发展，阿甲先生以卓越的导演实践和精辟的导演理论，着力引领和推动了中国戏曲导演制的建立和导演艺术的升华。

京剧是中华民族艺术的瑰宝，阿甲先生从 20 世纪三四十年代的延安时期起，就开始探索京剧现代戏来反映现代生活，以满足人民群众的广泛需求。由他主编并导演的《红灯记》取得了巨大的成功，引起强烈反响，实现了京剧现代戏创作的重大突破。他是探索京剧现代戏创作的突出代表。

中国戏曲历史悠久，创造了灿烂的舞台艺术，但缺少精辟的理论概括，与世界其他戏剧相比在体系上理论上相形见绌。阿甲先生系统总结分析了中国戏曲的经验，对一系列重要问题作了理论概括，构建了基本理论的框架。他围绕戏曲导演艺术，撰写了很多论著，有《谈京剧的表演艺术》《生活的真实和戏曲表演艺术的真实》《戏曲表演论集》《戏曲表演规律再探》以及《阿甲戏曲论集》等著作。历史证实他是一位兼备深厚理论造诣和丰富艺术经验、理论和实践高度融合的伟大艺术家，是中国近代戏曲表演理论的重要开拓者和奠基人，更是中国戏曲导演的标志性人物。

阿甲先生一生淡泊名利，生活简朴，别无奢求。孜孜以求，鞠躬尽瘁，一心扑在戏曲艺术上。

1994 年阿甲先生驾鹤仙逝，一代巨星陨落。仰望阿甲大师，深感他的业绩灿烂辉煌，他留给了后人巨大的精神财富。阿甲是天华符氏的后代，作为天华人也感到无比自豪。

（余姚市农办）

>金华金东东叶村

人民音乐家施光南

施光南（1940—1990），著名作曲家，被称为"时代歌手"。祖籍浙江省金华市金东区源东乡东叶村，父亲施复亮（施存统）是共青团早期领导人，民建创始人；母亲钟复光曾经担任黄埔军校教官，重庆江津人。1940年8月22日，施光南诞生在山城重庆市南岸区，父母给他取名光南，含有"光照南山"意思。

4岁的时候，在小学当校长的妈妈把施光南带到了自己任职的小学里读书。翌年，重庆市准备举办小学生音乐比赛。学校举荐颇具天资、锋芒初露的施光南去登台竞技。赛前，音乐老师煞费苦心，为他精选演唱曲目。施光南却不以为然，另辟蹊径，哼哼唧唧，自编了一首歌："春天到了，桃花开开，小鸟飞飞，黄莺在树上叫。它们快活，我也快活，我们大家都快活。"赛场角逐，施光南一鸣惊人，居然荣获小学乙组第二名。这支被他母亲记录下歌词的歌曲，就是施光南的处女作《春天到了》。那年，他刚刚5岁。说来难以相信，酷爱音乐的施光南却名副其实地生长在一个"音盲"的家庭。姐姐习文，哥哥学工，妈妈办教育，爸爸搞经济，全都与音乐绝缘。既无渊厚家学，又无名师点拨，幼年的施光南即展示极高的音乐天赋和创作灵感，叫人赞叹不已。

施光南1948年回源东乡东叶村老家上小学，1949年在金华城内小学毕业。解放后随父母移居北京，初中毕业时，施光南执意要考音乐学院附中，而父母希望他按部就班学完中学课程，就这样他被劝阻住了。父母的疏忽给儿子的心灵蒙上了浓浓的阴影。

"报考音乐学院！"上音院附中的希望破灭后，施光南只有背水一战，直接报考音乐学院了。音乐学院作曲系的招生简章上白纸黑字：考生要具有相当水平的乐理、和声知识和一定的钢琴水平。乐理知之甚少；和声，一窍不通；钢琴，没有摸过，连五线谱还不太熟悉呢，能行吗？"考！一定要考！"妈妈知道儿子未偿的宏愿后，深深地感动了："我们实在不知道你是这样热爱音乐,你现在需要什么?""一切从头开始。学习钢琴。"这时,离考期仅剩半年时间了。施光南临阵磨枪,买来一本《拜尔钢琴初级教程》。母亲四处托人,寻找钢琴教师。费尽周折,终于打听到一位家住东单的私人钢琴教师林太太。带上学费和礼品,施光南随着母亲匆匆赶到了林太太家。林太太正在教一个很小的女孩子弹琴,看到"不速之客"上门,问:"找谁?""我们是来学钢琴的。""谁学?""他!"母亲连忙把身材高大的施光南推上前去。17岁的施光南恰好跟学琴的小女孩站到了一起。"他?我从来不教这么大的人。喏,手指早僵了。"母亲一再解释,林太太无动于衷,母亲只得无可奈何地拉着施光南从原路返了回去。

一晃半年,施光南忐忑不安地走进了考场。第一关是笔试。由于不懂音乐术语,回答得风马牛不相及。第二关是面试。坐在当中的音乐学院副院长江定仙说:"先弹一首奏鸣曲吧。""我只能弹莫扎特的《G大调小奏鸣曲》。"考场一阵骚动。这样简单的曲子,只配去考音乐小学!纵是这样简单的小曲,施光南还是一个音符一个音符地死抠出来的。施光南有些心虚,手指战栗,不断出错,整个乱了套,只弹了四分之一就再也弹不下去了。……企望金榜题名,偏偏名落孙山,施光南看榜后,拖着沉重的步伐回家了。正当他处于山穷水尽之时,突然接到了江定仙教授的一封书信:"施光南同学,你的基础知识较差,但考虑到你有良好的音乐感觉和作曲才能,建议你去附中插班学习,打好基础。"东去的列车,把施光南带到了海河之滨的天津。他将在当时还设在这里的中央音乐学院附中开始新的生活。攀登音乐殿堂的道路,还刚刚开始。

1956年盛夏的一天,中央人民广播电台少年合唱团音乐会在人民剧场举行。谈笑风生的人们熙熙攘攘,鱼贯涌入明亮的大厅。此刻,一位少年缓缓地踱着步子,徘徊在路灯的阴影下。他真想喊一声:"谁有多余的票?"但是不敢。他在急切中默默地等待着。有位好心的大叔看出了少年的心思,免费赠送给他一张晚会票。他如获至宝,欣喜地连连道谢。"下一个节目:《懒惰的杜尼亚》……"优美动听、明丽欢快的旋律,博得了真诚的掌声。等票的少年笑了……还是这一年的夏天,在青岛高干疗养区俱乐部,舞厅乐池中竖立着一排排的乐谱架。一位少年好奇地翻动着乐谱。突然,他惊愕地瞪大了眼睛……晚上,少年悄悄地坐在舞厅的一隅，静静地期待着。终于，乐队开始演奏一首《圆舞曲》。少年又笑了……当辑录了三十多首中外民歌的册子出版后，学生当中的一个——那位等晚会票和被拒于舞厅门外的少年，再一次笑了……他为什么笑？原来，那连行家也没提出过疑问的《懒惰的杜尼亚》不胫而走、流传到青岛的佚名的《圆舞曲》及装订成册的二十多首中外民歌，根本不是有着"阿查都力业""方耀""阿热布森"等古怪名字的作曲家的作品，而统统出自施光南之手。施光南为什么要跟社会打哑谜？其一，当时他十分腼腆，怕羞，不喜张扬；其二，他觉得好玩，"哑谜"使他感受到某种心灵上的快乐；其三，他认为只有如此，才能得到不偏不倚的公允评价。基于此，他接办音乐刊物《圆明园歌声》以后，在刊载当时流行歌曲的同时，也把自己的"私货"——那些标着不同国家、民族、作者而实则都是他自己创作的作品塞进了这个刊物。施光南12岁时创作的《懒惰的杜尼亚》和《圆舞曲》，就是通过这个刊物以讹传讹，流传到了社会。

1957年中学毕业后，由于施光南化名通过北京音乐刊物《圆明园歌声》作曲的《懒惰的杜尼亚》《圆舞曲》及装订成册的三十多首中外民歌在社会广为流传，展露了极高的音乐天分，被中央音乐学院破格录取，1959年转入天津音乐学院作曲系学习。先入中央音乐学院附中补习两年，再转中央音乐学院作曲系学习。1964年毕业于天津音乐学院作曲系。1964年毕业后分配到天津歌舞剧院任创作员。

1970年前后创作了《最美的赞歌献给党》《赶着马儿走山乡》《打起手鼓唱起歌》《在希望的田野上》等清新优美的抒情歌曲，流畅上口、具有浓厚民族风味，受到广大群众欢迎，但也因这些作品，他在"文革"中被扣上了"修正主义""靡靡之音""黑色回潮"等帽子。1976年"四人帮"被粉碎后，施光南与亿万人民群众的心一道沸腾起来，他把民众的扬眉高歌的心情和自己的一腔喜悦化成了一曲《祝酒歌》，这首歌传遍了华夏大地，陶醉了亿万中国人民，成为一代颂歌。怀着对周恩来总理的深切爱戴，施光南用泪水谱写了《周总理，你在哪里》，以独特、优美的旋律，表达了千千万万人积聚已久的悲痛和思念，牵动着所有人的心。

1978年7月，施光南调入中央乐团，此后，他的创作灵感尽情喷发，先后创作了《生活是多么美丽》《月光下的凤尾竹》《假如你要认识我》

等上百首带有浓厚理想主义色彩的抒情歌曲。1979年入中国音乐家协会并当选为理事。同年又被选为全国青联委员；1984年7月施光南加入中国共产党，3年后，他作为文艺界优秀共产党员的代表出席了党的十三大。1985年，施光南被选为中国音乐家协会十五个副主席中最年轻的副主席。同年，全国30万个团支部投票评选首届"当代青年最喜爱的歌"获奖的30首歌曲中，施光南的作品占三首。1986年，施光南被选为全国青联副主席。成为许多青年，特别是文艺界青年人的挚友，许多著名音乐家、词作家、歌唱家都被他团结在周围。

除了创作歌曲外，他还创作了多部歌剧、芭蕾舞剧、京剧等多种类型的作品，如大型歌剧《伤逝》《屈原》，芭蕾舞剧《白蛇传》等。1990年创作了第十一届亚运会主题歌《燃烧吧，火炬》。

1990年5月2日，施光南猝然逝世。去世后被文化部命名为"人民音乐家"，浙江金华金东区、重庆南山公园内均建有施光南广场以示纪念。

（金东区农办）

> 绍兴上虞东联村

当代著名导演谢晋

　　谢塘镇东联村是谢氏的集居地，村内田屋、渊九房、西七房等古自然村落分别由谢氏支脉世居延续而逐步形成。这里的谢氏一脉来自于古会稽始宁县（今上虞东山），族人素以晋太傅谢安后裔自居。谢安位居东晋太傅，以东山再起和淝水大捷的两个典故而久负盛名，成为谢氏一族的古时辉煌。族人又习惯地把居住地称为"谢晋故里"，向外宣传。这是因为从这里走出了一位当代著名电影导演谢晋，并随着他拍摄的影片影响而声名远播。谢晋是族人的当代骄傲，他从这里起步，走上毕生从影之路，以不俗的建树，光照乡里，名扬四海，影响中国，走向世界。本篇叙述的是导演谢晋从影生涯中的点滴故事。

　　谢晋，字洇捷，1923年出生于上虞谢塘的一户书香门第，名字中显露着对先祖谢安坐镇指挥淝水之战获得大胜的敬仰崇拜，也充溢着长辈们对他能荣宗耀祖的厚望。谢晋在这里度过童年，后来走上从影之路，与母亲的影响有关。小时候的谢晋，在出生地谢塘和父亲工作地上海，经常陪同母亲看戏看电影，使其从小较多地接触戏剧和电影，深受文化艺术的熏陶滋养，成了一个戏迷。也许是先天基因，或者是后天养成，给谢晋人生之路播下了文艺种子，为他成为一代名导打下了坚实基础。

　　1941年，19岁的谢晋风华正茂。倔强的个性使他违背父意考入四川江安国立戏剧专科学校话剧科，后在重庆中国青年剧社担任剧务、场记和演员，还在南京国立戏剧专科学校攻读导演专业，确立了向导演专业发展的志向。谢晋真正开始电影导演工作是应老师吴仞之之邀，于1948年进入私营上海大同电影公司担任助理导演和副导演。他在实践中积累了拍摄经验。1952年他进入国营上海电影制片厂担任副导演。1955年提升为导演。刚过而立之年不久的谢晋，提升导演的风头与此前积累的基本功两相结合，让谢晋的导演艺术才华初露锋芒。成名作《女篮5号》一炮打响。谢晋喜欢体育运动，由此也认识了不少运动员，在与运动员的接触交往中，感受到新社会运动员们那种强烈的扬眉吐气的翻身感，引起共鸣，激发了创作冲动。他参与剧本创作并执导拍摄的影片《女篮5号》一举成名，被指定为代表中国对外交流影片，走出国门参映，分别在苏联莫斯科举行的第6届世界青年联欢节上荣获国际影片展览银质奖章和在墨西哥举办的国际电影周上获得银帽奖，双喜临门，载誉而归。时隔3年，谢晋执导拍摄的影片《红色娘子军》又在我国第一届百花奖上获得最佳故事片奖，赢得了荣耀和赞誉。谢晋的电影导演生涯，繁花似锦，前程灿烂。

然而世事难料，风云变幻莫测，正当谢晋的电影导演事业步入第一个高峰期的好时光，史无前例的"文化大革命"对包括电影在内的文化领域带来了无情冲击和摧残，也给谢晋当头一棒。他执导拍摄的影片《舞台姐妹》尚在半途中，传来了上面要批这部影片的确切消息。而且还指令不允许改剧本，要按原稿拍下去，不许改动一字，改了要问罪，因为改了以后怕批判找不到靶子，于是《舞台姐妹》按照初衷原封不动地拍摄完成。拍完后即作为"毒草"受到批判。在整个"文革"十年动乱期间，《舞台姐妹》都是作为内部批判片放映。直到"文革"结束之后才解禁得以公开放映。为此，谢晋被关进牛棚，饱受折磨，经常被"造反派"拉去批斗或陪斗。不过，谢晋本人还算是幸运的。他没有因为拍了"毒草"影片在批判声中倒下，也没有因为"四人帮"的关系受到牵连，他犹如导演的一根台柱，笔直地挺立于中国电影艺苑中。在"文革"中期，经那位在文艺领域中掌控生杀大权的大人物发话定调，让谢晋走出牛棚参加样板戏《海港》影片的拍摄。拍完《海港》，还陆续拍过一些符合当时政治需要的影片，这样他比别人多了一些执导拍片的机会，在当时的历史条件下，也是十分难得的。

党的十一届三中全会，如一声惊天动地的春雷，拨开了十年浩劫的乌云，迎来了改革开放的春天。谢晋深受鼓舞，意气焕发，迎来了个人创作的高峰期和成熟期，他先后执导拍摄了《天云山传奇》《牧马人》《高山下的花环》《芙蓉镇》等多部影片，在社会上产生了轰动效应，受到广泛好评。在他喜获丰收的时候，曾有人问过谢晋："你最满意的影片是哪一部？""下一部。"谢晋不假思索地回答。从中可以想见谢晋不知疲倦，永不满足，积极进取的心态。在香港回归祖国的特定历史时期，他执导拍摄了历史巨片《鸦片战争》，影片于1997年7月1日香港回归祖国之日向全球推出放映，意义巨大深远……谢晋毕生从影，一生中执导拍摄过 30 多部影片，可算得上高产，塑造了众多的艺术形象，给观众留下了深刻难忘的印象。他拍摄的许多影片频频在国际国内获奖，是目前中国获奖最多的电影导演，谢晋曾多次担任国内电影金鸡奖评委会主任委员和国际电影节评委，他在中国电影界乃至国际电影界有着很高的声望和地位，他执导的影片，在国内被认定为"传统主流电影的当代代表"。在国际上则被看作中国"政治情节剧"的经典文本，评价颇高。

　　谢晋被称为当代著名电影导演，当之无愧。他以毕生从影的经历和在电影导演事业上的不俗建树，影响过中国乃至世界的电影事业，为中国电影事业发展谱写了浓墨重彩的一页。谢晋的名字在电影史上永生长存，谢晋的故事更是说不完讲不尽。

（上虞区农办）

第二章　师道风范

绍兴上虞春晖村

教育名流经亨颐

绍兴市上虞区驿亭镇春晖村，位于风景优美的白马湖畔，湖水清幽，四周群山起伏，绵延不断。这些山的形状像大象，山脊高高隆起，山坡缓缓下伸。这样的山共有四座。传说，明朝国师、"风水大师"刘伯温站在湖边，举目四望，但见四座山围着一片白马湖，便脱口而出："四象卫一马，真乃风水宝地也。"春晖村就坐落在这块宝地之中，错落有致的民居掩映在湖光山色之中，显得格外静谧、优美。春晖村民风淳朴，更因有"中国名校"之称的浙江省一级重点中学春晖中学处在其中，文化氛围十分浓厚。

"北有南开，南有春晖"之称的浙江省重点高中春晖中学处在春晖村地域之中，由著名乡贤、教育家经亨颐创建。走进春晖中学，清新幽静，芳草芊眠。漫步校园，在绿树丛中发现一座墓碑和雕像！雕像系半身，戴着眼镜，蓄着短须，中服饰之，凝眉思虑，忧国忧民状。高高的大理石基座上赫然刻着三个字：经亨颐。

出身名门的高材生

经亨颐（1877—1938），字子渊，号石禅，晚署颐渊。他的祖父经纬，字庆桂，号芳洲，富甲一方，是著名慈善家、金融企业家，曾是上海钱业巨头，掌上海钱业公所首董，在上海创办辅元善堂、同仁堂、育婴堂，在家乡驿亭，建宗祠、设义塾，抚恤鳏寡，热心社会公益事业。经亨颐自幼入塾读书，后因父亲去世，18岁寄住上海伯父经元善家。

光绪二十九年（1903）年初，经亨颐东渡日本就读于日本高等师范专科学校，专攻教育与数理。后与孙中山、廖仲恺相识，加入同盟会。光绪三十四年（1908），任浙江两级师范学堂教务长。一年以后，再赴日本复学。宣统二年（1910）春，毕业回国，仍任浙江两级师范学堂教务长。

"一师风潮"的当事人

辛亥革命时，经亨颐代主浙江两级师范学堂校务，并任浙江军政府教育司长。1912年，浙江两级师范学堂改名两级师范学校，经亨颐正式出任校长。1913年，学校改名为浙江省立第一师范学校，他仍任校长，并兼任浙江省教育会会长。其间，锐意革新，提出"与时俱进"办学方针，主张因材施教，倡导"人格教育"，以"勤慎诚恕"四字为校训，重视培养学生高尚品德；在用人方面，主张任人唯贤，深得师生爱戴。

1919年，经亨颐因支持五四新文化运动，反动当局下令撤销其职务，遭到师生反对，酿成轰动全国的"一师风潮"。

事件的起因是一本杂志。《浙江新潮》本来只是本默默无闻的学生刊物，每周一期，社址设于平海路原省教育会楼下的一间耳房里。第二期，有个叫施存统的同学写了篇名为《非孝》的文章，公然反对中国家庭制度。省长、省教育厅长、省警察厅长都被惊动，成立专案组，说不但要查办此人，还要追究幕后元凶。最后查到夏丏尊、陈望道、刘大白、李次九四位致力于宣传新思想，反对旧礼教的老师，当局招了校长经亨颐去，要求开除四人以正视听。对此，经亨颐的回答是，"不行的！教育的宗旨就是培养独立之人格，自由之思想，教学生说自己想说的话，怎么是宣传邪说？""当不当校长在其次，糊涂的事不能做。"

1920年2月9日，经亨颐被撤换，调离浙江第一师范。得到这个消息之后，义愤填膺的不是校长本人或者他的同僚们，而是全校的学生。学生立刻罢课上街游行，抗议当局的做法。众人一路喊过去的口号是："留经目的不达，大家一致牺牲！"3月27日凌晨，游行队伍到达梅花碑省长公署时，与警卫队发生冲突，警卫队枪伤数人，酿成流血事件。3月29日，全体学生被三百军警围困在学校操场，只准进不准出，结果一个叫朱赞唐的同学悲愤难忍，一把夺过警察的刀，愤而自杀，边上的同学都号啕大哭……

这就是上了中国现代史的"浙江一师风潮"。为挽留一个校长，有那么多学生肯拿性命去换的，古今中外，经亨颐恐为第一人。学潮过后，当局妥协，学生复课。出人意料的是，经亨颐自己坚决不肯留任，径直离开杭州，扁舟一叶，回自己的老家上虞去了。

春晖中学的创始人

到了上虞，经亨颐仍旧办学，因为有了办官学到处掣肘的教训，他在上虞办的是私学，他要在白马湖这个地方办一所世外桃源式的学校。

经过几年筹备，1922年，经亨颐与上虞乡贤陈春澜、王佐共同创办春晖中学，经亨颐任首任校长。在春晖中学开学典礼上，经亨颐校长这样说："近年来奔走南北，有一种感触，觉得官立的学校，实不能算好……我第一希望社会能同情于春晖，第二希望校董能完全负责，第三希望有安心的教员，第四希望有满意的学生。这四种是学校办好的条件……"经亨颐希望找到一块能够实现自己教育理想的"试验地"。

说到中国顶级中学，世人都道"北南开，南春晖"。"南春晖"的美誉，离不开经亨颐的引领和努力。

经亨颐在春晖，继承"五四"精神和"一师"办学方针，贯彻"反对旧势力，建立新校风"主张，倡导"人格教育"。他说："凡学校皆当以陶冶人格为主。""求学何为，学为人而已。"于是，迅速聚集起了一批文化教育界知名人士。一时名流云集，闻名遐迩，赢得"北南开，南春晖"美誉。春晖中学和南开中学，是当时的中学生最"心向往之"的地方。

因为影响和人脉，经亨颐身边很快又聚起一批富有学养的文人雅士，其中著名的有夏丏尊、丰子恺、朱光潜、朱自清等，大家群策群力，继续营造理想中的家园。前来执教的，个个才华横溢，或正当年富力强，或尚属崭露头角；来观览、考察、讲学的有蔡元培、何香凝、陈望道、李叔同（弘一法师）、柳亚子、叶圣陶、张大千、黄宾虹等各界名流。这样的自然和人文环境，任何时代的知识分子都会艳羡不已。

1928—1929年，经亨颐在白马湖畔、象山脚下，依山傍水，坐西向东，建"长松山房"。山水之间，惠风和畅，文人雅士，倘徉其间，谈艺论文。经亨颐在春晖期间，还创办农民夜校，提高附近村民和周边各小学师资水平。

抗日救亡的贤达

1928年冬，经亨颐与何香凝、陈树人、柳亚子等在上海组织"寒之友社",以诗言志,以画喻节,拒与浊流合污。经亨颐一生爱好诗、书、画、金石,当时人誉为"四绝"。有《经颐渊金石诗书画合集》《颐渊诗集》《经亨颐日记》行世。

1931年九一八事变后,在上海与宋庆龄、何香凝等积极投入抗日救亡运动,举办救国书画义卖,支援东北抗日义勇军。1935年8月1日,中共中央发表抗日的"八一宣言",经亨颐与宋庆龄、何香凝、于右任、陈树人、柳亚子等率先响应,呼吁停止内战,一致抗日,产生了很大的影响。七七事变后,看着日寇的铁蹄入侵和国民党的不抵抗政策,经亨颐忧愤成疾,1938年9月15日在上海广慈医院逝世。

晖及遐迩,惠泽桑梓。近一百年来,春晖在上虞乃至全国一直有良好的口碑,在青少年心目中更是"心向往之"的求学圣地,乡贤经亨颐创办的春晖中学培养了一批又一批优秀人才,在祖国各地贡献着聪明才智。桃李满天下,是对这位伟大乡贤最好的告慰。

(上虞区农办)

新昌西坑村

致力于蚕桑教育与推广的陈氏兄妹

"进山渐宽林木深,细坑深深无穷尽。秋来遍地桂花雨,人间仙景何处寻。"素有"桃源仙境"美称的镜岭镇西坑村,位于新昌县西南部。西坑村有一座古色古香的"大堂台门",它与近代史上留学日本的陈石民、陈宣昭兄妹有关,陈氏兄妹为发展蚕桑事业作出重大贡献,被称为"蚕头"。陈宣昭还是新昌第一个女留学生,后来和当代"茶圣"吴觉民结为夫妻,一时传为佳话。

早在春秋时期,新昌已有栽桑养蚕的历史记载。隋唐时,新昌所产蚕茧、蚕丝及织物颇具盛名。出身于种桑养蚕世家的陈石民、陈宣昭兄妹,幼时就耳濡目染老家养蚕种桑的习俗,领悟到父辈养蚕的辛劳,对西坑村养蚕种桑的农事活动,颇有兴趣。

陈石民(1895—1968),字锡昭,又名基陶。1913年,以第一名考入浙江杭州甲种农校,年年获公费奖学金。毕业后曾协助新昌县知事金城调查"新昌农事",合成专著载入县志。1919年,自费留日,入东京帝大攻读蚕桑。1924年回国,先后在苏、杭等地任职,1927年,到浙江省立蚕桑科职业学校任教。该校前即为国立蚕学馆,曾为全国输送不少蚕业专门人才,享有盛誉,后来发展成为浙江丝绸工学院。陈石民在该校先后任职十余年,1927年和1932年两度出任校长,又几次参与迁校为选择。新校址,他跑遍杭城,后选定在古荡老和山脚建校,购地130亩,筹款、设计、施工,均亲自过问。1936年,新校落成开学,校舍规模宏大,设备齐全,布局合理,为当时国内外蚕丝教育界所罕见。任校长期间,陈石民曾构思在校内建立丝绸博物馆,惜未实现。支持俞丹屏办西湖蚕种场及蚕业讲习所,收到实效,其时,杭州设有全国蚕丝委员会,陈石民兼任杭州市蚕桑改良委员会总指导所主任,下设改良区、指导所,由蚕校毕业生进行技术指导,对于推动全省蚕丝业发展极有成效。因此被社会各界誉为"蚕头"。

抗战期间，陈石民率 130 余名师生，先后转辗临安、寿昌、龙游、嵊县、新昌等地，坚持办学，历尽艰辛。为避日军侵扰，曾带师生到新昌避难，苦心筹集人、财、物，在新昌西南兴善寺创办"新昌县私立沃西初级蚕桑职业学校"（为澄潭中学前身），亲自任校长，共毕业百余人，多为蚕桑科技骨干。1939 年冬，陈石民辞去教职，先后任国民政府财政部贸易委员会丝茧委员兼宁波办事处主任、浙江省蚕丝管理委员会主任等职，在新昌创办鼓山蚕种场和留芳蚕种场，又在仙居创办"仙居丝厂"、临海办"立生纱厂"等。对发展战时经济、恢复出口贸易作出贡献。

抗战胜利后，弃教经商，从事丝绸实业。1947 年，重建"林社"。林由臣是光绪维新分子，与康有为、谭嗣同相善，在杭州知府任内，首创"三学"：求是书院、蚕学院、养正书塾，后演变为浙江大学、蚕丝学校以及杭高、杭初、安定中学等校，实为浙江现代教育的开山之祖。抗战后，林社会址失修倾塌，陈石民与同仁朱新予、徐淡人等发起重建，由蚕丝界筹款捐物，几经挫折，终于在 1949 年完工。占地 200 平米，为一座两层砖混结构的民族建筑物，也是杭州西湖一个人文景点。

杭州解放后，陈石民以满腔热情，参加蚕丝业界各项社会活动，曾先后出任浙江省春茧代收服务社负责人、浙江省土特产交流会部门负责人、浙江省土特产交流部门负责人、杭州市工商联筹委常委，杭州市第一届政协常委，市人民救济会常委，1956 年任杭州市民革宣传处长，他认真宣传党的统战政策，积极开展对台工作，在团结和联系社会人士方面，发挥了作用。

1962 年，在蚕丝界同仁推荐下，受《浙江丝绸》杂志社聘请编著"中国蚕桑史"。陈石民积极寻找资料，采访素有研究的老朋友、老同事，进行多次专题研讨，用他颤抖的手艰难地写下开头几章，并为以后各章的着笔积累了大量资料。

1917 年陈石民由浙江农校毕业，回西坑老家度假，当时他们的妹妹陈宣昭正辍学在家，一合计，决定带她去杭州投考女子蚕桑学校。陈宣昭天资聪颖，且经过长期自学，有一定基础，因而以同等学历被破格录取。

陈宣昭（1902—2000）。童年时代的陈宣昭历经磨难，备尝生活的艰辛，而且从家庭的变故中，认识到封建社会的黑暗和现实社会的不公。陈家原属小康，父亲因受当地豪绅迫害，吃了一场官司而积愤成疾，不久吐血身亡，当时陈宣昭只有 12 岁。父亲死后，恶霸豪绅不肯罢休，先是唆使盗匪抢劫，强盗看到孤儿寡母处境凄凉不忍加害，才逃过一劫。恶霸继而又指控她哥哥陈石民通匪，欲置一家人于死地，后经陈氏宗祠中主持公道的父老联名担保，才幸免于难。家庭的突然变故，在陈宣昭幼小的心灵烙下了深刻的印记。

辛亥革命后，陈氏宗族在村里创办桂溪小学，开始招收女生。陈宣昭自幼好学，母亲赵团团思想较开明，省吃俭用供她上学，在校期间，她的成绩每年都名列第一，以致引起一些有财势的男生家长的忌恨，认为这里"阴盛阳衰"，因而千方百计排挤她，要迫使她离开学校。善良的母亲顶不住恶势力的压力，陈宣昭不得不辍学。虽然在家乡的学校生活只有短暂两年，但她的视野却大大开阔了，她尤其佩服鉴湖女侠秋瑾，并决心以其为表率，立志冲破封建牢笼，寻求新生活。辍学之后，她一面纺纱刺绣，一面坚持自学。

1921 年，陈宣昭以优异成绩从浙江蚕校毕业后，在纬成公司做练习生（技术员），这是杭州最大的丝绸厂。在纬成公司实习期间，公司的一位实权人物看中了她，提出让她到日本留学，条件是回厂服务并做她的儿媳。陈宣昭断然拒绝，表示"绝不卖身读书"。这时，陈石民已在日本留学，他鼓励陈宣昭："只要你有吃苦的决心，我将省吃俭用，不惜一切代价帮你上学。"在哥哥的支持下，她不顾族人的非议与反对，告别孤苦的祖母与母亲赴日留学，成为新昌最早的女留学生。

陈宣昭到日本后，先学日语，半年后即考入日本高等缫丝专门学校。她到日本后的一切费用都由哥哥陈石民负担，从此陈石民把菲薄的留学费用掰成了两半花，生活的清苦可想而知。吃的是最简单的饭食，穿的是简朴的衣裳。宿舍离学校很远，且要翻过一座山头（飞鸟山），为了节约一角钱的车费，陈宣昭每天往返步行二十多里路，紧张的学习和艰苦的生活严重损害了健康，一场大病又险些使她丧命。

陈宣昭以惊人的毅力完成学业，并在日本上野县蚕业试验实习中取得了优良的成绩。1925 年归国后，被江苏浒墅关女子蚕业学校聘为教员，负责推广制丝技术，在那里她创办了"商业缫丝传习所"，为改进制丝技术做出了不菲的业绩。1927 年革命后，陈宣昭受聘为浙江省立女子蚕业讲习的制蚕部主任，直到 1931 年讲习所并入浙江大学农学院为止。在这期间，陈宣昭为培育蚕桑新生代人才倾注了全部心血，在选择新校址、扩充教育设施、注重课程与实习结合方面成绩卓著,并受到蚕桑界的交口称赞。

1953年,陈宣昭到中国科学院自然科学联合工作,1958年,因年老体弱,退出公职,参加全国政协妇女组的活动。

(新昌县农办)

长兴方一村

纺织界先驱蒋乃镛

长兴纺织业有着悠久传统，近年来更是升级换代、欣欣向荣。饮水思源，我们格外怀念我国纺织界先驱，长兴方一村人蒋乃镛。

清寒志愈坚　励志为求学

蒋乃镛，乳名安堂，出生于1913年1月25日，小浦（旧称合溪）杨林村人（旧称九都芥杨林村）。

蒋乃镛祖父蒋炯轩、祖母席氏，生有五子四女。蒋乃镛父亲蒋馥西排行老大，母亲许氏。早年蒋乃镛家境十分贫苦。8岁时进入杨林村东面的蒋氏宗祠附设的初级小学读书。9岁时，父亲因在外经商患病，回家即病故。从此，兄妹四人均由母亲一人抚养，家境愈加贫寒。10岁那年，大哥蒋乃斌从杭州法政专门学校毕业，进入浙江省长兴公署工作。不久，姐姐出聘，小哥蒋乃明由三叔蒋馥山带到湖州省立第三中学附属小学读书。

看着哥哥都去了外地学习工作，蒋乃镛下决心也要出去读书，并趁三叔蒋馥山过年回家之际，恳求他让自己也去湖州。经过努力，蒋乃镛辗转进入省立第三师范附属小学插班五年级学习。其间远在山乡的母亲因劳累过度一病不起，离开了人世。蒋乃镛从此无父无母，日子愈发贫苦。

不惧困苦的蒋乃镛发奋学习，顺利考入省立三中初中一年级。校长周翔见蒋乃镛诚朴勤读，非常喜欢他。到了第二年（1927），雷震先生担任校长，鼓励学生开展实践活动，蒋乃镛表现十分积极。从1928年开始，尚是初中生的蒋乃镛便已在《湖声日报》《湖报》发表文章。1929年，他从省立三中毕业，毅然选择继续求学深造。

随着家乡革命形势的发展，蒋乃镛避至上海蒋馥山处，到浦东中学上课补习，并延请了一位李姓老举人来教国文，从此蒋乃镛的国文大有进步。后来蒋乃镛以较好的成绩，考取了上海青年会无线电专门学校。毕业后，仍旧坚持报考大学，并顺利考取了南通大学纺织科。

在南通读纺科期间，正值"九·一八"事变，日本强占东北，蒋乃镛参加了南通抗日救国会，并担任纺科分会秘书长。

著书当立言　执着为纺科

读书期间，蒋乃镛看到，当时我国纺织工业虽有发展，但学术界极少有专门著述，关于纺织学方面的文章更是少见。而这时的蒋乃镛，还正在为大学学费发愁，但他确实又喜爱着纺织学科，于是就下定决心，做一件"两全其美"的事——从事纺织学科翻译、编写中文纺织书。蒋乃镛遂借了很多英文、日文专著，并参酌在学校实习工场和大生纱厂见习所得，编成了《理论实用力织机学》一书。此书原稿由纺织周刊排印，以南通大学纺织科学友会名义出版，封面书名由国民党元老于右任题写。这本书十分畅销，不到一年，已经售完。

毕业后，蒋乃镛一度在上海实习，继而到广西任教纺织科，并开始编译织物组织讲义。之后又辞职到南宁染织厂，负责装机工作。其间，完成了《实用织物组合学》一书。该书由广西大学时任校长马君武作序，由上海商务印书馆排印。书籍出版后被全国纺织专业大学争相购买，后又被教育部作为大学教材使用，成为中国第一本织纹组合大学用书。1935 年 7 月赴日留学，8 月考取日本早稻田大学研究院，专攻工业经济和企业管理专业。1936 年 9 月，蒋乃镛在日本加入中国国民党，另加入中华民国法学会东京分会。留日期间，他笔耕不辍，编著了《革命的婚姻论》和《男女洋服裁制法》《家庭实用漂洗学》等书。

1937 年 7 月蒋乃镛学成回国，参加了由陈果夫主办的军委会第六部留日归国学生训练班。毕业后，在雷震的帮助下，他参加了国民参政会第一次大会秘书处议事组工作。随后到陆军 103 师政治部从事日文翻译工作，享受少校待遇。蒋乃镛抱着为国家效力的一腔热血，慷慨前行，并参加了武汉会战，从武汉艰苦行军到湘西，而后又到云南、四川办工厂。在此期间，他与哲学家侯曙苍一起创立了"中国学术研究会"，并创办《建国学术》期刊。之后又去重庆北碚筹办西南麻织厂，任工务主任，协办其他分厂工作，其间写成了《机织准备工程学》一书。1940 年后，蒋乃镛进入国立中央技艺专科学校、南通学院等校任教。

他的著作很多是专业领域中的经典之作、开创先河之作。如创造了纺织著述领域的多个第一：如《理论实用力织机学》是我国第一部机织学著作,《织厂经营与管理》是我国第一本织厂管理专业书籍等。

蒋乃镛的著述除了在国内纺织领域引起一定的影响之外,有些甚至走出了国门。他创造设计了《自动翻布机理论》《印染污水处理简介》等作品,事迹、著述刊登到了日本的《纺织界》。

蒋乃镛的一生是执着于纺织事业、奉献于纺织事业的一生,并以民众之所需作为其努力的方向。正如他在《我的往事》中提到的:"要立德、立功、立言,以无形体的精神实现大价值",他正是用一生实践着这一追求,以对纺织领域的无数贡献体现着自身的大价值。

矢志终不渝　纺织书春秋

蒋乃镛从小立志,以祖国和民族的强盛为自己的最终奋斗目标,始终热爱着祖国的纺织事业。抗战胜利后,美国曾偏护日本纺织工业。此举对于中国纺织业的发展极为不利。蒋乃镛便愤然执笔写就《抗议书》,由中国纺织学会集会提出抗议。1948年,出于对祖国的热爱和对抗战后期国民政府的贪污腐败的痛恨,他毅然致函国民党中央党部,公开脱离国民党,并于1949年在湖北省民盟马少庭、薛诚之的介绍下加入中国民主同盟。此举也正合于他早年立下的志愿,凡于国于民有利,便可奋不顾身。

蒋乃镛在艰苦条件下,仍不放弃对纺织事业的执着追求,负重奋进、自加压力,想办法创造条件,为祖国纺织事业的发展竭尽全力。1950年蒋乃镛由上海工业专科学校纺织科教授调往武汉从事教学研究工作。教学之余,他便寻求一切办法,在出版印刷方面,创设多种途径,以期推动纺织事业的发展。经过日日夜夜的"挤奶式"工作,辛勤努力终于换得文字出刊的"全面开花"。纺织著作通过正式出版、油印、自印、抄本等多种途径与读者见面。而这些著作很多都是以免费赠送的形式,在学校、工厂、政府单位等处流布开花。在"文革"这样的特殊时期,被打为"牛鬼蛇神"的他,仍不忘科研与创造,硬是在6年7个月的"劳动改造"中,设计和制作了几十种设备,并把这些创造和革新项目,编成24册资料赠送给兄弟厂和友好人士。

尽管蒋乃镛外出求学后便离开家乡,但是对家乡仍久久不能忘怀。早年世事艰难,蒋乃镛便立志以发奋读书来回报父母家乡;晚年,蒋乃镛则以能为家乡纺织事业的发展助一臂之力为欣慰之事。1987年8月,蒋乃镛欣然接受长兴县印染厂之邀,年已古稀的他到长兴参观纺织工厂,商讨交流；为夹浦丝绸厂解决生产发展难题；并利用自己的人脉，带领长兴轻纺印染企业到无锡、苏州、上海等地，积极为他们牵线搭桥，介绍专家。年岁再大，亦能担当重任。他被聘任为长兴印染厂驻上海办事处主任，而此时他已76岁高龄。

1996年12月，蒋乃镛老先生不幸病逝。但是诚如其所言——"回顾和懂得历史，不失为一笔财富"，只有重总结、重积累，才能有所创新与发展。回顾纺织名人蒋乃镛先生的一生，我们感受到了一种执着追求、负重奋进、敢于创新、不畏艰难、创先争优、实践自我的精神冲击。无论对晚学后辈，还是对家乡长兴，学习蒋乃镛奋斗不息的精神，都将激励我们振奋精神、砥砺前行。

（长兴县农办）

嵊州小昆村

丝绸专家马伯乐

小昆村位于嵊州市西部,坐落在西白山群山环抱之中。南宋德祐二年(1276),小昆马氏始祖马嵩(字德安,号泰岳),因卜居地马踏石被元兵侵占,率子孙乔迁于此。历七百余载,村民崇尚礼仪,耕读传家。丝绸专家马伯乐,便出生在这样一个大山村中。

一 年少志高,考取大学

马伯乐(1899—1967),名尚年,字象耕、伯乐,为马氏第三十二世孙。父亲马杏林出生于清朝光绪三年(1877),以务农为主,农闲时外出经营茶叶、白术和南北货。马杏林是小昆马姓宗字辈老大,外号杏林大头,个性豪爽,爱打抱不平,生有二子一女。因常在绍兴、宁波等地经商,见多识广,思想开明。清末时期,看到村外教育发展情况,深受新思潮影响,在旧时代女子不能出外读书禁锢人们思想时,就将女儿马月芬送到外地读书,马月芬后来成为中华民国政府驻苏联海参崴市外交官的夫人。

父亲的思想和姐姐的求学道路,对马伯乐影响较深。作为长子,他被认定为父业继承人。但年少志高的马伯乐,不甘于父亲安排,最后选择了背叛父亲意愿,独自偷偷离家赴杭州求学、闯荡。在人生地不熟的杭州,他以非凡的意志走着自己的路,从半工半读开始,求得生存和发展。18岁时,以优异的成绩考入浙江纺织专科学校,成为小昆自废科举后的第一位大学生。

1919年,马伯乐从丝绸专业毕业,托人进入杭州古老的丝绸作坊,从学徒做起。这在当时的社会条件和环境下,已经是很不错了。

二 转赴上海,成为专家

杭州的丝绸作坊只能解决温饱,与马伯乐心中所想的相差甚远。1925

年，磨炼了几年后的马伯乐，离开杭州来到了上海，另寻出路。因有以前的经历，加上学有所长，在多次更换工作后，最后进入一家留美华侨蔡辛伯参股经营的美亚织绸厂。

美亚织绸厂是上海第一家电机丝织厂，创立于1917年，在上海有数家分厂。马伯乐被安排在二分厂，先后担任普工、织绸挡车工、机修工、保养工等。不久经理发现他有技术基础，又见他工作勤快、老练，有管理才能，提拔他为车间主任。后来当老板蔡辛伯得知他毕业于丝绸专业后，就直接提拔他担任了美亚绸厂四分厂（解放后改为上海第四丝织厂）的厂长。

从1925年至1939年，十五年左右的时间里，马伯乐为美亚绸厂创造了巨大的财富，前后开发了国内首创的织丝绸新设备、新工艺和大量新产品。

他是国内首先把机械计算技术原理应用在丝织业上的人，自己设计将需要织造在绸面上的花样图案，用纵横坐标小方格依次排列，在一条一条长方形的纸板上打上数码孔，一组花样图案制成一捆，用绳串起一个可回圈使用的整体，周而复始地放在机架上回圈操作。通过机械杠杆机构，可按长方形的数码孔，将织机上的钢纵架按一定程式上下依次启动，在平绸面上织出各种花样图案，代替了当时以人工为主的丝绸织品传统旧工艺，生产效率得到大幅度提高。

其间，有一次蔡辛伯从美国带回一种新产品，是用人造丝机制成的丝绒样品，质地光亮耀眼。在美国以这种丝绒做成的女装，靓丽高贵，前景十分看好。

蔡辛伯拿着这块丝绒样品，要求马伯乐试制。说实在的，马伯乐也从来没有见识过此类产品，对其织造原理尚不清楚。但既然现在老板要求啃下这块硬骨头，便只好答应试制。

在之后的一段时间里，他用一块折叠式放大镜翻来覆去地分析其织造机理，逐步了解其结构形式，最后梳理出两个需要解决的技术难题：第一个难题是要采用特殊的织机织成丝绒坯料，第二个难题是采用丝绸行业从来也没有过的专用破绒机器。

第一个难题很快在美亚绸厂四分厂内专门安排的车间里试制安装调试，成功地织出人造丝绒坯料。当时蔡老板看了以后，认为这种坯料怎么想也变不成丝绒来。马伯乐说这就是第二个难题，需要改制出一台专用破绒机。

为了达到研制新产品目的，只要马伯乐提出的需求能够满足的，蔡辛伯就一定全力以赴。为了保密，马伯乐把改制破绒机的工作安排在自己家里，二儿子马立信、儿媳周水娥、四儿子马立民、儿媳钱英华等作为助手。幸运的是他们只用了半个月时间，就完成了破绒机改进，并用破绒机将一匹丝绒坯料顺利地破开成二匹丝绒绸白坯，再经染坊清洗漂白清洗烘干梳理等印染工艺处理后，一匹光亮洁白耀眼的丝绒成功地放在蔡辛伯眼前，完全能与美国的新产品媲美。蔡老板看了兴奋极了，心想这下可以发大财了。

此后，马伯乐以丝绒为大前提，热衷于新品种开发，陆续开发出烤花丝绒、蓝花丝绒等五颜六色的新花样品种，成为当时全国引领丝绸行业的技术专家。研制的产品除在本国畅销外，还出口到南洋群岛、东南亚、印度、美洲和欧洲等很多地区。后来蔡辛伯的美亚绸厂规模大扩展，发展到全国几大主要城市，成为数十家工厂的大公司，马伯乐功不可没。

三　追求光明，与时俱进

1938 年，蔡辛伯的一位龚姓亲信，获得马伯乐兄弟俩与共产党有关的信息，便向蔡告密。蔡辛伯得到这消息后，没有告发他，反而采用婉转的方法辞退了马伯乐。

原来，马伯乐之弟马象镳，由马伯乐带到上海一起工作、生活，在工作时马象镳经常接触到地下党员。之后兄弟俩便在地下党组织领导下参加各种集会、游行，直接受上海纺织丝绸业党组织领导。兄弟俩在 1927 年美亚绸厂工人 50 天的罢工斗争中发挥了重要作用。后据马象镳回忆，在抗日战争时期，马伯乐一家在小沙渡路有一空住房，曾经借给地下共产党员李白住过一段时间，李白妻子的两个哥哥均在马伯乐伟达绸厂做工。而电影《永不消逝的电波》中的主角李侠原型就是李白。

1938 年，马伯乐离开美亚绸厂，在好友帮助下，利用自己的丝绸专业技术和企业管理经验，投资 2 万银元在上海西康路 679 号创办了上海伟达绸厂，主营丝绸纺织，并在家乡小昆村招聘十多名年轻人进厂工作。1955 年，实行公私合营，上海伟达绸厂合并其他绸厂组建成公私合营上海美文丝绸厂（后更名为上海第七丝绸厂），马伯乐担任技术厂长。其间成功开发了国内首个灯芯绒新产品，并承担我国重大工业项目上海第一丝绸厂技改工作。1958年调安徽省，负责筹建芜湖丝绸厂，任总工程师，直至1963年退休。

四　创业在外，心系家乡

1963年退休后，马伯乐便把精力放在家乡，修路修桥，给小学添加鼓乐乐器等；1964年，看到家乡村民粮食加工设备落后，夜间又无照明用电，便与村干部商量，出资兴建小昆第一座引水式水电综合加工厂。从厂房、引水渠选址、设计，水电厂关键设备水轮机设计、制造等，马伯乐都亲临第一线。其中，水轮蜗叶设计又是当初遇到的最大技术难题。最后定型的蹄式蜗叶是马伯乐反复试制，择优采用的机型，具有制造工艺简单、效率高的特点。1965年水电综合加工厂建成投产，白天用于粮食加工，晚上用于发电照明，成为全县小水电开发典型，小昆村成为全县山村最早用电村之一。水电综合加工厂直至2004年停止运行，为村民生产、生活服务了近40年。

小昆是嵊县首批绿茶产量上千担的村庄，但20世纪五六十年代，茶叶加工设备老旧，制约了继续发展空间。为此，马伯乐又把视角投向茶叶加工领域，在1966年的一年时间内，数次去外地学习机械制茶技术，收集整理技术资料，着手准备大力开发小昆制茶产业。在1967年的一次考察途中，马伯乐因过度疲劳引发脑溢血晕倒在杭州火车站，医治无效，离开人世，终年69岁。

马伯乐是小昆村的骄傲和榜样，其创业、创新精神和爱国爱乡情怀，至今仍有着十分巨大的影响力。

（马小增）

苍南麟头村

数学权威姜立夫

中国农民第一城——龙港镇，下辖的一个村庄名曰麟头（前称温州府平阳县江南睦程十六都，今属苍南），至今还留有两个门台，这就是著名数学家、数学教育家姜立夫先生的故居。

姜立夫（1890—1978），谱名培珦，学名蒋佐，字立夫，是我国数学界几何学方面的权威，温州最早的洋博士。

祖父姜植熊是晚清时期的优贡生，曾设馆授徒；父亲姜炳闾是国学生，务农；兄长姜蒋亦，清末举人。姜立夫自幼父母双亡，由兄嫂抚养成长。早年在祖父所设的家馆读书，聪颖过人，成绩优异。14岁，祖父去世。15岁，其兄长送他到平阳学堂读书。17岁，其兄又将他送至杭州高等学堂学习，宣统二年（1910），尚未毕业的姜立夫，便参加留美学生考试，被录取为游美学务处备取生，次年到北京"游美肄业馆"（清华大学前身）第一班高等科学习英语，半年后，乘坐"中国号"邮轮赴美留学，为庚款留美第二批学员，同榜的还有胡适、赵元任、竺可桢等人。9月，入美国加利福尼亚伯克莱州立大学专攻数学。民国四年（1915）毕业，获理学学士学位，同年，又转入哈佛大学研究院作研究生。读研期间，受聘为哈佛大学助教，担任W.E. 奥斯古德教授的助手。1919年，在导师J.L. 库利芝教授的帮助下，完成博士论文"非欧几里得空间直线球面变换法"，署名姜蒋佐，获得了哲学博士学位。不久，其兄长去世，姜立夫先生即刻辞去哈佛大学的工作，回国料理后事，并担负起抚养和教育遗孤的责任。

1920年，姜立夫先生应聘到刚成立不久的南开大学任教授，他创办了南开大学数学系（时称算学系），并兼任系主任。1923年，出任中国科学社算学名词审查委员会主席，与胡明复共同负责制定算学名词草案，同年受科学名词审查委员会委托，主持审查算学名词。1926年秋，赴厦门大学讲学，为期一年。1934年赴德国汉堡大学进修，后转至哥廷根大学学习，历时两年。1935年，中国数学会成立于上海，姜立夫先生被推选为评议员和数学名词审查委员会委员。1936年，先生与胡明复的妹妹胡芷华在上海结婚。同年，担任中国数学会创办《中国数学杂志》编委。

抗日战争期间，姜先生只身随校到昆明，在北京大学、清华大学和南开大学三校组成的西南联合大学执教，并筹建了"新中国数学会"，自己担任会长一职。1940年年底，受命筹建中央研究院数学研究所。1946年5月，他奉命赴美进修，7月2日入普林斯顿高等研究院开始研究工作。1948年6月，姜立夫先生回国，同年9月当选为中央研究院院士。1949年年初，中央研究院迁往台湾，7月，姜立夫先生借口向政府汇报工作，只身返回广州，随即佯称病急将家属从台北接回大陆。从而以花甲之年为新中国的数学研究和教育事业鞠躬尽瘁。

其长子姜伯驹，受姜立夫先生的影响，也毕生从事数学研究与教育工作。1957年毕业于北京大学数学力学系，留校任教至今。1985年当选为第三世界科学院院士。现任北京大学数学系教授，博士生导师。真可谓"一门乔梓双院士，三代畴人百世师"。

姜立夫先生热爱祖国，拥护中国共产党。他常说：我是用美国退还的部分庚子赔款去留学的，那其实是全国人民辛勤劳动所积蓄的，我应该为全国人民做些好事，把西洋数学搬回来。因为数学是自然科学的基础，中国需要科学，我愿把一生献给她。

他创办岭南大学数学系时，又说：美国人在中国办教会大学，非常难得办数学系，我看这是他们存心不要我们搞基础科学，我决心在教会大学办起一个数学系来。

解放前夕，他被迫随数学研究所迁往台湾。1949年夏，他的学生江泽涵由欧返国，途径香港，乘机到台与姜相会，姜向江表露心迹，深感自己的事业不在台湾而应在大陆，迫切期待回归。他大义凛然，去就分明，后在南开大学多年的老同仁、岭南大学校长、一代教育家陈经序的精心运作和安排下，借向国民政府（当时在广州）汇报工作为由，只身返回大陆，随即称病，电告台北家属来广州照料，才致全家从台北顺利回到广州。1954年，当选为广东省第一届人民代表。1955年起，历任政协全国委员会第二、三、四届委员，积极参政议政。并在1955年参加全国政协会议时，受到了周恩来总理的亲切接见。

姜立夫先生为人谦虚低调，从不以名人自居，不要特权。他留学回国时，乡人尊称他为"洋状元"，当时士人出门都坐轿子，他却徒步自提行李回家。在家期间，衣着朴素，穿一双皮鞋，那时的道路都还是泥石路，下雨天，他怕弄脏皮鞋，特意用蒲鞋（用蒲草编织的鞋）套在皮鞋外面在路上行走。平时遇见熟人，总是点头微笑，与人交谈没有一点架子。50年代，他是一级教授，本可以乘坐学校汽车出门，但他和夫人总是步行到江边，雇小船进城。70年代，他的孩子回北京，也不叫校车送到车站，而是提前一天进城预约出租车接送。

姜立夫先生为人豁达敦厚、胸怀坦荡，不遗余力地造就和提携数学人才，深为学界所称道。20世纪20年代，著名数学家苏步青先生（平阳人），在日本东京帝国大学读研时，用英文名发表几篇论文，姜立夫先生大为赞赏。当时，他与苏素昧平生，不知苏的中国姓名，更不知苏是平阳同乡，仅知苏是中国留学生，便热情向厦门、北京、清华、燕京等大学推荐为教授。当得知苏步青决定去浙江大学时，姜立夫已收到了浙大的聘请书，连教材都已备好，但为了让苏充分发挥作用，他毅然辞去了浙大的聘任。后来两个相遇，当苏知道了其中的原委后，不禁深为感动。

尤其值得称颂的是，他为中央研究院数学研究所聘任苏步青、陈建功、江泽涵、陈省身、华罗庚等8位兼职研究员，虽然有留英、美、日、德和法之别，但他毫无门户偏见，显示了他兼容并包的雅量。在筹建中央研究院数学研究所的过程中，姜立夫先生由全局利益出发，不计个人得失，让贤陈省身，更是学术界的一段佳话。

姜立夫先生关心家乡教育事业。1927年回家探亲时，为了培养下一代，他在麟头姜氏宗祠创办了"爱敬小学"，亲自聘任校长、教师，并提倡以姜氏族产（众田）全部充作学田。此后，他经常给学校汇款、寄书，勉励督促族人办好学校，教育好学生。解放后，爱敬小学改名为麟头小学、麟头完全小学。1990年搬入新校舍后，易名为"双灵完全小学"（按姜先生的嘱咐，该校民办教师的工资一直由麟头、林陈两村支付）。在姜立夫先生的影响下，麟头、林陈两村的学子人才辈出，有多人考取硕士和博士研究生。

姜立夫先生淡泊名利，廉洁自守。1920年，在北京军阀统治下，南开大学是私立的，教师的薪金比较微薄，而他却毫不介意。1942年，中央研究院数学研究所筹备之初，他毅然退回了丰厚的筹备处主任薪金，并建议：主任与秘书均为不支薪金之职务，其余事务员一切从简，所有经费作为购书之用。1950年,他还向中国科学院移交了中央研究院数学研究所一笔鲜为人知的外汇余款,此事可见他的为人是多么廉洁。

十年动乱期间,姜立夫情绪抑郁,衰老得很快。1978年2月3日病逝于广州,终年88岁。其长子姜伯驹遵遗嘱,将百余册珍贵图书赠送给中山大学。

为了纪念这位德高望重的数学教育家,南开大学于1982年建立了姜立夫奖学金,授予本校数学系中有优异数学才能和成就的本科生和研究生。1989年10月,南开大学和中山大学先后隆重举行了姜立夫教授百年诞辰纪念会,众多知名数学家和姜立夫的亲属参加,他的得意门生、我国著名数学家陈省身和姜先生的侄女姜淑雁共同捐塑的姜立夫铜像,矗立在南开大学数学系大楼之中。

(缪志木)

平阳腾带村

出身农家的数学泰斗苏步青

平阳县北港腾蛟镇卧牛山前有个自然村，古称大溪边，今称腾带村。它就是全国政协副主席、数学泰斗苏步青的出生地。村里聚居的苏姓族人，是四百年前从福建闽南迁来的北宋哲宗朝宰相苏颂的后裔。苏姓族人，勤耕重文，世代簪缨辈出。

1902年9月23日，苏步青出生在一家境贫寒的农民家里。童年时就帮家里割草喂猪、放牛，上学后每逢假日回家，父亲就叫他在被夏日晒得滚烫的溪石滩上晒荪叶，有意来磨炼他吃苦耐劳的意志。启蒙时在老家苏氏祠堂里念私塾。12岁那年，父亲送他到离家一百多里外，平阳县唯一的一所高等小学当插班生。第二学期他转学北港小学。班里的同学大多是富家子弟，苏步青时常受别人歧视和欺负。有一次，他写了一首诗，其中两句比较好，一位老师怀疑此文不是他写的，并在作文本上批个"差"字。他对此十分反感，并以不听课的方式来对抗，结果期末成绩很差。

又一个学期开始了，新来了一位陈玉峰老师，他是一位和善可亲的老师，也不歧视穷人孩子。他发现苏步青学习情绪比较低落，即对苏步青开导说："你是个聪明的学生，你家虽穷，但你父母宁愿全家吃杂粮，把大米省下来给你当学费，送你上学念书，而你读书却无精打采，这样对得起你的父母吗？""读书！读书！有什么用？文章写得好，还怀疑不是我写的，不查清楚，就给我批个'差'字，这不是存心刁难我吗？""不！文章写得好坏，不是那位老师决定的，个人前途要靠自己去争取，我看你资质不差，只要努力学习，一定会成为有用之材。"陈老师一番情真义重的教诲，消除了他心坎上的疙瘩。从此他便集中心思学习，那学期总成绩竟获得全班第一名。此后每次考试成绩总是名列前茅。暮年之际，他常对人说："我终生难忘陈玉峰恩师，是他的启蒙和引导，才使我走上了为学的长途。"

1915年，他以优异的成绩考入温州的省立第十中学（今温一中）。三年级时，校方聘请来一位从日本留学回来的数学老师杨霁朝。他上课方式比较特殊，第一堂课并不教数学，而是讲时事。他以忧伤的口吻说："同学们！当今世界，弱肉强食，世界列强仰仗船坚炮利，对中国进行豆剖瓜分，中华名族亡国灭种迫在眉睫，振兴科学，发展实业，救国图存，在此一举。天下兴亡，匹夫有责！在座的每位同学都有责任。"接下来又说："为了中华富强，我们必须发展科学技术，要发展科技，首先必须学习数学。"杨老师的一番科技救国慷慨陈词之开导，竟完全改变了苏步青原想当一名文学家的人生轨迹。杨老师讲课解题十分生动而吸引人，他把从日本带回的科技杂志译成中文给他阅读，并时常给予指导，尤其是那些很有趣味的数学题。有一次，苏步青为了证明一个三角形内角之和等于两个直角，他用了20种方法求证，并写了一篇求证论文，被校方选送到浙江省学生作业展览会上作展品。这引起了校长洪岷初的关注，校长叫他到办公室，问了些学习情况，又鼓励他要好好学习，并告诉他："我将要调到教育部任职，你毕业后，一定要去日本留学，我会帮助你的。"恩师的开导和鼓励，极大地激发了他学习数学的志趣。从此他不问寒冬酷暑，日夜埋头钻研数学。

1919年7月，苏步青以第一名的优异成绩毕业于省立第十中学。同年8月赴日本留学，时已调任教育部任教育处长的原校长洪岷初，闻讯立即遣人送来200块银元资助他，并寄来临别赠言："天下兴亡，匹夫有责，要为中华富强发奋读书。"同年8月，赴日进入东京东亚口语预备学校，学习日语，他不住校舍，而租住在一位老太婆家里，一边殷勤地帮她买菜、扫地，一边跟她交谈学习，不到两个多月时间内，他就能说一口流利的日语。

1920年2月，他以第一名考入日本东京高等工业学校电机系。因他与数学结下了不解之缘，利用课余时间，写了一篇关于《仿射微分几何》研究论文，发表在日本学士院主办的学术刊物上，引起了全校轰动。1923年9月，他以优异成绩毕业于日本东京高等工业学校电机系。

1924年3月，苏步青决心考取日本国最高数学研究的学府——日本东北帝国大学数学系，当年数学系招生名额中，只招收2名外籍学生，而外籍考生却有几十人。苏步青凭着自己深厚的功底，用"打擂"的方式，打败了全部竞考的对手，进入日本东北帝国数学系，导师是日本著名数学家洼田忠彦教授。

1927年3月,他以优异成绩毕业于日本东北帝国大学数学系,免试升入研究院为博士研究生。在帝国大学数学系和研究院期间,曾先后写了40余篇有关《仿射微分几何》研究论文,分别发表于美、日、英、德、法、比利时等国数学刊物上,得到国际数学界的高度评价,誉称他为"东方国度升起的灿烂数学明星"。

1931年3月获得理学博士学位,是荣膺日本国理学博士的第二个中国人。陈建功(绍兴人)是第一人,先他两年毕业回国。在留日时,他俩有个约定:学成回国决心联袂创办浙江大学"世界一流数学系"。1931年4月,他婉拒日本东北帝国大学高薪聘请和导师热情的挽留,毅然携妻儿回到灾难深重的祖国,在浙江大学任数学教授,与陈建功博士联袂创立了国际公认的数学王国中的"浙大学派"。

从1927年起,他一生在国内外相继发表了学术研究论文160余篇,出版专著20余部,译著5部。因专著《仿射微分几何》和《射影曲线概论》,他被国际数学界誉称为"东方第一几何学家"。《K展空间几何学》和《射影曲线概论》荣获1956年国家自然科学奖。《计算几何》获全国优秀图书奖。"文革"期间,下放到上海江南造船厂受监督劳教时,在与工人技术人员交谈中发现《船体放样》技术是船舶制造工业久悬未解的世界性大难题。他遂带领复旦大学数学系教师进行技术攻关,把《计算几何》应用在船体图样放大上进行试验,成功地解决了长期困扰世界性船体放样的老大难问题,这不仅是全世界造船工业的一次技术大革命,同时对航空和汽车制造都具有突破性的贡献。因此,他先后获1978年全国科学大会重大科技成果奖;1985年、1986年分别获三机部和国家科技进步奖;1998年获何梁何利基金的科学与技术成就奖,并将全部奖金献给教育事业;2003年第5届国际工业与应用数学大会理事会上,国际数学界首次设立以中国科学家命名的"苏步青奖"。

苏步青同时又是一位师德崇高的杰出教育家。他执教七十载,十分注重教书育人,言传身教,潜心培养出了德、智、体、美全面发展,能为振兴中华,对社会主义建设有用的合格人才。他的学生方德植、张素诚、白正国、熊全治、吴祖基、谷超豪、胡和生、杨忠道等后来都成为著名数学家。他讲课十分吸引人,言语精练,条理清晰,内容新鲜,深入浅出,他一面讲,一面在黑板上写,听课者不仅可以把笔记记得清清楚楚,又能全部听懂他讲的内容,听他讲课好似一种艺术享受。1983年,80岁的他从复旦大学校长职位上退下来，仍耄境扬鞭，探索不止。

苏步青是一位杰出的社会活动家，他同情并支持"反内战""反迫害"斗争，他以浙大教授会主席身份宣布罢课来抗议国民党政府杀害进步的学生，积极营救被捕学生。解放后，担任中国对外友好协会上海市分会主席和上海市对外文化交流协会主席时，曾多次率团出国访问、讲学和学术交流活动；在担任全国政协副主席和中央民盟副主席时，他坚持爱国统一战线，关心祖国统一大业，反对"台独"。晚年卧床不起之际，躺在病榻上还将亲笔书写"反对台独，坚持一个中国原则，完成祖国统一大业"的字幅挂在病床前。

苏步青还是个才华横溢的诗人，少时饱读四书，博览古文，一生作诗词三百多首，出版了《原上草》《诗与数的交融》等诗集。被学界称为"天才诗人"。

2003年3月17日6时45分，一代数学泰斗苏步青于上海逝世。他将一生献给了祖国，是爱国知识分子的楷模。

（苏尔信）

> 象山东陈村

爱国"怪人"陈汉章

宁波象山县城往南约20里，公路左边有一个村子，叫东陈村。村里出了不少名人，还有许多奇闻逸事，乡亲们代代相传。这里也是著名国学大师陈汉章的出生地。走进东陈村，游走于陈汉章故居，于青砖石板、纸墨幽香中触摸一代国学大师敦厚优雅的情脉，让人产生由衷敬仰。

东陈陈家　闻名乡里

与很多不平凡的人一样，陈汉章的出生伴随着美好的期盼和传奇的故事。陈汉章的父亲谱名昌垂，贡生，娶石浦佘勉翰举人之女为妻。婚后四年仍无子，令盼孙心切的太夫人着急。素奉行善积德的陈家太夫人捐了50亩好田给育婴堂，次年，陈氏家族中最有影响力的人物——陈汉章呱呱落地。据陈汉章自云："母梦虹化龙，龙复化猴，啼血于林，而汉章生。"陈汉章来到人世，远近百姓相互传诵，都说这是陈家积善之报。

在陈汉章的生活环境里，有着厚实的文化积淀，正像一棵参天大树，植于沃土，一个大智慧的诞生，正要如此。陈汉章老师虞竹亭先生在《凝绿山房·题南屏所居室》说："山房一架绿俱凝，不许红尘半点增；唯有夜来凉月下，梅花影伴读书灯。"写出陈汉章父亲读书之用功。父亲有许多做学问的教导，对陈汉章一生影响很大。陈汉章堂房叔母陈孔氏，也是一位值得敬仰的人。她做的好事不胜枚举，出资在杭州建造象山试馆，独资兴建新祠堂，修建象山蟹钳渡埠头，捐巨资造奉化大桥，为老丹城两条主街铺石板路，为普陀山新佛殿捐资……她家里每天还煮满大锅米饭，饥者随时可入内进食。而她自己则生活简朴，穿布衫蒲鞋。此外，陈汉章的伯父树屏、堂兄得善两位智者，更是陈汉章学业上的导师。

陈汉章4岁时，从诸姑对弈中，认识了车、马、炮等字，父亲乃命他认字。6岁已能吟诗，初露才华，有"为臣如不忠，匈奴便来乱"等诗句流传。7岁正式受业，就读于设立在其故居后的"约园"私塾。10岁开笔（浙江图书馆保留其10岁的诗作151首），后考入丹山、缨溪书院读书，勤奋好学，得童生第一名，遂立志研究经史子集"四部"。陈汉章23岁进入杭州俞楼，师从著名经学大师俞樾。24岁至宁波辨志精舍，师从黄元同先生。25岁赴杭州乡试，中第10名举人。

爱国怪人　发愤图强

　　陈汉章自幼好学，博闻强记。每看一书，必用色笔加点句读，由浅而深，先藤黄，加淡墨，再浅蓝、桃红、胭脂，而后银朱。并考其优劣，校其佚漏，辨其真伪，评其得失。有些书读30遍，有些书读40遍，有些书则读50遍，直至滚瓜烂熟。到了每年年底，他还要做个读书总结：今年读了多少书，一年来一共读书几天，一共虚度几天。章炳麟曾称道陈汉章："浙中朋辈，博学精思，无出阁下右者。"

　　陈汉章喜欢开卷大声诵读，他认为此种方法能加深记忆。晚年归乡，依然诵读不息。每日拂晓，陈汉章必登三层书楼，洪亮的读书声破窗而出，非常准时，以至村人习惯将之作为"晨钟"。每当读书声传出来，邻人就会互相提醒："天亮了，起来啦，起来啦，陈先生已经在读书啦！"

　　京师大学堂（北京大学前身）慕名聘请陈汉章当教授。不料至京后，陈汉章竟一改初衷继续求学，以46岁大龄和博学教授的身份当起了学生。4年后，他以第一名成绩毕业，当时已50岁。这一奇人逸事，至今在北大仍传为美谈。陈汉章当学生招来了一系列"殊礼"：当时京师大学堂的刘幼云总监督点名时，对其他学生按例应"到"之后点头予以确认，点至陈汉章，却起而颔首，以示尊重。桐城派的姚仲实、姚节叔兄弟俩，讲完课，总要问陈汉章"然否"。严复在任校长期间，一日邀陈汉章去家中相聚。恰好下雨，陈汉章撑着纸伞穿着木屐前往，门房见状让他在一旁等着。不料严复接到通报后马上亲自到门口迎接，堂上其他宾客也全部随之出迎。

　　陈汉章是当时北大开课最多的教授，他要到4个系、2个研究所讲课研究，内容涉及史学、哲学、国文等20余门，还受聘到北京高等警官学校、北京师范大学等校兼课，工作量非常大。因显著的教学成就和丰硕学术成果，陈汉章曾多次荣获国家级"嘉禾"奖章。不仅如此，每次国外汉学家来访，教育部总要指定陈汉章作陪。外宾提出的问题，陈汉章总能随问随答，引经据典，观点独到，令在场的中外学者敬佩不已。时间一长，大家觉得陈汉章满腹经纶堪比一座图书馆，索性送他个雅号："两脚书橱。"

陈汉章一生治学严谨，日积月累而著作等身。从他晚年自拟的《缀学堂丛稿初集目录》中统计，共有 100 余种 800 多万字手稿准备出版，内容遍及经史子集"四部"，现作为善本藏于浙江图书馆。

有段时间，陈汉章给学生们上中国史，他自编讲义，特地搜罗片段，证明欧洲科学所谓声光化电，我国古已有之，那时，欧洲列强尚处于茹毛饮血时期。一次，他讲完课，正在北大就读的年仅 17 岁的茅盾对他说："陈先生是发思古之幽情，光大汉之天声。"为此，陈汉章还找茅盾长谈，他坦率地说："我明知我编的讲义，讲外国现代科学，在二千年前我国已有了，是牵强附会之说。但我为何要这样编呢？鸦片战争后，清廷士林中，崇拜外国之风极盛。中国人见到洋人奴颜婢膝，有失国格人格，实在可耻可恨。我要打破这种崇洋媚外风气，所以编了这样的讲义，聊当针砭。"理解了他的苦衷，茅盾对先生肃然起敬，称陈汉章是一位"爱国怪人"。

乡土情结　礼义传家

陈汉章学识渊博，还颇通医理。1890 年，27 岁的陈汉章赴京会试，回来后看见母亲久病未愈，请了不少中医，总不见好，便一心一意侍奉母亲。这年的六月开始，陈汉章先后研读了近 20 部医学著作。经过一段时间的调理，母亲病愈。后又几度反复，到底不支谢世。陈汉章虽苦读医书终无回天之力，一片孝顺之心却足以告慰母亲在天之灵。

陈汉章父亲对儿子的要求是读书，至于功名、做官并不强调。陈汉章不违祖训，宁做学者，决不为官。在京师十几年，多次谢绝孙传芳、吴佩孚邀他"出山做官"的聘请。父传子承，陈汉章崇尚节俭，不甚讲究穿着，常穿土布衣衫、布鞋粗袜，认为"只要文字真，那怕破头巾"，"绣花枕头表面好，其实是个大草包"。那些不甚了解的商贾士子，希图衣帽取宠，登门求见，结果多半吃了闭门羹。

陈汉章继承父亲家教遗风，对家乡做了不少善事。1907 年，他首任象山劝学所总董，经他赞助与发动，设立小学 30 余所。他还担当象山民意代表，力挽县域被分割。陈汉章不忘家乡公益事业，资助创建"象山县公立医院"（象山县第一人民医院前身）。1922 年，陈汉章从北大回乡探亲，受聘担任民国《象山县志》总纂。后带稿北上，"独纂"县志，在北大4年完成了县志编写。该志是民国时期四大名志之一，象山的百科全书，起到了资治、教化、存史的作用。

每当春节将临，陈汉章返回乡里，孤寡老人每人猪肉十斤，大米一斗，若有生、病、老、死者，为其请人接生，请医治病，或买棺安葬。陈汉章急公好义，对救灾募捐，从不吝啬，修桥铺路，修建庙宇，积极赞助。如姆龙洞到岳头一段几十里长的路，因年久失修，石板破碎，路面凹凸不平，下雨天泥泞难行。为解乡亲行路难，他独资修筑这段路。据现在看管陈汉章故居的陈汉章孙子陈维旺先生回忆："我们家一直做善事，我对此印象很深，我母亲每月初一、十五都要量米送给穷苦人家。"

在北大时陈汉章教儿女读书，晚年归家则教孙子孙女读书识字。每日上午7时半至10时半，祖父召集孙辈们，先是写字，读《三字经》，后对对子，先对一字课、二字课，一年之后，对三字课，读唐诗，读古文故事。再一年后教读《论语》《孟子》等书，直至送入学校读书。

陈汉章后代遵循祖训，礼义传家。父亲去世后，儿子庆麒先生将陈汉章一生珍藏之书籍，慨然捐赠给浙江图书馆，使一家之藏成大众之藏，使私人之物成国家之物。其情其意，感人肺腑。

（郑丽敏）

浦江郑义门村

宋濂主持东明书院

宋濂（1310—1381），字景濂，号潜溪，明初著名政治家、文学家、史学家、思想家，与高启、刘基并称为"明初诗文三大家"，又与章溢、刘基、叶琛并称为"浙东四先生"。宋濂被明太祖朱元璋誉为"开国文臣之首"。他原籍金华，出生于潜溪（今金东区傅上村），并在那里度过了自己的童年。目前在家乡的一片菜园中，尚立有"宋濂故居遗址"石牌。

郑义门地处浦江盆地东部郑宅镇内，距县城12公里。郑宅原名"承恩里"，地方风光秀丽，田舍俨然，灵秀的白麟溪穿村而过。北宋初年郑氏在此始立宅，南宋时易名三郑、仁义里。元明两代多次旌表为"孝义门"，后人于是改称郑义门，明代还被朱元璋亲自赐为"江南第一家"。

郑义门以孝义同居闻名于世，历宋、元、明，事迹载刊三朝正史，这在中国历史上非常罕见，创造了家族史的奇迹。郑氏同居历时十五世三百三十余年，历时如此之久而不分家，据传鼎盛期间"食指三千"。同锅吃饭，这种浩大的场面体现了齐家者的智慧和精神文化的强大凝聚力。

宋濂年轻时候很贫穷，又好读书，被人称为神童。据载，"自少至老，未尝一日去书卷，于学无所不通"。这在他自己所作名篇《送东阳马生序》中也得到了证明。这篇选入中学教科书的文章，读过的人都会感到印象深刻。宋濂说："余幼时即嗜学。家贫，无以致书以观，每假借于藏书之家，手自笔录，计日以还。天大寒，砚冰坚，手指不可屈伸，弗之怠。录毕，走送之，不敢稍逾约。以是人多以书假余，余因得遍观群书。"

时元末古文大家吴莱在郑义门东明书院（精舍）讲学，郑氏家族藏书8万卷，名师加上藏书，声名远扬，文风飘逸，这足以让宋濂心生仰慕之情，求学之心。他不辞辛劳，跑了一百多里地，来到这里，拜吴老先生为师。师徒相得，切磋琢磨，如沐春风，如浴冬阳，人间还有什么快乐比得上这境界？岂料天有不测风云，不久后吴莱中风，不得已辞去教席，并极力推荐宋濂继任。宋濂诚惶诚恐接受师命，兢兢业业唯恐有负。青山不改，光阴似箭，宋濂自己都未曾想到，自己在这个书院一干就是24年！

久处他乡成故乡，青山何曾有两样。日久生情，宋濂逐渐把郑义门当成了自己的家，他索性把女儿也嫁给了郑家为妻。由于工作的关系，更由于郑义门良好的家风影响，宋濂干脆将全家从金东迁到郑义门青萝山下，并作《萝山迁居志》，文中明确谈到迁居的目的："以其家九叶同居，乃愿卜邻焉。""特欲熏渐孝义之风，以勖我后人耳！"当时很多人都为宋濂的迁居写了祝贺文章，其中刘崧写的《青萝山房诗为金华宋先生赋》较有文采。宋濂在此地建有藏书楼，名曰"青萝山房"，又名"萝山书室"。据《澹生堂藏书记》记载："胜国兵火之后，宋文宪公读书青萝山中，便已藏书万卷。"足见其规模，在当时已经相当大了。

在宋濂的主持下，东明书院声名鹊起。郑氏子弟得到良好教育，村民素质大大提升，出仕之人也明显增多。外地人也慕名而来，著名的宁海方孝孺也曾到此学习，隆重礼拜宋濂为师。书院经过不断扩建，在当时的浙中算是首屈一指。宋濂作有《东明山精舍壁记》，记录了书院当时的一些情况，这是难得的地方研究史料。

浙中一直是儒学重要基地，宋濂是元明时期儒学的重要代表人物。郑义门良好的家风传承，正是他实践儒家理想的绝佳场所。他不只是通过书院教育，而且参与对全体村民的教化。为此，他亲自参与《郑氏规范》168条的制定，在他所著的《浦阳人物记》一书中，用专门的笔墨记述了郑义门几位先祖的事迹和郑义门的好家风。这使得郑义门名声更隆，在元明时期日益引起统治者的注意。

宋濂离开郑义门后，东明书院影响力逐渐减弱。明代中期书院毁于兵火。乾隆二十八年（1763）郑氏合族移建于村东。乾隆五十一年（1786）、嘉庆十一年（1806）、道光四年（1824）曾3次修葺，至道光二十二年（1842）易旧增新。进入民国后，东明书院被改作东明高等小学（东明小学高等部）并有增建。1949年中华人民共和国成立后，书院更名为浦江县郑宅乡中心小学。后因学校扩建，原有建筑被拆除，只留下了一处门楼，现作为遗址保护。

二十多年的美好时光，倾注了青春的热情和心血，这令宋濂终生难以忘怀。洪武十三年冬，宋濂政治受挫，谪往四川茂州，中途生病，在夔州去世。临别有种难回的预感，深情作诗云："平生别无念，念念在麟溪。生则长相思，死当复来归。"表明自己始终把郑义门当成是自己叶落归根的家，并为不能回归而深感痛惜。现在，郑义门已经在青萝山下修建有宋文宪墓园，了却了600年前宋濂的遗愿。

如今，在郑氏宗祠有序堂内仍悬挂着宋濂的画像，家族祠堂纪念外人，这在其他宗族祠堂是难以想象的。宋濂手植的9棵古柏现在还矗立在宗祠内，枝干遒劲，肃然挺立，见证了岁月的沧桑。游客只要踏入祠堂，仰望之，内心一定会感受到极大的震撼。据介绍，每年，郑氏门人都会祭拜宋濂3次，他们已经完全把宋濂看成是自己人了。

没有郑义门，宋濂恐无以学问大进；没有宋濂，郑义门恐无以声名再盛。物华天宝，人杰地灵，人与地域之间相互成就，江山文章，辉映古今，诚不虚言哉！

（彭庭松）

东阳蔡宅村

一生为教育奔走的蔡汝霖

蔡汝霖，字雨香，号商卿，晚号愚公，谱名行杰，小名金庆，浙江东阳蔡宅村人。家里世代耕读，天资颖异。入塾就有小名声。他的祖父诒谋常说："这是我家的千里驹。"19岁时，瞿大学士案临金华，以优异成绩考取秀才。其文章隽秀，叙理清楚，被金华知府聘为家师。次年补入府学食廪。光绪二十三年（1897）春，由徐雪宪选为丁酉科拔贡。是年浙江乡试秋闱，中第48名举人，从此名噪全府。

光绪二十四年（1898）正值会试之期，适逢清廷接纳康梁变法维新，面对丧权辱国、饱受欺凌的国事，蔡汝霖即在应试论策中力主变法图强。孰料试后即遇戊戌政变，遭旧派排斥而名落孙山。他深感国事之日非，遂摒弃科举，致力于教育事业。光绪二十五年（1899）春，受聘为新昌沃西书院山长，不料因办学经费困难，蔡汝霖于是主张将祠堂祀产改为学田，却遭到以秀才出身的士绅张载阳为首的守旧派反对，唆众闹事，以致发生械斗。蔡汝霖不愿事态扩大，悄悄离校赴杭州，与各好友审议国事，深感"文事必有武备"。于是，创"浙江武学堂"，自任监督，浦江虞廷任堂长，以培养能文能武的建国人才，深得各界支持，名噪杭城，连原反对派新昌士绅张载阳，也痛改前非前来投考武学堂。蔡公也不计前嫌，以"知耻近乎勇，闻过则改，善莫大焉"相劝导。

接踵而来的是八国联军入侵，后强迫清政府签订丧权辱国的《辛丑条约》，顿使祖国陷入半殖民地的深渊。蔡汝霖悲愤之下，乃于光绪二十九年（1903）东渡日本，考察教育，以探求救国之策。在日期间，得晤光复会元老陶焕卿（即陶成章），交谊甚笃。

翌年回国，科举已废，新学迭兴。被聘为金华府中学堂监督（即校长）。同年六月，又与盛灼三、张恭、金筱甫等人创办《萃新报》，时仅半载，钱江上游风气一新。又应李前泮之邀，来东阳筹备扩建县立小学堂之校舍。为拆旧城隍庙事，受劣绅和无知群众的围攻。次年元宵佳节，蔡汝霖在高等小学堂召开各界人士座谈会，慷慨陈辞，力举兴办学校、科学救国之利，指出东阳文庙经费，原为应举之用，今拨为学堂经费两全其美，博得各界人士支持。并将这篇讲话稿刊于《萃新报》。金华知府目睹《萃新报》声誉日盛，且平时对其劣绩有所披露，乃以《萃新报》"言论过激，有害朝政"为名，将其查封。并另找借口，免去其蔡汝霖金华府中学堂监督之职。

蔡汝霖虽几经挫折仍不易其志。光绪乙巳年（1905），回到故乡，在故乡蔡宅做了三件大事：第一件，光绪三十一年（1905）创办了东阳县第一所自治小学校。当时在偏僻农村办学校是空前创举，自治小学就是蔡宅小学的最前身。由于历史的前进，社会的变革，校名几经更改。学校的创办给蔡宅人民提早带来了福音，使农民子弟有了读书识字的社会条件，同时为国家培育人才，于国于民功归蔡汝霖；蔡汝霖在日本留学期间，受到孙中山先生革命思想的影响，回到家乡后，在创办学校的同时，推行女子放脚，严禁缠足，在封建社会里妇女以脚小为美，相貌漂亮而脚大被称为"窗里美人"，她们不受男青年的欢迎，如果是富贵人家或书香门第，他们爱娶三寸金莲的闺女，不会娶大脚婆为妻妾。缠足使妇女们肉体受到严重摧残，人为地改变其自然生理现象，大足硬裹成小脚，连骨头都裹断，要遭受巨大的痛苦，更为严重的是束缚了妇女的劳动力，阻碍了社会的发展。"任其天足，实行已绕的放脚，严禁缠足"，使妇女获得解放，这在辛亥革命成功以后，全国普遍实行，并不稀奇。可蔡汝霖在蔡宅这样做的时候，是皇帝还坐在龙廷里，社会上普遍缠小足，这就不能等闲视之了。第三件大事，是男人剪辫。封建社会里每个男人的脑后都留有一条长辫子，男子必须和妇女一样，经常梳头打辫，既浪费时间，又给某些劳动带来麻烦。蔡汝霖在提倡妇女放脚的同时，又实行男子剪辫。当时人们的传统习惯，以大辫为美，无辫为丑。任何新事物的出现，都会遭到阻力，剪辫运动也毫不例外。

翌年，蔡汝霖与兰溪蒋鹿三、浦江虞庚甫、淳安陆玉书、萧山毛酉峰等在杭创办金、衢、严、初四府旅杭公学，自任监督。办学成绩卓著，被推为全浙教育会干事。教学成果累累，为两浙之冠。

光绪三十三年（1907），出任东阳教育会会长。翌年始，兼任东阳劝学所总董两年。时清政府为欺骗舆论，假意立宪，蔡汝霖为浙江赴京立宪请愿代表。适陶焕卿秘密回浙，与其会晤。乃接受同盟会"驱除鞑虏，恢复中华，建立民国，平均地权"的纲领，宣誓加入同盟会。自此，成为革命党人。宣统元年始，任浙江省立七中监督（校长）。

宣统三年（1911）九月十五日，杭州光复，浙江军政府成立，被都督汤寿潜委为宣慰使。至东阳履行职责，亲临城楼，劝说行人剪去辫子，"还我汉人仪俗"。同时积极参加东阳中学的筹建工作。

民国二年（1913），被推选为国会众议院议员。3年，国会被袁世凯解散，南下沪杭，痛斥袁氏专制卖国，拥护孙中山讨袁护国。5年4月，浙江反袁独立。受吕公望之聘，出任浙江护国军政治顾问。后国会重开，仍为众议院议员（时住北京石灯庵西口），竭力拥护孙中山恢复《临时约法》。同年农历十二月十七日病故蔡宅"听春雨楼"，年仅49岁。

（蔡淑贞）

> 青田阜山村

与教育结缘的中将兄弟

阜山村素有耕读遗风，历史上名流学者颇多，其中较为突出的是陈琪、陈瑛兄弟二人。

陈琪（1872—1925）字兰薰，青田县阜山乡阜山村人，中将军衔。

据乡贤朱光奎《陈兰薰先生传》描述：陈琪"少时弱不好弄，容貌莹白如好女，目光灼灼射人。五岁受庭训，过目成诵。七岁从外兄周醉珊司马学授五经史汉，便通大义。十一学为文，理致斐然……"

清光绪二十二年（1896）陈琪考入江南陆师学堂，3年后以第一名成绩毕业。光绪二十七年（1901）奉命赴日考察军事。光绪三十年（1904）奉湖南巡抚赵尔巽之命负责湖南产品参赛圣路易博览会事宜，顺便游历考察英、法、俄、德、奥、意诸国。同年奉时任湖南巡抚端方之命主持长沙督练公所、湖南陆军小学暨陆军速成学堂诸事。光绪三十三年（1907）任江宁陆军第四中学堂总办。光绪三十四年（1908）任江宁公园主事。

清宣统元年（1909）两江总督端方下令筹设南洋劝业会，命陈琪任坐办。宣统三年（1911）一月任南京第四中学堂总办。同年奉调奉天任中将衔东北交涉司会办兼奉天劝业道，建议创设奉天农业银行。

民国二年（1913）陈琪奉命任赴美国赛会监督兼巴拿马赛会事务局局长。"以最少之经费，携最多之出品，竟得最良之结果"。由于陈琪的亲自推荐，青田石雕作品得以在赛会上亮相，其精美让世界惊叹。陈琪因此被国人誉为"中国世博事业第一人"。民国七年（1918）当选为浙江省议会第一副议长。民国十三年（1924）应聘任四川省政府警政厅厅长，协助制订四川省军政、民政、建设各项计划，为四川建设竭尽全力。

民国十四年（1925），陈琪出川东归途经九江，因肺病逝世，归葬于上海周家桥宅畔之兰圃，终年仅48岁。

陈琪生前在《南洋兵事》杂志、《南洋劝业会通告》《申报》等报刊上发表文章多篇，著有《环球杂志》《新大陆圣路易博览会游记》

《中国参与巴拿马太平洋博览会纪实》《奉天农工商各界茶话会演说词》等书。

陈琪一生忙于国事、政事，仍不忘造福桑梓。凡阜山村有办学、造桥、修路等公益事业，他无不慷慨捐资。

如今，位于阜山村的陈琪故居被修葺一新，成为该村的一大旅游景点。

陈瑛（1883—1941），字蕙薰，号蕙生，青田县阜山乡阜山村人王费潭人（陈琪胞弟），中将军衔。

陈瑛18岁入江南陆师学堂，继而留学奥地利维也纳新城步兵专门学校，其间常为在奥地利早期青田华侨争取权益而奔波。8年后学成回国，受张作霖邀请，先后任东三省测量总局局长、东三省巡阅使署军学处处长、振威军总司令部中将参谋长，张作霖大帅府高级军事顾问并兼任张学良的德语教师。与张学良将军父子，系旧交知己，情同手足。他洞察时事、指点风云，力推张学良从戎。张学良的爱国主义人生主旋律，系受陈瑛启蒙。

民国十一年（1922），张作霖因提议梁士诒组阁，引发第一次直奉战争。张作霖成立镇威军总司令部，陈瑛为司令部参谋主任，张学良为第二梯队司令。虽然军务繁忙，二人往来不绝。第一次直奉战争，奉军失败，所部退而不乱，军纪肃然，人谓张部实赖陈瑛之教也。张作霖败退奉天后，任东三省保安司令，陈瑛为司令部军学处处长。这是张作霖接受失败教训，深感所部军事素质不足，成立东三省陆军整理处，任张学良为整理处副监。张学良深佩陈瑛的军事学识，不时请教，二人师友关系日益密切。

民国十四年（1925），陈瑛因患肺炎，请病南归，张作霖父子深为惋惜，赠送一万银元。

陈瑛回阜山后，于1928年将一万元退养金悉数捐出，与陈梓芳等地方士绅筹办阜山乡村师范学校，并亲自出任校长。

正当陈瑛在家乡致力乡村教育事业时，东北时局发生急剧变化，张作霖于1928年6月4日在皇姑屯被日本人炸死，东三省议会于7月2日一致推举张学良为东三省保安司令。张学良在这家仇国恨集于一身时，急望陈瑛能再回东北，共商大计。这时陈瑛已无意再入政坛，借兄故（陈琪于1925年病逝于九江）、父老体弱为名，命侄陈六一到奉天婉言谢绝，自己在阜山过避世的隐士生活。

　　民国二十五年（1936），浙江省教育厅发文，培养师资的学校，应由公家负责设置，不得私办。阜山乡村师范学校于是改为阜山私立中学，陈瑛仍为校长。这年12月12日，张学良在西安发动震惊中外的西安事变，蒋介石及其随行的军政大员等全部被扣，其中包括陈诚。消息传来，陈诚之母洪氏万分焦急，与许多青田士绅齐来阜山，请陈瑛致电张学良不要加害陈诚，陈瑛素与陈诚之父陈希文交好，此时虽然陈希文已去世11年，然老友之情犹在，遂答应帮助说情。陈瑛立即致张学良电文为"族弟陈诚，母老病危，乞赐矜全"。

　　西安事变后，张学良失去自由，与陈瑛的书电往来也从此中断。民国三十年（1941），陈瑛终因肺病恶化，病逝于阜山。

　　1989年，陈瑛堂侄，在台的阜中校友陈贯洲，多方设法，觅及张学良将军地址，致函张将军，告知陈瑛情况。至此，张学良将军才知道陈瑛已病逝四十多年，马上给陈贯洲先生回函，称"蕙生本余旧交知己"，对其早逝，深表哀悼。

　　1991年2月19日，91岁高龄的张学良将军缅怀老师，为阜山中学65周年校庆手书"培育英才"题词，表示祝贺，这也是对已故的"旧交知己"的深切怀念。

（陈介武）

{德清燎原村}

黄郛以教育带动乡村改造

　　这是一个在地图上很难找到的地方，但她正如一颗古老的明珠，既有历史的神韵又有今朝的灿烂，这就是燎原村。还在一千四百多年前的南北朝时期，这里是地荒人稀的无名山村，是樵夫进出山林的小憩之地。梁简文帝大宝元年（550），有"鸿名重誉，独步江南"之誉的文学家庾肩吾受封为武康侯，见此地风景秀丽，山青水清，便建屋定居。次年，庾肩吾病逝，儿子庾信世袭父职。正是青出于蓝而胜于蓝，儿子庾信的诗文功底也同样了得，杜甫评价"庾信文章老更成，凌云健笔意纵横""庾信平生最萧瑟，暮年诗赋动江关"。后来，人们为纪念庾氏父子，就把他们的居住地叫作庾村。直到"大跃进"时期，因形势所需，改名燎原村，寓意星星之火可以燎原。

　　燎原村，位于德清县境内国家级风景区莫干山下。它历经千年风雨洗礼，如今的燎原村，已经演变一个具有民国风情的小镇，虽然庾姓后裔很难寻觅，至多在山脚水旁、树荫竹林之中，探寻一些庾姓家族的遗迹。但是这并不证明庾村的"败落"。自从西洋人在清朝末期开发莫干山后，经民国的发展，山上的"外来文化"就很自然地影响了它，包括建筑风格和人们的生活习惯、方式、市场意识等。其中，有一部分脑子比较"灵光"的山民都能说上海话、苏州话乃至一串串的英语、俄语，让人刮目相看。

　　在燎原村，游客不仅会被充溢民国风情的建筑所吸引，同时也会感受到街道两旁苍老、硕大的梧桐树所显现的历史沧桑感。然这一切，都绕不开一个被历史封存了半个多世纪的人物——黄郛。

　　黄郛（1880—1936），原名绍麟，字膺白，号昭甫，浙江上虞人，是蒋介石、陈其美的结拜兄弟，早年留学日本，追随孙中山革命，加入同盟会，任"丈夫团"团长；北洋政府时期，先后任外交总长、教育总长等职。1924年和冯玉祥一起策划北京政变，一度代理国务总理摄行大总统职权；南京国民政府时期，出任上海特别市市长和外交部部长；1928年5月"济南惨案"后，因"委曲"不了政治舞台的风雨变幻，辞职来到莫干山，过上了隐居生活，想在山林之中寻求心境的平和。但作为一名政治家，在"九·一八"国难来临以后，他就无论如何也找不到这份平和的心境了。于是，黄郛凭借自己的能力，开始了在政治之外实现生命意义的义举。

20世纪30年代初，现燎原村区域方圆十里，有前村、后村、中村、汪家、南路、莫干坞6个自然村，分布在莫干山两翼的环抱中，计120余户490余人。他们之中，只有1人读过"四书五经"，3人会描花押，八九个人会写名字。全村只有1个理发匠、1个铜匠，千余亩耕地。大多属于佃农，200元以下的年收入要维持5口之家的日子，生活过得十分贫困。所以，黄郛的义举，是按照"以学校为中心，谋农村之改进"的设想来开展各项改良活动的。

1932年6月1日，由黄郛自筹资金、亲自选址、操办的私立莫干小学借用汪家村的民房正式开班。同天，校舍奠基。半年后，迁入新校舍，学生超过百人。从此，这个幽静秀丽的山坳里，响起了欢快、明亮的童声："莫干之灵，钟我诸生，勤俭忠箴，我校之慎，耕不废读，读不废耕，生聚教训，利国福民。"

学校从第一天开始，就坚持"耕""读"并重原则，在传授知识的同时，更多地注重当地实际，教授农村实用种养技术。比如学校先引进新型包心菜、西红柿等品种，在学校农场教会学生如何种植、如何管理，待成功后，让学生把种子带回家，教家长推广种植，这是黄郛在莫干农村改良过程中推广科技的"绝招"。学校规定，凡四年级以上的学生，设有农事、劳作等课：男同学到农场耕耘种菜，所收获蔬菜，属寄宿生部分，折价供应食堂；属走读生部分可以各自带回家用。学校还设有竹工场，聘请竹工技师，教授编制花篮、行箧，卖给来莫干山的游客。女同学学习缝纫、做鞋，学校设有"女红实习室"。对家庭贫困的学生，学校实施半工半读，计工付酬，免费读书；对初级部学生不收学费，并且供给书籍用具；对表现优秀的学生，实施奖励；成绩优良的毕业生，由学校保送深造，升学后，在校成绩列一、二、三名者，仍发给奖学金，继续培养他们深造，造就人才。

黄郛创办莫干小学是为了培养人才，而培养人才则是为了更好地推进农村的改进工作。所以，在学校开学后不久，黄郛立即成立"莫干农村改进会"、开设民众夜校，围绕"相友相助相扶持""自治自卫自教养"

的要求来展开。首先，开办成人教育，设有农民夜校、农民教育馆、健身场等，经常举行卫生展览会、儿童健康比赛及改良风俗的化装演讲与通俗演讲等。

其次，开展生产技术改良、金融市场流通和灾荒救济。具体工作有：（1）推广改良蚕种。当时，全国蚕丝价格大跌，蚕业受到沉重打击，许多桑田被迫改为麦田。"改进会"在此时开始大力推广改良新蚕种，并经黄郛授意，特许村民以土种改良新种，村民如因新种遭受损失，即照土种预计收获赔偿。村民试用改良蚕种后，收入大增，这大大提高了村民对改良蚕种的信任度。后来，自制"天竺"牌蚕种成为浙江第二品牌。（2）采用先试种，再推广的方法，改良麦种。（3）提倡造林和种植油桐。（4）成立庾村信用兼营合作社，办理放款、储蓄及购买等合作事业。所需资金全部由黄郛负责筹措。（5）开设公共仓库。以前，庾村的山民每年新谷登场，立即全部贱价出售，以偿还旧账，不留余粮。待到第二年青黄不接之时，又不得不用高价购入。鉴此现象，"改进会"以市价收进押库，第二年村民需要粮食时，即以收进价格购买，中间只收取极低的手续管理费。这样既盘活了村民对现金的需求，同时也大大减轻了村民的负担。（6）修建水利交通，用"以工代赈"的办法，开挖白云池等多处小型水库。（7）学校购置"安哥拉"兔、"美利奴"羊、"莱格杭"鸡等优质种畜禽，一方面教学生知识、饲养技能，另一方面指导村民，发给优良种源，提高村民的收入。

还有，就是订立山林公约、调解纠纷、改良风俗，设立消防队、办医诊室，等等。黄郛所做的一切，都是个人筹资的义举。他虽在1936年12月去世，并葬于莫干小学的山旁。但此后，他的夫人沈亦云毅然挑起了夫君留下的善事，一直坚持到解放初期，前后艰苦实践十八年，使原本落后的庾村有了很大的变化。用沈亦云的话说："只要见到六七岁以上二十一二岁以下的儿童和青年，没有一个不是莫干小学的学生，毕业生中有从军而殉国的、有养成专门知识服务社会的；至于在附近各县从事地方教育与乡镇工作的，所在皆是；一般村民，对于风俗与习惯的改进，对于社会及生产的观念，也同样产生了较大的影响。"

到目前，在燎原村一带的几条山沟里，已经有来自南非、法国、英国、比利时、丹麦等国友人开办的"洋家乐"有35家，当地山民也通过学习借鉴"老外"的低碳休闲理念，办起了民宿经济，新农建设如火如茶，黄郅当年的愿景得到实现，还初步形成了异域风情休闲区。在这里，游客完全可以放下一切，把自己交给大自然，过一种简单的山野生活，爬山、漫步、骑车、钓鱼，静听树林的鸟鸣与清泉的叮咚，细看竹海的轻盈摇曳与云雾的升腾变幻，享受那份人与自然交相融合的感受。

（罗永昌）

缙云型坑村

以校为家的畲族教育家蓝台

　　型坑村，位于缙云县七里乡，依傍山涧，两山陡绝，树木森森，有如桃花源。型坑村是缙云县唯一的少数民族聚居村，有畲族三百多人，均为蓝姓。据《蓝氏宗谱》载，清康熙年间，蓝氏先祖蓝恒金、蓝恒生、蓝恒上为躲避战乱从福建上杭县迁入缙云县，至今已有三百多年历史。蓝氏历史上科举不兴，直到清末才出了唯一的一个邑庠生——蓝云亭。时正值废除科举考试，蓝云亭遂于型坑村兴办私学，致力于族人和邻里子女的教育事业。后又筹办佑文馆。民国初期受聘缙云第二小学校长及丽水太平小学教员，深得民众敬仰。蓝云亭之子蓝台，更是一生从事教育事业，孜孜不倦。蓝氏父子传薪育人，为缙云县近现代教育事业作出了巨大贡献。

　　蓝台（1896—1953），原名瑞瑜，字传薪，号文秀，缙云县型坑村人。蓝台早年从浙江省立蚕桑学校本科研究所毕业。国民革命军誓师北伐期间，一度弃学从军，先后在革命军司令部军医处及二十六军担任医务行政及副官工作。又在江苏担任宿睢区特税局长、所长。后从事教育事业，历任处属联合县立中等农业学校校长，浙江省蚕桑学校教员，事务主任。浙江省立蚕业改良场场长，为发展浙江省改良蚕桑事业作出贡献。民国二十年（1931）初，缙云私立仙都初级中学校董会商请蓝台出掌校务。为了支持桑梓教育事业，他慨然允诺。从此，蓝台以校为家，出任校长十九年，为家乡教育事业奉献了全部心血。

　　缙云县之有中学当追溯到1929年，那时地方人士自筹经费以孔庙为校舍创办了五云初中。由于基金不足，设备简陋，又无人在上级主管机关妥为周旋，时浙江省教育厅竟下文勒令停办。莘莘学子面临失学威胁，本县地方人士多方奔走，筹集资金，才得以挽救停办的危局，学校改名缙云私立仙都初级中学，但时经一年校务未见任何开展。

　　1931年2月，第二次校董会推选浙江省高级蚕校教务主任蓝台为校长。蓝台为了支撑危局、振兴故乡教育，毅然辞去蚕校职务，回缙云任职。为了解决办学资金，他四处奔走，登门募捐，动员同乡故友及工商业者解囊相助。校舍不够，除利用原孔庙外，又与各界人士几经协商，将仙岩寺作为分部，以济阳家庙（丁家祠堂）作为宿舍，并报请县府将其东边桑园，拨给中学开辟为运动场。

当时入学学生多系失学多年的青年，读初中已年近20岁，甚至有20岁以上的，他们生活散漫，不守纪律。为了整顿校风，蓝台一面积极聘请教师，延揽人才，一面对学生进行思想教育。每次讲话必突出"前途出路"，激发学生奋发学习，遵守校纪。

当时学生最怕英语一科，蓝台就决定训育主任一职由英语教师担任，借以震慑，自己兼教农业。缙云地处山区，贫瘠偏僻，延聘教师全凭交情，因此他为使学历合格又有教学能力的骨干教师安心教学，千方百计提高待遇。而且每个学期的聘书必亲自送去，屈驾慰勉，恳请继续协力。对德高望重的教师则一而再，再而三，不厌其烦地动员他们留任，直至接受聘书为止，有的甚至在开学时雇轿迎接。

蓝台重视学生体育锻炼。曾经校董会和政府协调，在原县政府和学校之间的闲地由政府批准开辟大操场，有100米长跑道一处，还建立二个篮球场、一个排球场和一个网球场，并在县城南面公共运动场建一个足球场，供师生练习比赛场所。在他的倡导下，学校体育活动开展得有声有色。

经过蓝台辛勤努力，校风逐步好转，教学质量也不断提高。当时上级规定毕业班要到丽水参加会考，由省教育厅派省督学担任主考官，试场气氛严肃。蓝台身为校长，总是亲自带领学生赴考，鼓励学生临场镇定，考出好成绩。自1933年以后，毕业学生陆续考进省立杭州高中（今杭一中）、省立金华高中（今金华一中）、杭州蕙兰高中（今杭二中），这更增强了蓝台办学的信心。抗日战争期间，日寇几次流窜。为使学校照常上课，他费尽心血，不辞劳苦，带领全体师生，先后把学校搬移到仙都独峰书院、石板路、花楼山、田洋等地，从未停课。在艰难困苦的岁月里，他与全校师生员工一起，经过不懈的努力，终于在1944年经浙江省教育厅正式批准增办高中部。从此缙云开始有完全中学，正式命名为缙云私立仙都中学。

蓝台热爱祖国、热爱教育、热爱学生。面对日寇侵略，国难当头，他动员长子蓝子正和内弟张鹤甫奔赴抗日前线，两人均为国捐躯。噩耗传来，虽然悲痛万分，但仍振作精神坚持办学，在师生面前不流露丝毫伤心情绪。他对学生非常关心爱护，学生有来信必亲自回复，学生有困难一定千方百计帮助解决。校内有中共党员秘密活动，置之不问。国民党警察进校门来抓学生李华雄（中共党员）时，立即通知李从后门遁走。

近20年时间，他以校为家。学校起床号一响，他首先到操场，看体育教师集合学生早操，不论炎夏寒冬，从不间断。他白天在学校办公，晚上在办公室继续工作，熄灯钟响了还要到各个教室、宿舍巡视一遍，检查火烛是否熄灭，门窗是否关好，然后回家。这是他近20年的生活规律，成了习惯。由于办学有成绩，他被选为县教育会会长。

他当了近20年私立仙都中学校长，倾注了毕生心血，而两袖清风并无片瓦，一直住在丁家祠堂。土改时才在五云镇东门坊分到一间楼房。1949年，政府派他到华东革命大学学习，学习期满分配到丽水浙江省处州农业学校任校务委员兼教师。1953年3月患胃癌，经医治无效病故，终年57岁。

（江剑杨）

义乌分水塘村

陈望道首译《共产党宣言》

陈望道（1891—1977），义乌夏演乡分水塘村人。我国现代著名的思想家、社会活动家、教育家和语言学家。中国共产党创始人之一，曾长期担任复旦大学校长等重要职务。

陈望道出生在一个较为富裕的农民家庭。父亲陈君元思想开明，全力支持5个儿女读书。陈望道从6岁起一直到16岁，就在村上的私塾里攻读"四书""五经"等传统书籍，并从人学拳术，课余也参加田间的各项劳动。16岁那年，他离开农村，来到义乌县城，进了绣湖书院，学习数学和博物。一年后，他回到分水塘村，邀人兴办村学，招募村童入学。不久深感自己知识贫乏，便前往省立金华中学就读。四年后，陈望道想赴欧美留学，于是他先到上海，补习了一年英语；又到浙江之江大学，进修了一年英语和数学。然而限于当时种种条件，他没有能去欧美国家，只能就近前往日本。留日期间，陈望道阅读了不少日本人介绍的马克思主义著作，思想发生了很大的转变。

1919年，五四运动爆发后，陈望道毅然返回祖国，应聘到浙江第一师范学校当语文教师。受到新文化和五四运动的影响，一师校长经亨颐和进步教员大胆高举民主和科学大旗，大胆进行全方位改革。在这场改革中，陈望道与夏丏尊、刘大白、李次九等四位语文教员的贡献尤多。然而，经亨颐和陈望道等教员在一师进行的改革却遭到封建顽固势力的疯狂抵制。反动当局要查办校长和陈望道等所谓的"四大金刚"，这引起了一师师生强烈不满，他们组织起来对抗军警和教育当局，酿成了著名的"一师风潮"。斗争的结果，终于迫使政府当局收回了查办"四大金刚"和撤换校长的决定，但由于新旧势力对比的悬殊，经亨颐和陈望道等教员也不得不离开学校。

在历经了"一师风潮"后，陈望道更加倾向于马克思主义。1919年年底，陈望道带着一本日文版的《共产党宣言》，回到自己的家乡分水塘村过春节。这个春节他注定不能走亲访友，因为他肩负着一个重要的任务，必须要独立完成《共产党宣言》的第一个中译本。

本次翻译任务，是应上海《星期评论》社约请的。刊物在挑选翻译人选时，还几经斟酌。最后为什么选中陈望道呢？据陈望道儿子陈振新的回忆："因为他（指戴季陶）认为要完成这本小册子的翻译，起码得具备三个条件：一是对马克思主义有深入的了解；二是至少得精通德、英、日三门外语中的一门；三是有较高的语言文学素养。陈望道在日本留学期间就接受了马克思主义学说，日语、汉语的功底又很深厚，所以邵力子推荐他来完成这一翻译工作。"

为了避开人来人往，陈望道躲进了老屋的一间僻静的柴房，他要在这里专心致志地工作。那是一间堆满了柴禾的屋子，墙壁积灰一寸多厚，墙角布满蜘蛛网。他端来两条长板凳，横放一块铺板，就算书桌。在泥地上铺几捆稻草，算是凳子。伴着一盏简易的油灯，陈望道通宵达旦地工作，潜心翻译这一经典名著。

冬春之交的义乌山村，气候特别寒冷。刺骨的寒风透过没有遮挡的窗户灌进来，陈望道经常冻得手足发麻。实在受不了，他就在屋里运动取暖。母亲看着心疼，就给他送来手炉和脚炉。强大的劳动量，让他烟、茶比往日多费了好几倍。为了节省时间，陈望道几乎脚不出柴房，就连一日三餐饭菜，还有劳母亲送过来呢。

母亲看他翻译如此辛苦，心疼不已，就想着给他弄点好吃的东西。陈母设法弄到一些糯米，包了几个粽子。把粽子送到柴屋时，不忘附带上一碟红糖。随后，母亲在屋外问他："口味如何，是否还需要加些红糖？"他连连回答说："够甜了，够甜了。"一会儿母亲进来收拾碗碟时，只见他满嘴都是墨汁。原来他只顾全神贯注地埋头查阅翻译，竟全然不知是蘸了墨汁在吃粽子呢！

在翻译《共产党宣言》的过程中，陈望道遇到的不仅仅是生活条件的艰苦，还有参考翻译资料的匮乏。当时即使是在大上海，要找到马克思主义著作都是一件非常困难的事情，更不用说在这样的一个封闭小山村。陈望道手头仅有的，就是戴季陶给的这本日文底稿和一点儿参考资料，这无法完全满足翻译的需要。为了高质量完成翻译任务，陈望道决定找到另外外文版本，通过对校参照，来提高精准度。为此他辗转委托在上海的陈独秀，通过李大钊从北京大学图书馆借了一本英译版的《共产党宣言》。

通过比较，陈望道决定以英译本为底本，日译本为参考，来进行中文翻译。在整个翻译过程中，他克服了重重困难，花费了平时译书5倍的功夫，在1920年4月下旬，终于将全文翻译定稿。

与此同时，陈望道也接到了《星期评论》编辑部发来的电报，邀请他去担任该刊编辑。但当他抵达上海时，《星期评论》又停办了。当时正在筹备建立中国共产党，印行《共产党宣言》自然成为急迫的政治任务。陈独秀跟共产国际东方局派来中国的代表魏金斯基商议后，大家一致很重视此事，当即筹措一笔经费，决定自行印刷出版。不久，就在上海租了一间房子，建立了一个小型印刷厂，取名"又新印刷厂"。又新印刷厂承印的第一本书，便是陈望道所译《共产党宣言》。初版于1920年8月印了1000册。作为第一个中文全译本，《共产党宣言》的出版立即受到了中国先进知识分子的热烈欢迎，并引起了强烈的反响。

《共产党宣言》中文译本的面世，对推动中国革命的发展有着不可估量的作用。千千万万的革命志士都是因为读了这本书，而走上了共产主义革命道路的。毛泽东1936年7月对美国记者埃德加·斯诺说："有三本书特别深地铭刻在我的心中，建立起我对马克思主义的信仰，这三本书分别是：陈望道译的《共产党宣言》，这是用中文出版的第一本马克思主义的书……"周恩来也曾对陈望道说："我们都是你教育出来的。"

陈望道因为翻译《共产党宣言》而永垂青史，被誉为"传播《共产党宣言》千秋巨笔"。现在国家图书馆还珍藏着当年《共产党宣言》中译本。据陈望道之子陈振新介绍，1975年1月他随父亲去北京时，北京图书馆（国家图书馆的前身）特地邀请陈望道前去参观，并要求在原版本上签名存念。陈望道问："这是图书馆的书，我签名合适吗？"馆长道："您是译者，签名之后成了'签名本'，更加珍贵。"陈望道推托不了，端端正正地签上了自己的名字。此书如今成了国家图书馆珍本之一，它无声地见证了风起云涌的20世纪革命史。

陈望道当年翻译《共产党宣言》的柴房虽然早已失火被毁，但是这本书点燃的革命圣火却红遍了全中国。为了纪念这位《共产党宣言》的中文首译者，义乌市将分水塘陈望道故居列为浙江省级文物保护建筑和爱国主义教育基地。2011年还专门建立了"望道中学"，并在校园内树立起先生的铜像。党和人民永远铭记着陈望道先生这一特殊贡献。

（彭庭松）

奉化青云村

藏书代有继承人

奉化市萧王庙街道青云村,因旧时村内有"联步青云坊"而得名,东南距奉化市中心10公里,西距溪口风景名胜区10公里。村南有门前河,北傍剡江,南北两条江河航道可通宁波和奉化城内,曾是剡溪航运中的重要码头之一。

青云村以孙、杨、戴三姓为主,其中孙姓约占总人口80%。青云村地形地貌特征为山麓平原,传统建筑共67处,占村庄建筑总面积的比例为30%。原古村内整体风貌仍然保持了清末民国时期的风格,是奉化市保存较好的古村落,青云村传统文化深厚,文风昌盛,因此青云村获得了宁波市历史文化名村和浙江省乡村记忆示范基地等称号,2014年11月青云村入选中国第三批传统村落。

"剡水迳泉口,文澜绕竹庄。吾宗多绩学,此地有储藏。"这是清代奉化籍诗人孙事伦描绘青云村的诗句,也道出了青云村渊远的文脉。据民国十六年(1927)《泉溪孙氏宗谱》记载,唐代孙氏先祖"知奉化县"时,遂搬迁至此地。孙氏一脉传承逾千年。这当中涌现了一大批读书、著书、藏书的文化人,杰出代表如孙胜、孙能传、孙埏、孙锵、孙鹤皋等。

行走在青云村的街巷,感觉有一股淡淡的书香在弥漫,毕竟青云村曾经是出过多位藏书家的地方,斯人虽逝,但藏书盛名让人难忘。青云村从一世祖原甫公"学而优则仕"播下读书种子以来,读书爱书的基因便一脉相承,历代科举入仕者甚众。

到明朝弘治年间孙胜更是开启了读书、著书、藏书的传统。孙胜,字敏中,号竹庄,于明朝弘治十七年(1504)中浙江乡试举人,弘治十八年中进士,故在家乡建"联步青云坊",村名也随之改为青云村。孙胜中举入仕后,政绩卓著,曾官至刑部主事,他在家乡青云村建有竹庄书屋作为藏书之所。孙胜著有《竹庄集》《竹庄诗话》等书,孙胜藏书早于天一阁主人范钦。可惜他后在京都任刑部主事时卒于京邸,之后书籍散失、书屋亦圮废。

但读书、著书、藏书传统依然延续了下来。过了百年青云村又出了一位学者、目录学家孙能传。孙能传字一之，他是孙胜的曾孙，万历进士，官内阁敕房办事，迁工部员外郎。万历中，与秦焜等人共编校内阁藏书。万历三十三年（1605）编撰有《内阁书目》4卷。著有《谥法纂》《益智编》《剡溪漫笔小叙》等。尤其是《益智编》一书初刻于万历四十一年（1613），入《四库全书》存目，《益智编》全书四十一卷，按前后顺序分为帝王、宫掖、政事、职官、财赋、兵戎、刑狱、说词、人事、边塞、工作、杂俎等共计十二类。孙能传主要择取治国安邦、平叛定乱等经世实用的事例，列入各类之中。该书至清末藏刻已片板无存。光绪十七年（1891），孙氏子孙根据家藏本再次翻刻，并由著名学者俞樾题签。

明清更迭，青云村读书、著书、藏书依旧。青云村在清代比较有名的著书藏书者有戏曲作家孙埏和孙埏六世孙孙锵。孙埏，字尚登，号碧溪，乾隆元年（1736）副贡，所撰《行文语类》三卷，到民国初，已经风行海内三百多年。另外写过二本传奇：《锡六环》和《两重天》。《两重天》已佚，《锡六环》由他第六世孙孙锵校刊印行，1916年由奉化湖澜书塾刻版。《锡六环》写于清雍正十年（1732），该传奇记述了布袋和尚出家到坐化的全过程。《锡六环》全剧共十八回，生旦净末丑角色齐全。唱词全都是套曲加诗句，曲牌小令计八九十种，堪称匠心独运，结构庞大，即便在广为流传的明清传奇中，亦为罕见。

孙埏在乾隆十四年（1749）创办了湖澜书塾，为孙氏宗族子弟就学应试之所。青云村湖澜书塾在奉化市清代到民国书塾中创办时间跨度、书塾规模等方面首屈一指。湖澜书塾在教授学生同时，也担负刻版出书的雅事。孙能传的《益智编》和孙埏的《锡六环》二书后均由湖澜书塾刻版重印，为文化的传承添砖加瓦。

孙锵号玉仙，别号砚舫居士，清光绪二十年（1894）进士，授内阁中书。他是清代奉化为数不多的进士之一，1901年补四川越西县同知，任内政绩卓著，川督岑春煊曾称孙锵为"川中第一干员"。孙锵平日嗜书如命，搜罗各类书籍，有藏书楼名曰"七千卷藏书之楼"，此书楼名乃国学大师俞樾所题。孙锵好书但不死守书，集资校刊了《宋文宪公全集》，曾将三千余卷经史类书籍赠送给湖澜书塾。孙锵著有《砚舫文集》《砚舫诗集》等书。孙锵藏书楼东初墙门正门门框用浅绛色梅园石构筑，门楣上用石灰泥塑有"玉树流芳"4个楷体大字，下面有梅兰竹菊的堆塑。凝视大门感觉有一股文气在涌动，踏入大门，只见院内拾掇得整洁有序。屋前的道地上放着十余盆秋菊，望着秋菊仿佛眼前浮现出孙锵手捧黄卷对着秋菊吟咏"采菊东篱下，悠然见南山"。

民国时期，青云村的孙鹤皋便是一位不得不说的名人。孙鹤皋是青云孙氏祠下"经"字辈的子孙，孙鹤皋在1910年时毕业于日本长崎高等商业学校，曾任津浦铁路管理局局长等职，"文胆"陈布雷对孙鹤皋的才能很推崇。孙鹤皋后来退出仕途，从事商业和金融，财运亨通，将从中赚到的钱回报故乡，他曾创建长寿医院和奉北小学，集资建高沙塘，出资修建孙家祠堂等。孙鹤皋在青云村建有3层洋房，将自己的藏书楼称为"天孙阁"。当年天孙阁有藏书37箱，其中多数为抗日战争期间出资银元17000元向慈溪董姓人购得，后因种种原因，藏书散失殆尽。但可喜的是"天孙阁"依旧在，如今孙鹤皋建造的藏书楼、图书馆、议事厅洋式建筑，保存完好，是奉化市文保单位。

书之聚散无常让人感叹，故黄宗羲叹曰"读书难，藏书尤难，藏之久而未散更难"。同样孙锵的"七千卷藏书之楼"盛时藏书曾逾八千卷，后在孙锵1933年逝世后藏书开始散失。但可贵的是这种藏书传统在传承中潜移默化的影响是巨大的，对书的尊崇也反映了对知识的尊崇。青云村在明朝孙胜创办竹庄书屋以来，各类书塾盛行。据清《光绪奉化志》载，有创办于乾隆年间的湖澜书塾，创建于道光二年（1822）的云村书屋，创办于光绪年间的崇文书塾、培文书塾、仰山书塾，延至民国，孙鹤皋创办奉北小学，尊师重教、兴办学校的文化传统让青云村在清末民国年间涌现出一大批政界、商界和文化界的名人。比如孙锵、孙鹤皋、孙星环等。比较典型名人辈出的是孙锵家族，孙锵先生本人是晚清进士，孙锵对子女的文化教育很重视，因此每人都有所成就。长子孙海环毕业于日本大阪高等工业学校，1916年自行设计了炼铜炉，以"孙炉"命名，并著有《孙炉图说》。孙洲环毕业于北京京师大学堂（北京大学前身），是最早进入京师大学堂奉化人之一，孙洲环后来曾任萧镇华英学堂校长，从事地方教育。四子孙星环乡试曾中秀才，后投笔从军，毕业于浙江讲武堂，曾任镇海要塞司令。五子孙桐环学医，后任中央陆军医院院长。

青云村孙氏宗祠大门，两侧对联上书：南坐同山荫望族，西来剡水育精英。同山如画，剡江奔流千古，此联很契合枕山傍水的青云村。青云村千年以来的"书香"一脉相承，成为这座古村有别于其他村落的人文特色，保留较为完好的历史传承、古村建筑遗产、民俗风情等，也为古村增色添香，在氤氲书香中值得你我好好品味。

（奉化市农办）

{瑞安林南村}

三任温中校长的金嵘轩

　　林南，位于瑞安市南滨街道西部，距瑞安市区12公里。一千八百多年前，这里还是一片海岸浅涂。三国时期，吴国在这片浅涂的南边横屿山下建立造船中心，取名横屿船屯，这片浅涂当时可停泊上万只船舶，有"万船"之称。以后，浅涂逐渐淤积成陆地，成为河网如织的水乡。包括林南在内的林垟自古就是万全垟商贸中心，周边地区往来客商众多。南宋乾道二年（1166），林氏始祖从福建迁居此地，遂形成村庄，明清时期隶属南社乡十七都。民国三十五年（1946）属林阁镇，后属林垟乡（曾经名林垟镇）。几经变迁，1984年建林南行政村，隶属林垟乡，2011年后属南滨街道。

　　林南，河网密布，交错纵横，气候宜人。南宋时，林氏从福建迁入此地，耕读传家，传承儒家的文化经典，按林南自然地势，临河建宅立居，遂有村焉。此后，陈、戴、柯、余等姓氏相继迁入，各姓族和睦相处，人丁兴旺，现村有近两千人居住，陈、戴姓人口较多。

　　林南人杰地灵，代有伟人。自明清以来，涌现出众多的历史人物，其中以新月派作家陈楚淮、著名教育家金嵘轩、著名中医师金志庄最为人称道。

　　陈楚淮（1908—1997），笔名阿淮、江左、蘅子、秋蘅，林垟学校1920年毕业生。浙江大学教授、外文教研室主任，新月派剧作家。20世纪30年代就写了不少剧本，是中国探索试验现代戏剧的代表人物，曾发表《金丝笼》《桐子落》《幸福的栏杆》《浦口志悲剧》《骷髅的迷恋者》《由此的玫瑰》等戏剧作品，成为"新月派"后期戏剧创作中的主要代表性人物，被誉为"唯美派的剧作家"。在温州一中教过书，解放后是浙江大学外语系主任。1997年5月8日逝世，享年90岁。

　　金志庄（1911—1976），是著名教育家金嵘轩次子，6岁时曾在林垟学校读书，1930年考入日本东京高等学校特设预科。1934年考入当时日本最著名的九州帝国大学医学部，享受最高等级奖学金，与后来的日本首相、中日重建外交关系的主要决策者田中角荣有同窗之谊。1958年回林垟行医，1976年因患食道癌不幸逝世。1976年田中访华时曾向有关部门提出会晤金志庄的要求，但此时他已逝世一个多月。

金嵘轩（1887—1967），原名金桐熙，又名金嵘，出生于瑞安林垟，是浙南著名教育家。他将其一生都奉献给了祖国的教育事业，为温州乃至全国的教育事业作出过巨大的贡献。清光绪三十二年（1906），金嵘轩19岁时，受当时留日风气影响和启蒙老师金晦的鼓励，东渡日本求学，毕业于东京高等师范学院。在留日期间，逐渐形成了"科学可以救国""教育可以救国"和"希望做教育工作者"的思想心愿。从此，金嵘轩就将自己的一生锁定在了祖国的教育事业上。

民国十年（1921）金嵘轩回国，任浙江省立第十中学及十师教师、师范部主任，后担任浙江省立第十中学校长，后又应商务印书馆之邀任《教育杂志》编辑。在他任职省教育厅科长期间，因省立十中负债累累，毅然变卖家产良田200亩偿还校债。从浙江省教育厅离任后，他先后在江苏省立镇江中学、浙江瑞安中学、浙江温州师范学校、福建省立师范学校任职，都做出了出色的成绩。

1938年7月，金嵘轩等发起创办永嘉私立济时中学，受聘为校长，以"培养人才，建设乡村"为宗旨，把这所中学办得很有生气。在确定济中的办学目的和济中校训的同时，他还组织在校内开展教学改革。教学改革以培养学生自学的兴趣、均齐学生的各科程度、培植学生职业技能、改进各科教学的方法、发挥教学行政的效率为原则，此举深受教育界的认同和赞赏。1945年8月，他出任瑞安中学校长时，除弊兴利，承先启后，为振兴瑞中作出了重大的贡献。1956年6月，金嵘轩先生参加省人民代表大会，会议期间，他联合温籍知名人士王国松、沈铄之、夏承焘等人向省人大提出创办温州师范专科学校的提案，得到省府的重视。回温以后，他以副市长的身份兼任筹备委员会主任，各方奔走，积极筹划。经过多方努力，这年10月，浙南地区第一所高等学校——温州师范专科学校诞生，时任温州市副市长的金嵘轩兼任校长。

在金嵘轩先生的教育生涯中，"三掌温中"被传为佳话。回国之初，他入十中任教，并兼任十师教员。1923年，十师并入十中后，先生任师范部主任。翌年8月，他经乡里学子的推戴，受教育厅长张宗祥的委派，在政局动荡中出任浙江省立第十中学校长。

　　金嵘轩先生二次执掌温中是在1946年。由于校长朱一青辞任，温中校长一职虚悬已久。先是校友会电请省厅就地择贤，聘请先生出任。时先生因已任县立瑞安中学校长，辞不受命。继而学生代表访问先生，面陈欢迎之词，同时投函温州3家大报，"绝对要求""热烈欢迎"先生来校掌教。乡贤夏鼐、王季思、沈炼之等也盼望先生出任，永嘉县参议会、专员余森文暨各县县长也联名"劝驾"。年近花甲的金先生深为感动，毅然决定再度主持校政。

　　1949年5月，温州解放，百废待兴，受党和政府的重托，先生第三次出任温中校长，以百倍的热情学习和贯彻党的教育方针，全身心投入到教育事业中。金先生"三掌温中"，都是受命于危难之际，但他迎难而上，满腔热情，竭尽全力办好学校。

　　先生首任十中校长期间，教育经费长期没有着落。为维持教学秩序，他以私人名义借贷，以敷校用。1926年冬，正值北伐战争，听说军纪败坏的孙传芳部属福建督军周荫仁队伍要过境，温州陷入极度混乱之中，居民纷纷趋避，师生也闻风而散，而一些客籍教员因缺少资金，无法归家。先生素来体恤下属，遂决定将所储附小校舍建筑费2000元暂予分发。同时紧急动员职工将善本图书暨珍贵仪器及时分藏邻近民众家中。果不其然，周部到温州后占住十中，把堂堂学府变成了猪窝，所幸先生有先见之明，未雨绸缪，才避免遭受更大损失。半个月后，周部北上，由于政权迭遭变更，社会秩序极为混乱，教育经费无从着落，各地学校均告停课。到了1930年秋，省府的教育经费尚无固定来源，全省大中小学纷纷告急，风潮迭起，先生建议新任教育厅长张道藩向省府提案，以公债票代偿，虽准许照办，却仅发半数，不足差额仍然很大。先生当时已不在任上，睹此窘境，他不惜卖掉祖产良田200亩，得银八千余枚，另借高利贷2000银元，共1万银元，偿还校外债务，补发教职员的欠薪，使家乡教育渡过了难关。先生毁产纾难的义举，传为美谈。

　　中华人民共和国成立后，金嵘轩老当益壮，出任温州市副市长，同时兼任温州师范专科学校校长等职务，仍然身不离教育事业，心不离学校师生。1967年10月9日，金嵘轩在温病逝，享年80岁。

　　林垟以水多、桥多而远近闻名，是典型的江南水乡古镇。此地学风鼎盛，人才辈出。每一座古宅几乎都有着深厚的人文底蕴，每一条河与街交错的地方都有文化名人的故事传说。这里有大批的历史古迹，如西湖宫、善应堂、陈氏孝节牌坊、林氏孝节牌坊、陈氏古宅院、柯氏古宅院、谢氏古宅院等，正所谓"村域地处林垟南，六河八桥五深潭，古居陈柯谢三宅，一宫一堂两牌坊"。其中林氏孝节牌坊是瑞安市文物保护单位。

（苏尔胜）

海宁路仲村

中国近代植物学奠基人钱崇澍

　　1963年10月26日晚上，首都北京科学家们在科学会堂聚会，庆祝钱崇澍先生从事科学活动五十年。会上，中国科学院院长郭沫若当场赋诗一首赠予钱崇澍先生，诗曰"桃李满天下，东风遍海涯，老来当益壮，努力建新华"，会场响起热烈的掌声。国家科委副主任范长江，中国科学院副院长李四光、张劲夫等出席了聚会，钱崇澍先生微笑地向在座的各位科学家颔首致意。坐席上，李四光先生是他早年一起赴美的同学，一晃眼，五十年过去了，时间真快，当年的豪情小伙子如今已垂垂老矣……

出小镇远涉重洋

　　让我们把时间的镜头推向20世纪初，1904年，江南海宁一个叫路仲的小镇，钱家有位青年考中了秀才，这位青年就是钱崇澍。正当家人为之祝贺高兴的时候，他自己却一点儿也高兴不起来，这科举的末班车甚至于让他感到有些厌恶，八股文章毫无生气，做官吃老爷饭亦非己愿。不知是天行其健，还是地势为坤，次年清政府宣布废除科举制度，这下让他看到了希望，读新学去外面闯一闯！说来也许有缘，其弟早于他求学的上海南洋中学的新式教育吸引了他，他决定去考一考这所被其弟称为"教学活跃的好学堂"的南洋中学。一考，考中了。进去一学习，却犯了傻，这外语自己一窍不通，多年来皓首穷经，埋头所学皆为四书五经，在新学ABC面前，变成了一个睁眼瞎。没办法，他只能再一次"皓首穷经"，从26个字母开始，刻苦地学、刻苦地记。1907年，他作为南洋中学第五届27名毕业生之一，以优异的成绩毕了业，被保送到了唐山路矿学堂（即唐山交通大学，今西南交通大学）。1909年，他考取了庚款留美官费生。

　　钱崇澍先生作为第二批庚款留美学生，与胡适、李四光、赵元任、竺可桢等一起远渡重洋赴美国深造，先在伊利诺大学学习农学，后又主攻植物学，于1914年毕业，获理学士学位；随后到芝加哥大学进修一年，学习植物生理学和植物生态学。

当教授注重实践

1916年，33岁的钱崇澍先生学成归来，先在南京金陵大学担任教授，后又被聘为国立北京农业大学教授，讲授"植物学""植物生理学""植物分类学""树木学"等课程。

他教植物分类课，不是简单让学生记忆植物的名称以及分类，而是别出心裁让学生自己动手采集标本、查阅图鉴、检索表，自己定名，然后根据他们的工作情况评定成绩。钱先生的这一招，让学生既有压力又有动力，学习兴趣倍增，大家纷纷走出教室，去野外采集各类植物标本，回到学校，在图书馆查阅资料，对照图鉴，争论定什么名为好，学习气氛非常活跃，学习效果十分明显。为了让学生充分掌握植物学知识，他在授课时不是只教一科、一属或一种，而是将某些地区的植物进行综合讲解，阐述它们之间的亲缘关系以及在自然系统中的地位，从而使学生扩大了知识面。

野外实习，这是钱崇澍先生的又一招教学法宝。植物学，你得认识植物，认识植物种类的区分，靠书本图鉴是一种方法，但仅仅于课堂所识是呆板的、是形而上的，只有到大自然中去，才能真正看到植物的多样性、丰富性，以及其千姿百态、活泛生动的景观。基于这样的认知，钱崇澍先生每个星期都要带领学生到野外实习一次，让学生认识自然界的各类植物以及它们的生长习性，使学生进一步深刻理解课堂上、书本上的内容，逐渐养成了他们热爱植物和植物学的兴趣。

自1923年以后，钱崇澍先生先后担任过清华大学教授、厦门大学教授、四川大学教授兼生物系主任、复旦大学教授兼农学院院长，无论在哪一所大学，他始终坚持自己的理论与实践结合的教育理念，为培养我国植物学人才倾注了大量的心血。

搞研究成效卓著

20世纪20年代初，钱崇澍先生先后出任了中国科学社生物研究所所长，中央研究院第二届评议会评议员，中央研究院院士等职，为中国的植物研究起到了开创性的作用。

怀着满腔救国激情，钱崇澍先生决心要更快地将自己学到的近代植物学知识播种在祖国大地上,让它生根、开花、结果。他以极大的热情和毅力,致力于在国内建立和发展近代植物学的研究工作。

1916年,钱崇澍先生首次在国外发表了《宾夕法尼亚毛茛两个亚洲近缘种》,这是中国人用拉丁文为植物命名和分类的第一篇文献。1917年他在国外发表《钡、锶、铈对水绵属的特殊作用》,这同样是我国应用近代科学方法研究植物生理学的第一篇文献。他还首次写出了中国植物生态学和地植物学的论文《安徽黄山植被区系的初步研究》。钱崇澍先生还在国内第一个选择了在植物分类工作中难度较大的兰科、荨麻科、豆科、毛茛科等植物进行系统的研究。为了更快地传播新技术和新的科学知识,1917年他发表了《介绍新著动植物显微镜法》一文,1929年翻译了《细胞的渗透性质》《自养植物的光合作用》等植物生理方面的论文。

报效祖国,时不我待。钱崇澍先生回国不久,就不畏千辛万苦,深入浙江和江苏南部进行植物区系的研究,采集植物标本达1万多号,特别是对浙江省植物做过系统的收集和整理。1920年以后,又对南京钟山的森林和岩石植物进行过专门的观察和研究。他所组织的采集队走遍了山山水水,积累了丰富的资料,为我国植物分类、区系和植被等方面的研究开辟了道路,也为以后编写地区植物志、全国植物志以及研究植物地理学等创造了条件。

钱崇澍先生还十分重视森林植物的研究,对植物学史亦颇有研究,同时也颇重视科学普及工作。他独立完成或与他人合作完成了许多重要文献,如《中国森林植物志》《中国植物图鉴》《中国植物区划草案》《中国植被类型》《黄河流域植物分布概况》《中国植物志》等。

带后学不余遗力

钱崇澍先生深知要培养一大批年轻人,来研究中国的植物学,这才能不断地青出于蓝而胜于蓝,使国家自然科学研究后继有人、兴旺发达。为了帮助成绩优秀的青年出国深造,他曾到处奔波,争取国内外的奖学金。如方文培、裴鉴教授30年代出国留学,都曾得到他的帮助。他还热情支持青年人发表著作,如裴鉴的《中国药用植物》一书,就是在他的建议下写成的;吴中伦翻译的《植物群落学》,是由他帮助修改、校对的。凡是勤奋好学的人向他求教,他总是热情相待,耐心帮助。

中国植物学兰科中有一个属名叫"长年兰属",说起这个兰属,有一个故事。钱崇澍先生在科学社搞研究的时候，有一位采集员叫陈长年，他多年来一直在野外搞采集工作，与钱崇澍先生一道风餐露宿，不辞辛苦，钱崇澍先生视他为得力助手。后来有一次在野外工作时不幸逝世。钱崇澍先生十分痛苦，生命已逝，无法挽回，最好的纪念是什么？想起陈长年是为了祖国的植物学事业而献身的，钱崇澍先生决定以一种特有的方式来纪念这位下属及同事，便以陈长年的名字作为兰科中的一个新属名。这就是长年兰属定名的由来。

五十年来，钱崇澍先生在其科学领域呕心沥血，为我国培养了许多植物学人才，真正是"桃李满天下"。他的不少学生如秦仁昌、李继侗、郑万钧、曲仲湘、方文培、杨衔晋等，都已成为国内外知名的植物学家。

解放后以后，钱崇澍先生历任中国科学院植物分类研究所所长、研究员，中国科学院植物研究所所长、一级研究员，中国植物学会理事长等职；1955年当选为中国科学院首批院士（学部委员）。他还是第一、二、三届全国人民代表大会代表（第三届被选为常务委员），第三届全国政协常务委员。

1963年10月在北京科学会堂举行了中国植物学会30周年纪念会，并隆重庆祝钱崇澍先生从事科学研究工作50周年。会上，他继续当选为植物学会理事长。当时他已经是80岁高龄。正当他满怀信心为祖国科学事业贡献有生之年时，无情的胃癌夺去了他的生命，1965年12月28日钱崇澍先生在北京与世长辞，享年83岁。

（张毅强）

浦江钟村

人文荟萃的钟氏后裔

在浦江县东部的平原地带，有一个古老的村庄名钟村。史上三国时曹魏大臣、著名书法家钟繇，晋朝令贪腐官员胆寒的廉吏钟雅，都是钟村人的老祖宗。南宋绍定年间，钟雅的第三十五世孙钟嗣延举家从桐庐嵩山迁居至此，繁衍生息，迄今已传三十一代，历七百八十余载，谓之潮溪钟氏。

钟氏素以忠孝节义立族，耕读兴家，崇教尚学之风世代绵延，长盛不衰，而致人文荟萃，俊彦辈出。据粗略统计，仅清代，该村载列浦江县志的科拔贡士便有 11 名，另有太学生、庠生及增广生等文武秀才逾百。

民国时期，该村与前吴、礼张两村，并称浦江文化的"三国"。领军人物为钟士瀛、钟道赞父子。钟士瀛，字绿洲，号海峰，其文学、史志学皆推邑中翘楚。自幼颖敏，刻励锻史研经。及壮，受学于邑中名儒黄志璠先生。修学好古文，善帖括文辞，每一文出，多士争诵，奉为楷模。嗣后被浙江省立第七中学及师范学校聘为国文教员，教书育人 17 载，为国家和社会培养了一大批栋梁之才。晚年又担纲主纂民国《浦江县志》，聚八九耆老，寒暑披缮，呕心沥血，稿成竟溘然长逝。这是他留给后人的一份极其珍贵的文化遗产，也是他一生最值得称颂的功绩。若无这部志稿，浦江从清末以迄民国时期数十年的历史将出现断层或残缺，新县志亦无从接续。

钟道赞，乃钟士瀛次子，几与黄炎培先生齐名，是我国职业教育与实践的先驱者之一，也是现代文化教育界最高寿的"洋博士"。民国初年考入北京师范大学，毕业即留校执教。后考取官费留学生，赴美国哥伦比亚大学攻读职业教育与职业指导，获博士学位。旋辗转英、法、德诸国学习考察，提出发展中国职业教育的思想。归国后受黄炎培先生之邀参加中华职业教育社，任研究部主任。奉调福建省教育厅任职的 5 年间，投身职教实践，兴办 4 所职业学校、4 所实验小学和 4 所乡村师范，使该省教育面貌为之一变，被誉为八闽职业教育史上的"功臣"。20 世纪 30 年代初膺任国民政府教育部督学,并相继在多所高校授课。新中国成立后,长期在上海高等教育局工作,并兼任中华职业教育社理事等职。一生与职业教育结缘,追随黄炎培先生,矢志以教育、生产救国,实现"无业者有业、有业者乐业"的宏愿,生命之火始终为我国的职业教育事业尽情燃烧。他的《教育辅导》《中学生教育与职业指导》以及《职业教育之理论与实际》等著作,在当今仍具有重要的现实意义。

此外,该村还有一位名闻遐迩的军工企业家钟道锠。自留美学成归来,矢志报效祖国,毅然投笔从戎,献身国防事业。相继任南京金陵兵工厂总工程师、工务处主任,协助军工界功勋厂长李承干革新厂务,兴利除弊,让老厂焕发生机。其后领命前往广州,接管长期被地方势力掌控的广东兵工厂,收归国有并亲任厂长,开启企业改制后新的历史进程。随着抗日战场形势的不断变化,他统领指挥该厂两次搬迁,先转移广西,后进驻贵州。在"一切为了抗战""后方军工多流汗,前线将士少流血"等战斗口号的鼓动激励下,克服极其险恶的环境条件和重重困难,自力更生抢建厂房,尽快恢复生产,赶制武器弹药输送前方打击侵略者。八年抗战中,有一大批家乡子弟投奔其麾下,形成以江浙人为主体、浦江人为核心的"江南兵团",在生产一线发挥了主力军和突击队作用,并扩展和丰富了大后方抗战文化,为驱倭御侮、光复河山,夺取抗战最后胜利作出了不可磨灭的奉献。

新中国成立后,该村有多位在教育、科技及文学艺术诸领域出类拔萃的代表性人物。其中,清华大学著名教授钟士模及其子道隆、道新誉称"一门三杰",蜚声中外。

钟士模,字宏规,号子范。上海交通大学电机工程系毕业,其后相继执教于多所高校。留美获麻省理工学院(MIT)电机工程系哲学博士学位,归国后任清华大学电机工程系副教授、教授。50年代受命创建自动化领域新专业,培养自动化专门人才,主持与组织对自动控制及计算机领域一系列重大项目的研究。坚持扎根第一线,并担当多项重要学术和教学领导工作,是我国自动控制学科的奠基人和自动化教育事业的开拓者之一。其次子钟道隆,解放军通信工程学院毕业,长期从事国防通信工程建设、科研与教学管理工作。历任解放军总参通信设计院总工程师、总参通信部科技局局长、解放军通信工程学院少将衔副院长(教授)、中国电子学会通信分会副主任委员、国家科技进步奖与发明奖电子组副组长等职。

中年以后始自学英语和电脑，总结创造出英语逆向学习法，在中国教育电视台及二十多家省市电视台举办《逆向法英语讲座》，指导不同层次的人学习英语，并设计发明了电脑语言复读机及快速记忆法。因其成就卓越，影响深远，荣耀入选《东方之子》。钟士模幼子钟道新，自小受书香门第熏陶，即便下乡插队、身处困境仍勤奋好学，笔耕不辍，终跻身国家一级作家之列，并任山西省作家协会副主席，享受国务院特殊津贴。在二十多年的文学创作生涯中，始终以敏锐的眼光关注、感受和理解现实，作品艺术视角新颖独特，文学语言丰富纯正，体裁多样，涉猎广泛，成果甚丰，屡获各类大奖，在读者中享有盛誉。

在北京大学，有一位被誉为"一代才女"的知名教授钟云霄，也是钟村人。50年代初，她毕业于复旦大学物理系，后随丈夫胡济民（著名核物理学家，中国科学院院士）从浙江大学调入北京大学，长期在技术物理系执教。她编著的《热力学与统计物理》一书，曾获国家教委第二届高等学校优秀教材一等奖。并参与相关学科的理论研究，发表论文三十余篇，获国务院特殊津贴。退休后潜心于红学研究，用严谨的科学态度解读《红楼梦》，出版了《吊明之亡 揭清之失》专著，有学者认为此书"是蔡元培先生首倡的索隐派红学迄今所达到的最高成就"。

50年代的一场空难让举国震惊。在16位殉难烈士中，有一位青年才俊钟兆榕，祖籍乃浦江钟村。他是当时由文化部副部长郑振铎率队出访的中国文化代表团成员之一。早年毕业于高校英语专业，曾随解放大军先遣部队入藏，在外事帮办处工作。后供职于国家文化部对外文化委员会，在外交场合不时为周恩来总理担任英语口译。牺牲时年仅29岁。

该村在其他领域的高级知识分子，诸如教授、博士生导师、专家、高级研究员、高级工程师、学术带头人以至美术家、作家等皆大有人在，难以胜数。

流风余韵，新生一代茁壮成才。目前，该村具有大学本科及以上学历者多达数百人，均在各个领域不同岗位上为社会服务，为国家奉献，为民众谋利。他们是钟村的骄傲，也是中华民族复兴的希望。

钟村"南临潮水，北倚官山，秀灵之气多聚，而瑾瑜之质代生，声名达于乡邑"。先贤之言，不谬也。

（钟　声）

> 嵊州浦口村

马寅初与家乡的三个小故事

马寅初（1882—1982），名元善，字寅初，以字行，嵊州浦口村人。中国当代经济学家、教育学家、人口学家。新中国建立后，他曾担任中央财经委员会副主任、华东军政委员会副主任、北京大学校长等职。马寅初先生对家乡有深厚感情，在家乡还流传着不少关于他的故事，下面选取三个，小中见大，相信读者读后对马先生的认识会更深入。

一 兄弟同心

马寅初的父亲马棣生，16岁时只身从绍兴来到浦口，最初以卖米、卖盐为生。略有积余后开设酒作坊。因酒作坊开在柏树林下，便起名叫"马树记酒坊"。马棣生有五个儿子，老小便是马寅初。

清光绪八年（1882）农历五月初九正午，马寅初出生在蒸蒸日上的"马树记酒坊"家中。他的生辰八字里有"马年""马月""马日""马时"，加上他姓马，人称"五马齐全"。算命先生说，他是'大富大贵'之命，长大后会做大官。父亲马棣生对子女管教极严，必须五更前起床，先到父母亲床前请安，然后读早课。兄弟五人若有一人犯错，余皆同罚，人称"连坐"。父亲告诫五子："三兄四弟一条心，后山黄泥变黄金；三兄四弟生异心，前山黄金变臭粪。"

马寅初从小非常调皮，爱打抱不平，同时也爱讨野债，四位兄长因他多次受父亲的责骂甚至挨打。到了十四五岁时，才明白"连坐"的意义，对四位兄长格外敬重，从而兄弟五人非常团结，相互帮衬，直至终老。真正实现了父亲"兄弟一条心"的愿望。

二 "经济"博士

马寅初17岁离开浦口去上海一家教会学校——中西书院读书。7年后考上"北洋大学"。又两年后，以优异成绩得到袁世凯的赏识，被官费送往美国耶鲁大学读书。

旧时，一人中举不仅家人风光，连村里的人也跟着横起来。清光绪年间距浦口5里路的棠头溪村有人中了举人，棠头溪人到浦口街上买东西不付钱，浦口人拿他们没有办法。现今浦口出了一位洋大学生，不是比举人还了不起吗？于是，家乡人非要马寅初的父亲马棣生按照清朝中举的规矩，在"马树记酒作坊"大门前树起"旗竿"。"马树记"办了几天酒，在总管庙唱了几天戏，热热闹闹庆祝了一番。于是开始流传马寅初是"末代状元"的话题。从此，乡亲们翘首以待，都想沾沾这位"状元"老爷的光。

过了四五年，从美国传回马寅初获得"经济博士"的消息，乡亲们更是兴高彩烈。纷纷口耳相传：马寅初在美国考中了"洋状元"。

不久，马寅初返回祖国，回到阔别多年的浦口老家。家里为了接待这位两国"状元"，买了一箩白莆枣招待他和亲友。他知道后，要求拿出去卖掉。他说：你们要学点经济学，算算经济账，每天一箩白莆枣，这家怎么过？家人拗不过他，只好把一箩白莆枣拿到街上卖掉。

自从"马树记"树起旗杆后，确实让浦口人"荣耀"了几年。有一年夏天，县里警察去浦口抓赌，反被浦口人"沉了料缸（粪缸）"。警察从料缸里爬出来，回到县衙向县长禀报，县长也只好不了了之。此事被马寅初知道后，狠狠地骂了沉料缸的为首乡亲一顿，并说："你们把我马寅初逼成土匪了！"

20世纪20年代，马寅初任浙江省"县长考试官"。这是手捏全省县长升降大权的肥缺。嵊县县长吴光为了讨好马寅初，动工修建一条从县城到浦口的马路，并以"马树记"命名。马寅初得知后坚决制止。

有个名叫钱源的钱塘人通过关系想出资买个县长当当，被马寅初当面驳回。钱源不死心，赶到浦口，以捐为名，想在浦口以马寅初父亲的名义建一座水泥桥，解决浦口无桥之苦。钱源的做法，也被马寅初阻止。

这两件事一前一后传到浦口乡亲们耳朵里，都说"马寅初是'经济博士'，自己对家乡没有好处，连人家做好事也生怕影响到他的经济而阻止。真是个'经济'的博士！"从此，嵊县多了个俗语——"经济"，与"刮利"对应，成了小气的代名词。

三　救济乡亲

尽管马寅初做了留洋博士，当了教授，但回到浦口，上了年纪的乡亲们依旧按当年称呼,叫他"小店王"。马寅初也依旧亲亲热热地称他们"大伯""大妈",常去看望他们,嘘寒问暖。

马寅初任浙江省政府委员时,每逢回乡探亲,县政府总要派出卫兵,跟到浦口,在马家大门外站起岗来,保护这位"大员"。马寅初要外出,卫兵马上紧随其后。这一来,看望乡亲多有不便,马寅初几次推辞不让县政府派卫兵,他们还是照派不误。马寅初很有些懊恼。

一天,马寅初起了个大早,独自从后门溜出,走上街头。他慢慢踱到小镇东头,见一间破旧不堪的小屋前,一位满头白发的老妇人正佝偻着背,慢手慢脚地在做汤团。儿时的记忆一下子涌到眼前,马寅初急忙走上前去,亲热地叫道:"善叶大妈,还记得我么?"善叶大妈仰起头来,眯起双眼,细细打量了一阵,不由得惊叫起来:"啊唷,这不是小店王么?小店王,听说你在省城里做了大官了?""大妈,我不做官,我做点经济工作,教教书。"善叶大妈用衣袖把一条长凳擦干净,招呼马寅初坐下,给他煮汤团吃。马寅初并不推辞,一面吃着他儿时常吃的汤团,一面与善叶大妈拉起了家常,问她生意可好。善叶大妈说:"年纪大了,手脚也不活络,生意很清淡,有时连本钱也凑不起来,常常东拖西借,家中吃口又多,日子有些难过。"马寅初不禁感慨万端地说:"有钱人奢侈糜烂,穷人衣食无着,太不公平了,一定要改!"吃完汤团,马寅初问善叶大妈做汤团一天要多少糯米、多少糖、多少柴,善叶大妈还以为他随口问问,便一一实告。不料,马寅初吃好汤团对她说:"善叶大妈,从明日起,你买糯米买白糖的钱,到马树记酒店去取,我会支付的。""这,这怎么说得过去呢?"善叶大妈不知如何道谢才好。"不要紧咯,我会关照好,你放心去大胆支好了!"

马寅初同样没有忘记炸油杂烩的朱师傅。朱师傅老了,为了糊口,还在炸油杂烩,日子过得很艰难。马寅初本想给他一些本钱,可是见他烟、酒、茶三码一样也不落,听人说,他是个给一百要用一百五的人,担心他拿到钱后会"今朝有酒今朝醉",就另外想了个办法接济他。过了两天,朱师傅照例去单公泰油车买油,去周茂兴磨坊买面粉,当朱师傅点好钱要付时,两家老板都摇摇手说:"钱不要付了。"朱师傅觉得十分奇怪,忙问是怎么回事。原来马寅初临走之前,特地到单公泰油车和周茂兴磨坊,预付了一年的菜油钱和面粉钱。马寅初还关照,一次只能付3斤菜油、10斤面粉,既不能多付,也不能以钱代货。生产本钱有人添补,朱师傅家生活渐渐有了改善。事隔3年,马寅初又回到浦口。他再次去走访朱师傅,朱师傅客客气气给马寅初泡茶时,特意放了许多白糖。马寅初和朱师傅拉了会儿家常话,端起茶杯喝了一口,"唔"的一声,便不再说话,站起身打了个招呼就走了出去。这以后朱师傅再到油车和磨坊去领面提油,老板只给一半。镇上知情人说:"朱师傅一壶白糖泡茶,泡掉了马博士一半照顾。"原来马寅初认为他用白糖泡茶待客不够节俭。

在浦口,还有一位马寅初儿时吃过几口奶、八竿子才打得到的远房亲戚,叫德胜婆婆。马寅初去看望她时,她已耳聋眼花,认了半天,才认出来:"小店王,你出山了,没有忘记我老太婆啊!"德胜婆婆眼挂泪花,讲起她的老头一不会种田,二不会做生意,文不像誊录生,武不像救火兵,只有在镇上有婚丧喜日时,跟人去吹吹打打,做做吹鼓手,赚几个利市钱。要养活一家人,难唷!马寅初听着,一直点着头,告别时,再三关照她,要保重身体。如何让她家吃饱穿暖呢?马寅初费了一番心思。给她家买两亩田吧,大伯不会种,给一笔钱吧,怕两老坐吃山空,后来马寅初出了钱,依照大伯的职业,给他买了一副吹打乐器。德胜婆婆一直到临终时,还念念不忘地称赞"马树记酒坊"的小店王真是个好人!

(张刚裕)

嘉善洪溪村

地球物理学家顾功叙

洪溪村位于浙江省嘉善县天凝镇北部，是远近闻名的历史文化村落。洪溪村人杰地灵，村里民风淳朴，兴学重教之风世代相传。村里人才辈出，其中，最为杰出的代表是中科院院士、地球物理学家、原国家地震局地球物理研究所研究员顾功叙。

顾功叙1908年生于洪溪村高浜自然村，从小天资聪颖，喜爱读书，他的父亲顾祖尧是一名教书先生，在由顾金城创办的洪溪小学内教书。当时顾功叙家中家境贫寒，他只勉强进小学读了3年。后又由于母亲去世，父亲把他送到住在天凝庄小镇的姑母家，姑夫是个游手好闲不务正业的人，家里经常吵架，实在住不下去，又寄居在枫泾的姨母家，在那里继续读小学。小学毕业后，父亲觉得家里穷，找个学徒生意学门手艺吧，就同嘉兴一家绸缎店联系好，准备让表哥带他去学徒。可是姨母觉得一个很有天资的男孩子丢掉学业太可惜了，东凑西凑总算凑足了学费，送他去嘉兴县一所教会学校——秀州中学读书。顾功叙勤奋苦读，在秀州中学四年的时间里，他白天为教师钢板刻写，晚上为低年级同学辅导功课，勤工俭学，以减轻家庭的经济负担。秀州中学的教育要求严格，时常有小考，由于顾功叙非常重视平时基础知识的学习和积累，因此不管是小考、期中考还是大考，每次都能取得优秀的成绩，1926年他以优异的成绩毕业。在那里他勤奋苦读，连暑假也不休息，中学6年的课程只花4年就学完并提前毕业了。

中学毕业后，顾功叙很想再继续深造，可是家境那么困难，很难说得出口，恰巧，他的另一位姑夫在纸烟店当账房先生，家里没有子女，经济比较宽裕，看到勤奋好学的顾功叙很有培养前途，答应资助他去上海读大学，并劝他父亲说"功叙很会念书，而且又那么勤奋，再难，再苦，也得想法送他去深造"。他父亲何尝不想让自己心爱的孩子去读大学，只是教书匠的微薄薪水只够勉强糊口，哪里有钱供他去上海读书呀！后来在众亲友的劝说下，横下一条心，冒险去办了一个会，凑到了一笔钱，加上他姑夫的大力资助，顾功叙终于只身到了上海，考入大同大学理科，读了3年，于1929年毕业了。

　　大学毕业后，谋事也很困难。恰好，浙江大学物理系主任张绍忠，曾在嘉善县洪溪小学教过书，同顾的父亲同事过，也还沾上一点亲戚关系。经张绍忠先生推荐，顾功叙进了浙江大学物理系担任助教，他一面教书，一面刻苦学习，3年时间他除了在课堂、实验室带领学生上理论、实验课外，其他大部分时间都泡在图书馆，尤其对物理学他真是入迷了。

　　那时日本军国主义正疯狂地践踏中国的大好河山，1931年挑起了"九·一八事变"，1932年1月28日又发动了对上海的武装进攻，全国人民义愤填膺，掀起了抗日民主运动的浪潮。但是国民党投降派却不断丧权辱国，妥协退让。当时还是青年的顾功叙，觉得我们的祖国之所以受强敌的欺负就是因为我们太弱，首先要在军事上强盛起来，所学的物理学能做些什么呢？他想，要研究弹道力学，有了先进的武器才能打败侵略者。1933年夏他去投考庚子赔款公费留学，报考的科目就是弹道理论。那时的教育部长王世杰主张报考庚款公费留学的对象不只限于清华大学，在全国范围内都可以报考。当年10月，顾功叙榜上有名，但指定学习的科目是地球物理学，而且要在清华大学预读一个学期。

　　从1933年年底到1934年7月，顾功叙在北平清华大学为出国留学做准备，学习了与地球物理有关的基础课程，导师是翁文灏、袁复礼和叶企孙三位教授。1934年8月，顾功叙从上海乘海轮远涉重洋前去美国，进了科罗拉多州矿业学院，读地球物理勘探研究生。1936年通过论文答辩，取得硕士学位。

　　他是中国第一位系统地掌握地球物理勘探学理论、方法和技术的学者。他的毕业论文《两种扭秤探矿地形改正的新方法》，1937年发表在矿业学院的学术期刊上。1936年他毕业后去加利福尼亚加州理工学院，在著名的地球物理和地震学家古登堡教授指导下做研究工作。

　　那时，美国正处于经济大萧条时期，失业率很高，社会购买力极低，商品堆积如山，物价很低却无人问津。顾功叙先生虽然在美国著名的学府加州理工学院做研究工作，工作和生活环境都相当优越，但他决心要把自己学到的知识用来报效祖国，尤其是祖国的大好河山正遭受日本侵略者的蹂躏，他实在无法安心在国外做研究了，1938年，他返回上海结婚后，就带着新婚的夫人前往抗日的大后方昆明。

野外工作是十分艰苦的，云贵山高水深，很多地方不通公路，只好骑马，用马驮着仪器爬山、赶路。即或有路，也是泥巴路，晴天一片灰沙，雨天一片烂泥潭，而且弯多路陡，公路上的汽车经常出事故。他们经费困难，没钱搭乘黄鱼车，有时则搭乘美军的军车，同美国士兵聊起来，美国兵说，你们真傻，这么穷又这么苦，这野外勘探工作有啥搞头！顾功叙心里想，是的，我们是傻子，但祖国矿产资源的探查，正需要我们这些傻子，地球物理探矿的研究工作，也正需要我们这些傻子！我们宁可做对祖国、对科学有用的傻子。

顾功叙以他那坚强的毅力，克服了千难万苦，在抗战的后方云贵高原拼搏了整整7个春秋，开创了中国地球物理勘探事业。中华人民共和国成立后，顾功叙任中国科学院地球物理研究所研究员兼副所长，主持地球物理勘探的研究工作。1951年国家地质工作计划指导委员会成立，顾功叙被任命为委员和地质矿产勘探局地球物理勘探处处长，为中国地球物理勘探工作的发展和队伍的建设尽心尽力。1952年中华人民共和国地质部成立后，顾功叙先后任该部地质矿产司副司长、地球物理勘探局副局长、总工程师。具体组织和指导地质部系统的地球物理勘探工作。1953年他参加北京地质学院地球物理勘探系的建立，顾功叙不仅在中国科学院地球物理研究所组织并指导这方面的科学研究，还把地质部地球物理勘探局的一个试验室发展组建成地球物理勘探研究所，1959年起任该所所长。

1966年河北省邢台大地震之后，遵从周恩来总理要求地质和地球物理工作者加强地震预测预防研究的指示，顾功叙就把主要精力转移到地震预报研究方面；主管中国科学院地球物理研究所的地震科学研究工作。国家地震局成立后，1978年顾功叙任该局地球物理研究所副所长、研究员，继续指导深入开展地震预报及有关问题的研究工作。

顾功叙著有《两种扭秤探矿地形改正的新方法》《在中国西南部山地测定地电流的新现象》《中国208处重力加速度测定的大陆均衡改正》《云南巧家汤丹铜矿之自然电流法探测》《贵州赫章铁矿山铁矿之磁电探测》《地理物理勘探基础》等，这些著作和论文得到了国内外同行的认可和赞誉，为我国地震预报作出了不朽的贡献，使中国的地震研究走在了世界的前列。

顾功叙在耄耋之年，虽然患有多种疾病，却不顾自己的身体，每天上午仍按时去研究所上班，下午和晚上在家里做研究工作。

1992年1月14日顾功叙因病医治无效在北京逝世，享年84岁。

如今，洪溪村为了怀念这位科学家，建立了以他的名字命名的"功叙园"。现准备对顾功叙家老宅大厅进行修缮，作为顾功叙陈列馆。

(嘉善县农办)

> 绍兴青坛村

爱国学者董秋芳

在距绍兴南边 70 里的山旮旯里，有个小山村，这里就是青坛。1898 年农历 8 月 21 日，现代作家、翻译家、教育家董秋芳先生，就诞生在这里。

"我的故乡是山乡，去县城 70 里地，山岭重叠，围成一环，左右两座高山，矗立如牛角；前面溪流一条，随时涨落；有一深潭，碧绿如海，多鱼虾。村后山峦迤逦，松竹丛生，很像一座翠屏。我的家就坐落在这座山的山麓里，屋外有三棵大树，夏天绿叶繁茂，天然翠盖，一逢巨风陡发，澎湃万马奔腾；颇骇人。"这段文字，可以说是董秋芳老先生对家乡青坛村的描述。足见老先生的思乡爱家的情结！

董先生更是一个爱国者。1919 年，21 岁的董先生在绍兴第五师范读书时，正遇五四运动爆发，他即投入运动，做了"国耻图雪会"的副会长，成为绍兴五四运动的领军人物。

1920 年考入北京大学外语系。读书期间，和同乡许钦文等文学青年组织了"春光社"，邀请鲁迅、郁达夫等作为指导。1924 年秋，他在同乡宋紫佩的陪同下，前往西城西三条胡同登门拜访了鲁迅先生。从此以后，他就经常去听鲁迅的课。鲁迅先生真诚地告诉他："你学的是英语，不如去搞点翻译，恐怕会更切实些的。"于是，他改弦更张，开始翻译外国文学作品。1926 年 8 月，鲁迅离开北京前往厦门大学执教，鲁迅一再叮咛董先生，要他把在《京报副刊》《语丝》杂志发表过的俄国短篇小说和散文寄到厦门，好为其找地方出版。暑假里，董秋芳对译文重新整理校阅一番，将其寄给鲁迅先生。鲁迅收到译稿后，亲予编校、订正，选用高尔基的小说《争自由的波浪》作为书名，鲁迅还为之撰写《小引》："只要翻翻这一本书，大略便明白别人的自由是怎样挣来的前因，并且看看后果，即使将来地位失坠，也就不至于妄鸣不平……所以，我想，这几篇文章在中国还是很有好处的。"

1928年3月，他以"冬芬"的笔名，给鲁迅写信，请教"革命文学"论争的种种问题。鲁迅便以《文艺与革命》为题回信，并将来信一并发表在《语丝》上，在社会上产生深远影响，也使董先生获益匪浅。从这里，我们可以感受到作为一个翻译家"虚心""求实"的人格魅力，而董先生还有更可贵的一面。

1937年4月应郁达夫之邀到福州，七七事变后，为了抗击日寇的侵略，为了民族的解放，为了追求民主与科学，董先生不远千里来到永安，以笔为武器，与著名进步作家黎烈文等在一起，进行顽强战斗。福州组织成立"福州文艺界救亡协会"，董先生任秘书长兼组织部长，创办《抗战文艺》，宣传抗日。发表《怎样建设内地的国防文学》等文章，致力于传播民主革命思想。1938年6月随省会内迁到永安，任省府编译、省府图书馆馆长、《民主报》副刊主编。1942年5月，《新华日报》刊登了毛泽东《在延安文艺座谈会上的讲话》的主要部分，董先生通过图书馆的有利渠道，在文化界和文学青年中广为传播，使广大革命青年受到团结抗战思想的熏陶和民主革命思想的教育。

他在《我和笔杆》一文中回忆说："我觉得，我们在殖民地里做人，不应该专为个人的生活打算。我们凭着从学校里学得的一点知识技能，把自己一个家弄得有穿有吃，并不能算作一个'好孩子'。我们还得群策群力地挽救我们危殆的国族，改进我们陈腐的社会，叫大家都有机会从泥窝里跳出来，自由地吸着新鲜的空气，享着温暖的阳光。"

1943年9月，董先生任《民主报》主编副刊，把副刊定名为《新语》，继承鲁迅战斗风格，宣传抗战，揭露社会时弊。董先生利用这个文艺阵地，热情鼓励和指导一批既爱文学，又勇于探索人生道路的进步青年努力掌握和运用好文学这一武器，并引导他们走向革命的道路。他告诫青年人要"新鲜、活泼和真实"。新鲜是陈腐的反面，活泼是呆滞的对立，真实是虚伪的否定。世界上只有新鲜、活泼和真实，才能使存在生生不息。在董先生的努力下，《新语》创刊后，迅速吸引和团结了一批进步青年和文学爱好者经常为其写稿，为福建开拓了革命文艺的通途。董先生自己也常用"冬奋""秋航"等笔名发表了许多文章，还发起组织了"新语读者会"，宣传抗日，学习鲁迅，倡导战斗性的文艺创作，引导青年用笔杆子向社会的黑暗、腐败作斗争。

1945年7月12日，在福建永安发生了一起震惊中外的大逮捕事件——"羊枣事件"。在羊枣（杨潮）等被捕一个星期后，在白色恐怖笼罩时刻，董先生于7月19日在《新语》上发表了他的最后一篇杂文《沉默之美》（刊登在《新语》602期上）。他在文中对国民党顽固派在永安扼杀进步文化活动、逮捕进步文化人士的暴行进行了辛辣讽刺和强烈抗议。文章发表后的第三天，即1945年7月22日，董先生即被国民党特务逮捕。在文艺界和社会各界的共同努力下，1946年2月，反动派不得不释放董秋芳先生。

董先生是作家和翻译家，虽未给我们留下大部著作，但他战斗的笔，在我国新文学运动的每一个战役中，始终未曾停止过。他和我国新文学运动的奠基人鲁迅先生有着密切的交往和友谊，和李大钊、郁达夫、胡也频、丁玲、周建人、叶圣陶、吴伯箫等老一辈革命作家曾经患难与共，在文学创作方面，以及在思想上、生活上多有交往。

解放以后，董先生任杭州高级中学、宁波市立中学教员、校长。1954年任浙江师范学院教员，不久调北京人民出版社，任教育部中学语文教材编辑组现代文学研究室主任、中学语文课本编委会编辑。他先后注释了毛泽东、鲁迅著作以及许多国内外名著，作为全国通用中学语文教材使用。

董先生的学生、国学大师季羡林，称他为"平生感激最深、敬意最大的老师"，季羡林说："董秋芳先生的指导对我影响最大，他的指教决定了我一生的写作活动。自那以后六十多年来，我从事的一些稀奇古怪的研究与文章写作虽风马牛不相及，但一有灵感则拿笔写点什么，至今已垂暮之年依然舞文弄墨不辍，完全出于董先生之赐，我毕生难忘。""我对董先生的知己之感，将伴我终生了。"

董先生一生辗转教书，积累了丰富的经验，培养了大量人才。作为作家，著作有《争自由的波浪》《我和笔杆》《董秋芳译文选》《文坛名人诗文丛书〈董秋芳〉》等。他在培养青年的事业中，在和"黑暗之夜"的抗争中是那么坚定，那么顽强；他那为争取"人间之美"的呐喊声仍在我们心中回荡。

（绍兴市农办）

第三章 名儒风标

永康塘里村

孙权后人，忠孝传家

永康市石柱镇塘里村，位于永康市东南部，距市中心10公里。村庄坐西朝东，背靠后山。后山源自于方岩、魁山一脉，山势蜿蜒奔腾数十里，到塘里时打了个旋，呈屈曲环抱之形，占回龙望祖之势。村前有大塘，宛若砚池。明代监察御史、永康进士谢忱因塘里村"背山面水，廉贞发租，重重穿帐，曲曲活动"，有诗赞曰：胜日寻踪秋官第，犹似银盘坠青山。一泓清塘庠泮水，万枝阙里杏坛花。"塘里"之名由此而来。

塘里村是孙权后裔的聚居地，自孙权第五十四世孙孙绅迁居永康后，繁衍至今，已有900多年的历史。塘里孙氏人文蔚起，长盛不衰。谱载宋代孙氏为官者就有15人。明代《永康县志》记载，塘里由乡贡以上而入仕者有二十多人，郡庠生、邑庠生更是有数十人之多。

塘里孙氏在跨越近千年的历史中，"忠孝"始终是他们面对挑战勇往直前的法宝。

一 天朝乘龙

塘里祠堂里有一块鎏金匾额，上面是北宋徽宗皇帝赵佶亲手题写的"天朝乘龙"四个瘦金体大字。说起这匾额的来由还要追溯到宋时。

北宋熙宁七年，中国西北边陲的西夏国起兵入侵大宋。当时，北方金国也大军压境，与西夏形成呼应之势。面对西夏国咄咄逼人的攻势，朝廷竟然已无可御敌之兵，只能号召各省招募乡勇，共赴国难。当时，塘里五世祖孙孟耀（1011—1104）正在邳州任学正。他是一名文职官员，按理说不在此次任务之中。但孙孟耀虽为文官，却自小熟读兵书，勤研兵法。人们都说他有远祖孙权遗风。面对朝廷节节败退的局面，孙孟耀弃官归里，招募乡勇，率兵战西夏，虽然戡定了贼乱，却身负重伤，病倒在床。

为了表彰功臣，徽宗皇帝赵佶亲自到孙孟耀的住处探望。当时，孟耀的第二子孙九成年方9岁，刚好也在父亲身边照料。徽宗皇帝见九成容貌凝洁，气质非凡，又是吴主之后、帝室之胄，就决定招九成为驸马。到了政和辛卯年，徽宗皇帝正式将尚长公主许配给了孙九成，并亲笔题写了"天朝乘龙"四个字，来说明他对孙九成的喜爱。从此，这块匾额就成了孙氏子孙的传家之宝，一直流传了下来。

孙九成虽贵为驸马，却从不以贵戚显宦自居。靖康丁未年（1127），北宋被金所灭，徽、钦二帝被掳，高宗赵构在临安称帝。时值国家危亡之际，天下贼寇四起，绍兴元年，九成临危受命，镇抚湖南，高宗皇帝特赦他先斩后奏之权。他尽心竭虑，朝夕操劳，将湖南治理得井井有条。因功勋卓著而被封为富春侯，无愧于"天朝乘龙"四个字。

孙九成的第四子孙翊，进士出身。任山西永宁知州。谱载其"赋性耿亮，识见超卓。言论正直，不掩人过"。因政绩卓著，后升任汾州府提刑观察使。宋宣和七年（1125），金兵大举南下，金将粘罕率军围困太原城。孙翊引汾州之兵急援太原，意与太原城内守军里应外合，一举破敌。岂料时任西北监军的童贯早已心无斗志，从太原城秘密往南出逃。孙翊得知消息，毫不畏惧，仍率军在太原城下与金兵展开殊死决斗。金将粘罕见他视死如归，忠勇异常，遂派手下大将张孝纯前来说降。张孝纯对孙翊说："观察可谓尽忠报国矣，岂不知识时务者为俊杰乎？"孙翊说："吾身犹未死焉，何敢罔言尽忠报国？汝勿多言！明日当与汝等决一死战耳！"第二天，孙翊领兵直冲敌阵，终因寡不敌众，壮烈殉国。孙翊的一片忠心苍天可鉴。

二　怀橘孝母

塘里村本保殿旁有一株古樟，相传是塘里二十一世祖孙良夫所植。良夫，名瑢，号静庵，人称静庵先生。从小熟读经史，精通典史义理。一生隐逸不仕，设馆授徒多年。著有《静庵集录》《通鉴年谱》《语句》《静庵诗稿》等。孙良夫与松溪程文德等交谊甚厚，其门生故吏显赫者很多。这样一位文化名流，也是远近闻名的孝子。

据《孙氏宗谱》记载，有一次孙良夫参加同道的聚会，与会的都是儒界名人，高官雅士。他看见桌案上摆着一盘刚刚成熟的橘子，竟然不顾体统，在众目睽睽之下将橘子一个个塞入怀中。面对同道鄙夷的目光，他视而不见还喜形于色。会后，他的学生过来质问："老师您一直教导我们，要重礼仪、知廉耻，可是您刚才的所作所为，不是把我们读书人的脸都丢尽了吗？"谁知静庵先生听了非但不生气，反而和颜悦色地对这位学生说："我家老母亲病在床上很久了，她老人家平时最爱吃橘子，现在的橘子刚刚成熟，外面又没得卖，我怕老人熬不到橘子上市的那天，所以就忍不住拿来几只给她尝尝鲜。你说得很对，礼义廉耻是我们的立身之本，可是行孝是我们的为人之本啊！百善孝为先，为了行孝而被别人诟病、指责乃至唾弃，我都心安理得。"静庵先生就是这样，平时在外面，凡是有人送来果食糕点之类的，他必然请母亲先尝。他一生曾3次主持辑修《孙氏宗谱》，耗费了大量的精力、财力。他常说："百善孝为先，万恶淫为源。常存仁孝心，则天下凡不可为者，皆不忍为，所以孝居百行之先；一起邪淫念，则生平极不欲为者，皆不难为。"

"一路桃源景，全村惬意人"，如今的塘里村容整洁，生活幸福。村民们依然秉承着忠国孝家的优良传统，在建设小康社会中携手并进，用勤劳的汗水谱写新的华美篇章。

（王健儿）

文成武阳村

敢打抱不平的刘伯温

　　武阳，原为"雾洋"，因当地多大雾天气而得名，后因人们的口音变化，逐渐发声为"武阳"，所以武阳村因而得名。清代戏曲作家韩锡胙就有诗这么写道："陇头水漱云千叠，雾脚风生雨一村。"其实至今的武阳仍保留着当年的"云千叠""雾脚风生"，只要碰到稍稍湿润一点的天气，特别是清晨的时候，雾如升腾的云朵一般缭绕在仿古民居周围，驻足望去，树木、青山、池塘就像从雾里现出一般，等雾气渐渐往后退的时候，整个碧绿的池塘现出来了，接着是滴绿的凝着水珠的树木，最后是墨绿的层层叠叠的青山。武阳村山势呈左弓右剑形，其中有一奇山名为"五指山"，又名"五角仙峰"，因形如五指而得名，该山中峰海拔最高，有982米，立于峰巅，犹如纵身云海之感，要是碰到好天气，感觉那个云就是从指尖流走，自己腾于云海之上，仿佛自己有了腾云驾雾的本领，大有曹操云"驾六龙，乘风而行"之豪气。就在这样一个福地走出了一位响彻大江南北的明朝帝师刘基。

　　刘基（1311—1375），字伯温，汉族，浙江文成南田（原属青田）人，故时人称他刘青田，元末明初杰出的军事谋略家、政治家、文学家和思想家，明朝开国元勋，明洪武三年（1370）封诚意伯，人们又称他刘诚意。武宗正德九年追赠太师，谥号文成，后人又称他刘文成、文成公。刘基通经史、晓天文、精兵法。他辅佐朱元璋完成帝业、开创明朝并尽力保持国家的安定，因而驰名天下，被后人比作诸葛武侯。刘伯温是中国古代的一位传奇人物，至今在中国大陆、港澳台乃至东南亚、日韩等地仍有广泛深厚的民间影响力。刘基与宋濂、高启并称"明初诗文三大家"。《明史》载道："刘基所为文章，气昌而奇，与宋濂并为一代之宗。"刘伯温在民间还有"上有诸葛孔明，下有刘基伯温""三分天下诸葛亮，一统江山刘伯温"和"立德、立言、立功三不朽伟人"之美誉。

　　相传，刘基小时候既聪明好学，又爱给穷人打抱不平。

说是村里有一个恶霸叫"山老虎",他想找一个风水宝地留给自己百年后使用,于是请了一个风水师,结果风水师看上了一个寡妇家的番薯地。那寡妇二十多岁就死了丈夫,是自己一个人辛辛苦苦靠在番薯地种粮食把孩子养大的,见"山老虎"要占自己的地,寡妇上前抱着"山老虎"的大腿号哭起来,没想到却引来"山老虎"一阵拳打脚踢。这情景被少年刘基看到了,心里思量要帮寡妇家把地抢回来。

第二天,"山老虎"带着家丁,扛上锄头就往寡妇家的番薯地来整土造坟,可是低头一看,番薯地上插了一个木板,好像是坟墓的墓碑,墓碑上醒目地写着"狗坟",木板上的左右两边还有一副对联。

上联是"孤儿寡母正恨呼天天不应"

下联是"断子绝孙倒喜入地地有门"

木板旁边还躺着一只死狗,狗皮的毛已经褪去了大半,狗眼还瞪得圆圆的,"山老虎"看着越发毛骨悚然起来。因为他最忌讳的就是狗了,自己儿子就属狗。

"这谁弄的啊,真晦气,走啦走啦!""山老虎"甩甩衣袖。

"老爷,那这个坟墓还造吗?"管家不明白地说。

"造你个头,滚!""山老虎"就领着家丁气呼呼地拂袖回去了。

大家看这一情景,乡亲们个个趴在地上笑得不亦乐乎。

原来那日,刘基去找一条死相难看的狗,让好友帮着去找一个大木板,刘基就把当时的看见"山老虎"欺负寡妇的情境写成了一副对联,因为刘基知道,山老虎的儿子是属狗的,而"山老虎"最疼爱自己的宝贝儿子,这一计策既能帮寡妇夺回土地,也能帮她出出恶气。

泰定元年(1324),14岁的刘基入郡庠(即府学)读书。他从师习春秋经。泰定四年(1327),刘基17岁,他离开府学,师从处州名士郑复初学程朱理学,接受儒家通经致用的教育。元至顺四年(1333)二月,刘基进京会考,一举高中了进士。

至元二年(1336),刘基任江西行省的高安县丞。至元五年(1339),地方上发生了一起人命案,可是谁也不想承办这样的案件:伸冤的一方是穷苦农民,另一方是地主豪权,且有强权的蒙古人作为其靠山,于是上司就命刘基去审理案件。刘基知道农民的疾苦,更是痛恨豪权的霸道,细心调查,秉公执法,最后还给了农民一个公道,可是也为自己埋下了祸根。这些地痞流氓就想通过各种途径置刘基于死地。第二年,刘基就被无端免职。

至正十三年（1353）十月，方国珍第三次背叛朝廷。对于这样一支屡次背叛屡次投降的起义队伍，当时的元朝决策就是招安，《明史·方国珍传》："天下承平，国珍兄弟始倡乱海上，有司惮于用兵，一意招抚。"而刘基认为方国珍是乱军魁首，应当捕而杀之，以儆效尤。方国珍深知元朝廷的腐败，每遇到危急时刻，总是大船小船的金银珠宝往京师、省会送，受了方氏兄弟贿赂的官员，也就自然替他们说话。此时的方国珍更害怕主剿自己的刘基，所以他以重金贿赂，企图以金钱打通刘基，可刘基不为所动，继续坚持剿捕。黄伯生《行状》记载："及特哩特穆尔左丞招谕方寇，复辟公为行省都事，议收复。公建议招捕，以为方氏首乱，掠平民，杀官吏，是兄弟宜捕而斩之；余党胁从诖误，宜从招安议。方氏兄弟闻之，惧，请重赂公，公悉却不受，执前议益坚。"

在元朝任职期间，刘基一次被羁管，两次主动弃官归故里，元朝的政治的种种弊端，让刘基心灰意冷，空怀报国救民之心。

至元二十年（1354）三月，刘基被朱元璋请至应天，委任为朱元璋的谋臣，刘基针对当时形势，向朱元璋提出避免两线作战、各个击破建策，即集中兵力先灭陈友谅、后灭张士诚等势力，不仅为大明统一取得了不可磨灭的功绩，也成就了自身一代帝师的美誉！

（包芳芳）

永康芝英一村

洋务重臣能吏应宝时

应宝时，字可帆，原字可帆，又字敏斋，斋名射雕山馆，永康芝英一村人。他生于清道光元年（1821），出身官宦之家、书香门第。祖父应筠曾任河南汤阴典史，以巡检使致仕，有惠政于民，颂声载道。父应寿椿为贡生，任云和训导，勤恪清慎，颇有政声，以孝友闻于乡里。

应宝时儿时寄居杭州，幼即颖悟超凡，勤奋向学，头角峥嵘。童试入县学后，他博览经史，专注于治平之道。道光二十四年（1844）中举时年方24岁。鸦片战争爆发，英军占领定海，清廷被迫议和，签订丧权辱国的《南京条约》，开放五口通商。宝时屡上京城春考不第，后经礼部诠选，任国子监学正。咸丰初年洪秀全金田起事，进军江南，占领南京，建立太平天国。西方列强乘机依仗坚船利炮，武力强迫清廷订立许多不平等条约，内忧外患，国事日艰。志在匡世济时的应宝时毅然离开南京，于咸丰八年（1858）来到上海，专心致志于学习西方文化科技，精习与洋人通商事宜。宝时天性慧敏，对语言文字颇有天赋，数年后就通晓数国语言，为他日后投身洋务活动奠定基础。在与洋商交往中，他以笃厚诚实行事，恩威兼济，使洋商服帖。

为打破清军江南江北两大营对天京的封锁，洪秀全派忠王李秀成、英王陈玉成率大军南下苏浙、两湖，攻城掠地，势如燎原之大。当时应宝时在上海任职，督办团练，募集民勇，坚守上海，并伺机收复松江、青浦、奉贤、金山、川沙等县，平定小刀会刘丽川之乱，因功升任知州。太平军进攻苏浙，因避乱，商民官绅蜂拥而至上海，多达百余万，不可不尽力保全。同治三年（1864），应宝时因功升任上海备兵道台。他与所属各县官绅筹建会防局，积贮军需粮饷。在曾国藩督军进攻苏南时，应宝时说服地方官员消除私虑，迎接曾国藩、左宗棠、胡林翼等率湘军入苏浙，抗击太平军，保障上海安全，又以重币甘言说服洋商，用轮船将李鸿章的淮军主力6000余人由安庆经长江，水运至上海，会同湘军收复江苏、浙江、安徽多处州县，东南一带逐渐平定。江苏巡抚丁日昌将宝时功绩上奏朝廷，于同治年（1870）升任应宝时为江苏按察司使兼署布政司使，直到光绪元年（1875）奉旨离任。应宝时60岁致仕，70岁逝世，获赠内阁学士一品衔。

在上海道及江苏按察司使兼署布政司使8年任内，应宝时除了办团练保护上海的和平安定外，还做了很多利国利民的实事、好事。他推行弹性外交，在涉外事务中做到不卑不亢。兴办现代制造业，创建江南造船厂，江南制造局（兵工厂），开创了我国现代工业的先河。又帮助左宗棠在福建马尾建立造船厂，使我国军工制造业迈出了第一步。太平天国战乱后民生凋敝，哀鸿遍野，难民颠沛流离，应宝时建立普育堂、保育局，抚教流浪孤儿，留养无依老人，救助残疾男女，免费住食，施棺义葬，使流亡难民幼有所教，老有所养，死有所葬，保证了社会的安定和谐。他注重水利，疏浚黄浦江、苏州河、太湖多条水道，改善环境，发展水上交通，提高农业生产，使苏松太平原成为富甲苏浙的江南粮棉之仓，他还兴办教育培植人才，与丁日昌一起创办龙门书院，延请名儒顾访溪、刘熙载任山长、主讲席，不惜重金聘请名师硕儒万清轩、刘庸斋等执教，为国家社会培养了大批优秀人才。同时开设广方言馆，致力培养外事及外交官员。应宝时建立涉外法庭，审理中外民商案件，维护司法独立和公正。他还大修上海城隍庙，把它开发成杂货大商场，繁荣了上海商业。同治十三年（1874），日寇窃占我国台湾澎湖，应宝时曾代表清政府与日本公使交涉，痛责日本侵略行径。他还曾密奏清廷，趁日本羽毛未丰，以武力将其封杀以绝后患。不到十年，甲午之战爆发，宝时可谓有先见之明。

同治八年（1869）应宝时离开上海道赴任江苏按察使时，上海官绅商民推举龙门书院毕业生姚之钰作《海疆纪政诗》12首，并据诗作图12幅，为宝时送行，命其名为《申江舆颂》。市民则箪食壶浆，祖帐夹道，送到苏州。宝时去世后，上海士民工商官绅联名奏请朝廷赐建专祠崇祀，祠名"应公专祠"，由上海政府士绅按时祭祀。同时还将祠前大道定名为"应公祠路"，后毁于抗战前夕的上海扩建中。

应宝时致仕后退居杭州，依然善举昭人，千秋垂范。他曾捐资创建育婴堂，抚育弃女遗孤；在杭州则发起设立义渡，捐资购置小火轮，往来横渡钱塘江民众，一律免费；输金重建永康县学明伦堂，使邑庠诸生讲学有所；置学田百余亩，以其租入资助贫困生员赴金华、杭州考试川资，并解决膳宿困难；延聘硕儒，重新考订明成化本《龙川文集》并重印刊行，海内传为善本；又将祖传和已置的全部田产三百余亩捐出，在芝英设立义庄、义会，以每年租谷作为基金，赈济全族寡妇孤儿、年老无依者和残疾贫民。由族长组成管事机构，负责发放"折子"到人，每月每人发给稻谷大秤20斤，折合市秤30斤，作为基本口粮，而他在家乡不留一田一宅。同时他还在杭州为永康赴省城考举人的生员设立会所，提供膳宿。

应宝时学识渊博，通今博古，精明强干，善于在复杂的政治环境下应对周旋。作为上海成为通商口岸后的首任道台，他接待洋人，办理洋务，处置中外纠纷，创办中国近代最大的制造企业上海机器创造局和江南造船厂，奠定我国近代军事工业的基础；主持制定了中外平等相处的法律条文，成为中国近代洋务运动中屈指可数的得力干将。通过应宝时的多年辛勤治理，加上战乱影响，江浙财富与人口都急速向上海这弹丸之地集中，而人才、信息、商机的汇集使得上海能独得"西学东渐"先机，成为全国工业制造、商业外贸、军工制作、文化教育、人才培养的中心。上海这个滨江连海的小县，很快地向现代化大都会迈出了可喜的一大步。而今上海早已成为世界闻名的东方明珠，但在其伟大的演变进程中，应宝时曾发挥过的引领奠基作用永不磨灭。上海人民对应宝时念念不忘，也是情理必然的了。

应宝时在政坛文坛都很有声望，他善文工诗，尤擅于词曲传奇，精于书法，擅画花鸟。一生著述甚丰，有《诗文集》《直省释奠礼乐图说》《奏议》《射雕词》二卷传世，任上海道时他亲自主持，聘请当时闻名全国的经学大师，永康籍人俞樾主持修撰《上海县志》，至今传为精本。

应宝时的词作在当时江浙词坛很有影响，流传甚广。他的词风沉雄郁勃，直抒胸臆，大开大合，跌宕纵横。小令则细密萦迴，情真味永，一吟三叹。词坛领袖薛时雨在《射雕词后序》中说他"揖逊秦（观）柳（永），吐纳苏（轼）辛（弃疾），"殆不为过。而秀水（今嘉兴）名士汪世梅在《射雕词前序》中，则称赞应宝时之词"溯家风于七子，驰响建安；振词学于千秋，追宗芝室。""安才子之座，七宝楼台；放孝廉之船，一江风月。千趣万态，五采六章。巧剪兰心，俊粘草甲。情未忘夫太上，人宛在于中央。一十二桥春深，三十六陂秋爽。湖壖柳色，绾将箫鼓之声；茅店鸡鸣，唤醒琵琶之梦。"感佩赞赏之情溢于字里行间。

（项瑞英）

淳安郭村

理学大家郭村悟源头活水

在淳安县姜家镇郭村，有一处名叫瀛山书院的遗址。北宋中后期，有詹氏一支在郭村马凹里崛起，熙宁间中宣大夫、邑人詹安建双桂书堂于银峰之麓，凿方塘，"躬教五子，皆举进士"。淳熙二年（1175）因詹骙殿试第一，故取"登瀛"之义，遂取银峰为瀛山，其书堂亦改名瀛山书院。理学大家朱熹曾在此讲学。

朱熹（1130—1200），字元晦，又字仲晦，号晦庵，晚称晦翁，谥文，世称朱文公。祖籍江南东路徽州府婺源县（今江西省婺源），出生于南剑州尤溪（今属福建省尤溪县）。宋朝著名的理学家、思想家、哲学家、教育家、诗人，闽学派的代表人物，儒学集大成者，世尊称为朱子。朱熹是唯一非孔子亲传弟子而享祀孔庙者，位列大成殿十二哲者中。朱熹与郭村的渊源离不开郭村人詹仪之。

詹仪之，系詹安之孙，字体仁，郭村人。詹氏有双桂书堂，课宗戚子弟，仪之有志于学，绍兴二十一年（1151）举进士。

南宋绍兴十八年（1148）戊辰，19岁的朱熹中王佐榜第五甲第90名，赐同进士出身。绍兴二十一年（1151）辛未，朱熹又入临安铨试中等，授左迪功郎、泉州同安主簿。就在朱熹铨试后还在临安访友时，郭村马凹里的詹仪之也到临安参加会试。会试后，到伯父詹大和的好友张浚家拜访，正好碰上同在张家为客的朱熹。两人相见，谈及故里籍贯。当朱熹得知詹仪之为遂安人时，即有一种故人相见之感（历史上婺源和遂安曾同属徽州）。朱熹又想起小时父亲朱松曾和他讲过的与遂安康塘洪氏的通家之谊。父亲早年在休宁石门求学时，就经常到邻近的遂安康塘会友洪氏，后来还为康塘写过《洪氏宗谱引》等文。詹仪之也向朱熹介绍了詹家的情况和与康塘洪氏的姻亲关系及两家构书舍、育子戚的事，两人一见如故，从此，开始了毕生之谊。

南宋绍兴二十一年（1151），詹仪之中进士，官至礼部侍郎。时詹氏家族还有很多在朝中为官的，其中詹仪之的伯父詹大方为工部尚书、枢密院使、参知政事；另一伯父詹大和为桐庐、临川等郡守。他们均与时任宰相的张浚交厚，张浚曾荐举詹大和擢守九江。张浚有子张栻，精于理学，与詹仪之很早就成了学术上的朋友。时江西婺源人朱松，为秘书省正字，与张浚都是主战派，私交也很深。故精于理学的朱松之子朱熹与张浚之子张栻也早就志同道合，成为挚友。所以，詹仪之也很早就通过张栻知道了朱熹。

乾道三年（1167）八月，朱熹带着林中用等弟子自福建崇安去潭州（今湖南长沙）访问时任知府的朋友张栻，进行学术思想交流。乾道五年（1169），张栻调严州任知府，吕祖谦任严州教授。吕祖谦，字伯恭，金华人，出身于宦官世家，幼承家学，隆兴元年（1163）进士，与张栻、朱熹相友善。这时的朱熹、张栻、吕祖谦三人，学著东南，时称"东南三贤"。詹仪之如鱼得水，特赴严州与张、吕"日以问学为事"。这年秋天，朱熹又率弟子来访严州，与张栻、吕祖谦继续对"太极之理、中庸、孔孟之义"等进行进一步探究，詹仪之也参与其中，无所不谈，获益匪浅。詹仪之与朱熹的问学之谊又更为深入，遂成莫逆之交。这时，詹仪之表示了欲邀请朱熹到瀛山书院讲学之意，钟情书院引导和教育的朱熹欣然应允。

淳熙二年（1175），詹仪之任信州（江西上饶）知府。时朱熹、吕祖谦和陆氏兄弟（江西金溪人，当时中国东南另一理学支派陆九渊、陆九龄）等人在信州鹅湖寺（今上饶铅山）论学，史称鹅湖之会。詹仪之作为信州行政首长、又作为讲会三方（朱熹、陆九渊、吕祖谦三人各为一方）朱熹这一方的第一人，至鹅湖与朱熹"往复问辩无虚日"，这段经历使詹仪之与朱熹"学之共鸣，友之相契"更甚。

朱熹屡次来郭村，在詹仪之的引荐下，又结识了很多好友。其中有资料可查的就有康塘的洪志曾父子四人、狮城无碍寺住持和另一任姓好友。狮城任姓好友的儿子任忠厚，于绍熙四年（1193）负笈从学于福建建阳考亭，成为朱熹门人。

乾道五年（1169）秋，朱熹来严州访张栻后，詹仪之邀请了朱熹到瀛山书院讲学，朱熹也早有到遂安游学和访友之意。于是，朱熹在张栻、吕祖谦等好友陪同下，随詹仪之来到遂安马凹里瀛山书院。一路上，朱熹为青溪和武强溪的美景所陶醉。船过铜官峡，他触景生情，作《清溪》

诗一首："清溪时过碧山头，空水澄鲜一色秋；隔断红尘三十里，白云黄叶两悠悠。"（另一说此诗为程颢所作诗题为《秋月》）当航船来到武强溪畔的许由山下时，詹仪之向朱熹讲述了当年许由为逃避做官而南遁此山隐居的事，朱熹遂停船登岸赏景，又赋诗《过许由山》："许由山下过，川水映明珠。洗耳怀高洁，抛筻墩上娱。"后来，当地人就管这座小山头叫"朱墩山"。朱墩山和许由山相依相偎，今天已成两座小岛。

朱熹一行到瀛山书院，在詹仪之的丽泽所（詹仪之与朱文公、张宣公、吕成公相友善，往来论学于此）安顿下来。当晚，詹家以当地三宝"山鳗""石斑鱼""鹰嘴龟"等佳肴招待贵客，稍作调养。

在瀛山书院，朱熹为这里的美景和詹氏家族浓郁的文化气息所吸引。仰观瀛山耸秀，俯瞰方塘云影。又对那瀛山书院堂构之精华、学风之浓厚和詹氏家藏典籍之丰裕，倍增兴致。这里的瀛山精舍（讲堂）、董陶所（詹安与上蔡谢氏讲论之地）、传桂堂（詹安五子科第堂）、虚舟斋（詹仪之书斋）、半亩方塘等，更让他们应接不暇。之前朱熹曾校定《谢上蔡语录》，这里他又发现谢上蔡与詹安讲论之语录和赖文俊所著《披沙拣金经》、詹仪之所作的《四书释稿》等，对这些也表现了浓厚的兴趣。

连日来，一群鸿儒，游赏唱酬，山川也为之生色。特别是朱熹和詹仪之，"相与讲明其所未闻，日有问学之益"。朱熹还赞许詹仪之，"所见卓然，议论出人意表"。这天一大早，朱熹又在方塘边的得源亭里读起詹氏家藏的书来。晚秋，朱熹一边读书思考，一边观赏着方塘美景，或一目十行，或斟字酌句，或闭目神思，或极目山峦，或凝眸方塘。但见方塘源头，层峦森壑，云岚浮幻。瀛溪两岸，柳风竹影。清澈的源头活水，源源不断地注入方塘。方塘一鉴，澄波似镜。朱熹感慨着这大自然赐予的灵秀和美景，似乎彻悟到了什么。朱熹回想着这么多年来，上下求索，学无止境，而今鸢飞鱼跃，从佛家的困惑与道家的迷茫之中游离出来，深深融入理学的瀚海之中。正是"夫学莫贵于自得，斯逢源资深，道义之出无穷哉"。由此，朱熹豁然贯通，临流触发，即兴而赋成有感于问学的千古绝唱《题方塘诗》：

半亩方塘一鉴开，
天光云影共徘徊；
问渠那得清如许，

为有源头活水来。

随后几天,朱熹对这首诗又进行了反复思考和吟咏,对它的寓意又有了更为深层次的理解,他认为"天光云影""源头活水",就是"即物穷理,格物致知"。"人心之灵,莫不有知",要去掉"人欲",洁净心灵,就能换醒心中的"天理",通过"今日格一物,明日格一物"的源源不断的积累过程,"用力之久",而产生"豁达"的知识扩展,才能真正把握"天理",实现人的智慧、道德完美,而成为"圣人"。为此,朱熹又把《题方塘诗》改为《观书有感》,即所谓"因为《题方塘诗》以见志",这就是朱熹的"方塘悟道"。明代学者钱德洪《瀛山三贤祠记》:"余读晦翁朱先生《方塘诗》,乃叹曰:此朱子悟道之言乎!"有了"方塘悟道",日后的朱熹才思如清泉喷涌而出,著述不断,哲学思想体系更为成熟,终成集理学之大成者。

朱熹在郭村期间,留有很多遗文墨迹,但真正流传至今的已经较少。尚有记载的文字有《题方塘诗》《过许由山诗》《康塘百琴楼歌》《三瑞堂记》《康塘洪氏旧谱引》等。墨迹有朱熹等三家六札卷(朱熹、张栻、詹仪之三位学者的信札合卷,藏故宫博物院)、《题方塘诗》碑、康塘"三瑞堂"匾额、百琴楼"三瑞呈祥龙变化,百琴协韵凤来仪"门联、郭村"仁义忠孝"匾额、黄村桥"山口"路碑等。

(汪永明　邵航锐)

> 吴兴妙西村

沈家本的妙西情缘

在湖州西南12公里处，有一座历史悠久的小镇，名曰"妙西"。"妙西"名字的由来得益于一座寺观。据史料记载：梁武帝大同七年（541）建"妙喜寺"于湖州西11.8公里的金斗山，"帝以东方有妙喜佛国因以名之"（同治《湖州府志》卷四十八）。唐贞观六年（632）移"妙喜寺"于杼山。故"妙喜"之地名始于唐。因"喜"与"西"在湖州方言中发音近似，故有了"妙西"这个名字。

如今"妙喜寺"已经湮没在历史的尘埃里，无从寻找，但"杼山"却依然泰然自若地矗立着。"山不在高，有仙则名"，"杼山"不高，却因"茶圣"陆羽在此研茶，撰写世界上第一部茶学专著《茶经》而闻名。同时，"杼山"也因"法学泰斗"沈家本的落叶归根而增添了几分历史的沧桑感和凝重感，平添了几许浓墨重彩。

在杼山的东南面，几处民宅一侧，有百余级水泥浇筑的青石台阶蜿蜒而上，通往山顶，台阶两侧修竹掩映，山花夹道，一片葱茏。拾级而上，便可见一座用青砖筑成的墓穴，墓前石碑上镌刻着"沈家本之墓"五个大字，这便是"法学泰斗"沈家本最后的归宿地。

沈家本的原墓在"文革"中遭到毁坏，墓碑等后被当地农民用来当建筑材料，筑在了渡善桥斗门头机埠闸门两侧。为了修缮沈家本墓，湖州市1994年开始动工，那年冬天，施工人员在文化部门的指导下，将中华民国临时大总统袁世凯题词"法学匡时为国重，高名垂后以书传"的石柱对联，树立在墓的两侧，它们像一对忠实的伙伴守护着沈家本。在墓前平台两侧立面还专门各镶一块碑记，一侧的碑记刻沈家本简介，一侧的碑记刻陈宝琛题在沈家本遗像上的诗。

沈家本墓原来的墓碑已找不到，故现在的墓碑是用花岗石新做的，前司法部部长、时任中国法学会会长邹喻为沈家本墓重新题写了墓碑，1995年沈家本墓重修完毕。为了便于上下山，重修墓时又特意在沈家本墓前修建了朝南下坡传统朝向的通道，163级台阶，象征着沈家本1840年诞生至2003年湖州市人民政府与中国政法大学联合举办"沈家本与中国法律文化国际学术研讨会"期间的163年的历程。

沈家本生于1840年8月19日，死于1913年6月9日，浙江省湖州人，故居在湖州甘棠桥直街1号；去世后，归葬在湖州妙西。沈家本不是妙西人，为何要将最后的落脚之处置于此地？这不得不从沈家本的祖父说起。

沈镜源（沈家本的祖父），字席怀，号蓼庵，出生于乾隆年间，是嘉庆三年（1798）举人，但会试却屡次榜上无名，后在道光七年（1827）即授选庆元县教谕，仅为正八品。沈镜源到达庆元才半个月，最疼爱的三子沈麟书就发"头疼疾"，三天后离开人世。

沈丙莹（沈家本的父亲）是沈镜源的次子，道光十二年（1832），沈丙莹年已弱冠，他赴杭州参加乡试中举，成了举人老爷。沈镜源为了给儿子创造一个良好的学习环境，于是辞教回湖，并张罗次子的婚事，于道光十三年（1833）八月由蔡云士侍御主婚，沈丙莹与杭州俞焜的二女儿俞氏举行婚礼，成为了夫妻。就在那年，沈镜源的大儿子沈丙辉又去世了。这对沈镜源来讲，又是一次打击。三个儿子，独剩沈丙莹一个了。道光十八年（1838），沈镜源73岁，沈丙莹又一次进士落榜了。"人生七十古来稀"，沈镜源深感他和儿子功名无望，并觉得沈家的血脉"宗谱"不能在自己这一代中断，"叹同枝之尽折，门户谁支？""惧先泽之将湮灭。惜后生之太晚"。于是，他"陈世业，略述平生，缀此一编"，写成了《蓼庵手述》。

在《蓼庵手述》中，沈镜源对沈氏家族的祖坟，记得十分清楚。"坟山：乌程管五十一庄妙喜山地四十亩共一单；又十亩，又高山四亩，另各一单；又笋山三亩六分，另一单，总入永宁寄庄沈舜庸户下。"所以，沈家本逝世以后，便和他的祖先一起，葬在了妙西。

沈家本出生的这一年，鸦片战争爆发了。降生在这样的年代里，沈家本必然承受时代的重负。《清史稿》中记载，沈家本"少读书，好深湛之思，于《周官》多创获"。据沈家本《借书记》载，仅21岁至25岁短短的5年时间就读了384部书。当时战火纷飞，时局动乱，父亲又被外放贵州做官，沈家本携母亲及弟妹颠沛流离，先离京入黔，后反复出入湘黔。结束辗转湘黔的艰难之行后，沈家本在同治三年即1864年开始在刑部任职，1883 年金榜提名，这时，沈家本已是人到中年。考取进士后，沈家本"专心法律之学"，成绩斐然，十多年中撰写了《刺字集》《压线编》《律例杂说》《刑法杂考》等大量法律著作。对于刑部重要案件，重要奏稿，堂官都点名交由沈家本处理，可见当时他"以律鸣于时"并非虚言。但就是这样一位精通律例、才干俱佳的人才，入刑部近 30 年（1864—1893），未得重用。"山穷水尽疑无路，柳暗花明又一村"，终于在第 10 次京察，沈家本"意外"地被列为上等。在苦熬了 30 年之后，沈家本终于得到了外放天津知府的机会。从光绪十九年（1893）到光绪二十三年（1897），沈家本任天津知府共三年多的时间，"治尚宽大，奸民易之，聚众哄于市，即擒斩四人"。光绪二十三年（1897）夏，沈家本调任保定知府。就是在这期间，发生了北关教案，沈家本秉公处理，据理力争，惹恼了外国人，险些招来了杀身之祸。1900 年，英、法、俄等八国，组织联军入侵中国，镇压义和团运动。侵略军攻陷北京不久，就顺利进入保定，立即逮捕了包括沈家本在内的数名清朝官员，后经李鸿章等人多方交涉，沈家本才在 1900 年年底脱离囚笼，恢复自由。经过两个月的长途奔波，沈家本终于在 1901 年的 2 月底到达西安。国难识忠臣，朝廷先任命其为光禄寺卿，不久就改任刑部右侍郎，后又改任左侍郎。从此他开始长期主政刑部。光绪二十七年，公元 1901 年 9 月 7 日，腐败无能的清政府和八国列强签订了丧权辱国的《辛丑条约》。慈禧为了缓和矛盾，维护自己的统治，宣告要实行"新政"。经袁世凯、刘坤一、张之洞的联名保举，沈家本开始了辉煌而又艰难的变法修律生涯。"我法之不善者当去之，当去而不去，是之为悖；彼法之善者当取之，当取而不取，是之为愚。"在沈家本的主持下，几年时间，就翻译出十几个国家的几十种法律和法学著作，从中汲取世界优秀法律文化，吸收资产阶级民主法治思想，供我国当时的法律改革参考和借鉴。1902 年，沈家本等首先从修改清朝最基本的法典《大清律例》着手，对旧律进行改造，删改取消了旧律中酷刑、缘坐、刑讯等野蛮残酷的条款，并改公开处决人犯为秘密行刑。

  沈家本在主持制定新法律草案方面的成绩是显著的，我国近现代意义的刑法典、刑事诉讼法、民法典、民事诉讼法、商法、破产法等法律或法律草案是在那时制定的。从此，民刑不分、实体法与程序法不分的中华封建法制开始瓦解。直到今天，我国许多法律原则、法律原理和法律制度等都可以追溯到当时，如法律面前人人平等原则、中国的律师制度、检察官制度等。

宣统二年（1910）十一月，他成为中国近代第一个全国性的法学学术团体——北京法学会的首任会长。他对法律教育非常重视。他是成立于光绪三十二年九月的中国近代第一所中央官办法律学校——京师法律学堂的发起者和主持者。辛亥革命后，清帝退位，沈家本以73岁高龄退出政界。

1913年端午节（公历6月19日），沈家本在北京枕碧楼家中去世。中国人历来都有"落叶归根"的传统思想，所以，1914年，沈家本的子孙将其灵柩从北京运回湖州，葬在妙西渡善桥。后因重建，最终迁到了位于妙西村的杼山。也许，冥冥之中，沈家本就与妙西村有一段说不清道不明的情缘！

（朱梓华）

> 龙泉黄南村

永嘉学派的集大成者叶适

在离龙泉市区南约34公里的地方,有一个村庄叫黄南,《县志》称之为二都黄楠,约于唐代建村。在北宋天圣年间（1023—1031）,一位姓叶的先生从松阳迁居到此。这位先生精熟易经,通晓地理,见此处山青水秀,土地肥沃,便停下脚步在此定居下来并繁衍生息。这位先生便是黄南的叶姓始祖——仁训公,叶氏太公的五十四世孙。他在此以耕读传世,逐渐成为村中的望族。

多年以后,他的曾孙公济,从黄南徙居温州瑞安县。谁也没想到的是,这位从黄南走出去的叶公济之曾孙（黄南始祖叶仁训的第八代孙）——叶适（又称文定公、水心先生）,会成为一位对我国南宋时期影响深远的伟大的唯物主义思想家、政治家、文学家,永嘉学派的集大成者!

叶适,字正则,南宋高宗绍兴二十年（1150）五月初九（公历5月26日）生于瑞安县县城南门望江桥一带,一个三世贫穷的耕读世家。父光祖,字显之,教书为业。母杜氏,是一位勤劳贤慧的农家妇女。叶适少年时期,由于温州、台州一带发生大水灾,曾随父母搬迁过21处,过着颠沛困苦的生活,后随父从瑞安迁居永嘉（今温州市）定居。叶适有同胞兄弟四人,他居老二,因家庭困苦,三个兄弟均未出仕,唯叶适苦心求学。

叶适的一生大致可分为三个时期：一是24岁前的求学时期；二是从24岁赴临安至58岁被罢黜回家,34年的政治生涯时期；三是58岁归居水心村至逝世,16年的学术研究时期。经历南宋高宗、孝宗、光宗、宁宗四朝,其政治和学术活动则主要在孝宗至宁宗三朝。

晚年叶适定居于永嘉城外（今温州）水心村著书讲学,自称水心先生。至南宋宁宗嘉定十六年（1223）正月二十日,叶适病逝于水心村,享年74岁,封赠光禄大夫,谥文定。

叶适虽出生于瑞安，但他亦自称"龙泉人"，在他的文章后也常署名"龙泉叶适"。黄南始祖仁训公信奉的"读可荣身，耕可致富"，重耕重教的风尚，在他的身上得到了延续。叶适从小聪慧，童年随父读书，少年受教于陈傅良，历仕京外，曾官至兵部侍郎、吏部侍郎、太常博士、宝文阁学士等。他结识名士游学大江南北，博学多师，著有《习学记言》《水心先生文集》等著作。他是南宋一代学宗，学者赞其所论鸿博精当，可谓大成，独树一帜，其文、赋、记、铭被誉为"近世之最"，可谓是南宋一代大儒。

叶适通古今之变，成一家之言，思想体系博大精深，在政治、哲学、学术思想、经济、伦理、文学等诸方面均有独到的见解。他主张"通商惠工，扶持商贾"。他一反传统儒家"非功利化，重义轻利"的思想主流，大胆提出"义利并重"，推崇理财，重视工商业，反对抑制兼并以及为富人辩护的功利主义经济思想，对后世产生极大影响。他创立的市场经济理论事功学说，与朱熹的理学、陆九渊的心学鼎立为宋代三大学派，被誉为温州模式和温州精神的源头活水，更是黄南叶氏族人的一面旗帜。他最具特色的经济思想，不仅具有反传统精神和商品经济发展的特征，而且全面系统，论及涵盖传统经济观诸方面。比如他的义利观、本末观、理财观、富民观、人地观及货币观。

一是义利观。"仁人正谊不谋利，明道不计功"，此语初看极好，细看全疏阔。汉代大儒董仲舒的这句名言受到叶适的"全疏阔"评价，无功利的道义被认为只是无用的"虚语"，这是对传统儒家的义利观进行的深刻修正。叶适说："古人以利和义，不以义抑利。"不认为义利是对立的，也不主张"明道"和"计功"对立；功利是义理的外化，主张结合事功讲义理，他说："崇义以养利，隆礼以致力。""义"应成为养"利"的手段。

二是本末观。"重本抑末"是当时传统经济观的主要倾向。叶适则讲三代"皆以国家之力扶持商贾，流通货币"，到汉代始行抑商政策，他认为："夫四民（即士农工商）交致其用而后治化兴，抑末（工商业）厚本（农业），非正论也。"标志着宋人的商品经济观念进入一个新的历史时期。他主张"商贾往来，道路无禁"，并要求政府改变政策。否定不许工商子弟为官的旧规，主张入仕无身份限制等，在经济思想史上有着重要意义。

三是理财观。传统时代的经济问题中财政是关键。由于"讳言财利",连大张旗鼓变法理财的王安石都小心谨慎地避"言利""聚敛"之名。叶适指出:"理财与聚敛异。今之言理财者,聚敛而已矣。……而其善者,则取之巧而民不知,上有余而下不困,斯其为理财而已矣。古之人未有不善理财而为圣君贤臣者也。"他说圣君贤臣都应善理财,这是很杰出的思想。他提出"以天下之财与天下共理之",他要求罢去苛捐杂税,削减财入,减轻民众负担。而解决财政困难应该着眼于发展社会生产和政府节省开支。这些观点都非常符合时代精神。

四是富民观。"藏富于民"是传统儒家的主张,叶适发展了这样的主张,强调许民求富、保民之富,反对政府抑制,公然为富人辩护。他反对"抑兼并"和井田制,作为国家的根基,富人应受到保护,不容抑制损伤。他多次要求除去苛捐杂税,使"小民蒙自活之利,疲俗有宽息之实"。叶适为富人辩护的思想,包括了地主、农民和工商业者的整个民众在内,他把富民作为富国的基础,这也符合当今时代的富民思想。

五是人地观。人口问题也是经济思想史的重要问题。他在《民事中》中提出:"为国之要,在于得民",即一是要合理利用民力,二是要人地优化配置。当时宋金战争疮痍遍地,人口大规模南移,两浙人口"百倍于常时"。然而偏聚而不均,势属而不亲,是故无垦田之利勉为其难增税之入,民虽多而不知所以用之,直听其自生自死而已。他以"分闽、浙以实荆、楚,去狭而就广"的人地优化配置方案,来解决人多不富的"偏聚不均"问题。从生态平衡角度分析闽、浙集约式经营有伤地力,不解决会"极其盛而将坐待其衰",提出"均民"的主张,也是对"适度人口"理论的较早理解。是区域经济发展与人口合理配置方面的重要思想。

六是货币观。对当时流行的"钱荒"提出质疑,认为从物价变化来考察铜币购买力来看,不是钱重物轻,反倒是钱轻物重;物价上涨的普遍要求,使不断扩大的铸币量依然不能满足需求,铜币购买力下降钱多物少,必然形成钱贱物贵,这完全不同于传统的认识,比单纯从货币绝对量看问题要深刻得多。更为重要的是,他不仅认识到铜币为纸币所驱,而且指出这是一种必然规律,早于西方人三百余年就阐述了"劣币驱除良币规律"。

美国著名社会学家丹尼尔·贝尔说:"最终为经济提供方向的并不是

价格体系而是经济生存于其中的文化价值体系。"叶适作为永嘉学派的集大成者和宋代思想终结者，他的通达与明智，远见和卓识非一般人可比。他主张发展民间经济实力，主张务实重实利功效，提出的一系列反传统性经济思想观点，对当代而言也有着极其重要的意义。

（罗燕鸣）

兰溪渡渎村

八婺儒宗章懋

兰溪市渡渎村始建于北宋天禧十年（1120），为避方腊战乱，章氏三七公由淳安渡渎迁徙兰邑纯孝乡循义里（今兰溪市女埠街道渡渎），因示不忘故土，仍以渡渎为村名。村庄世代耕读传家，文风畅达，英才辈出，远近闻名。据不完全统计，在整个明代，村中孕育出23名邑庠生，4名府庠生，4名国子监生，4名大学生，9名进士，1名解元。在这些英才中，最为著名的就是章懋了。

一 生平履历

章懋（1436—1521），字德懋，号黯然，更号瀫滨遗老，门人称枫山先生。自幼天资颖异，书初读，即举其要，而再而三，一旦通透，终生不忘。10岁能文，18岁省试前茅。天顺六年（1462）乡试夺魁。成化二年（1466），会试第一，登进士第。成化三年，授翰林院编修。十二月，章懋偕黄仲昭、庄昶等三人，共同上书《谏元宵灯火疏》，劝阻朝廷不要铺张浪费，结果反倒被贬职，十二月即被贬任临武知县。此次上书忠义凛然，朝野为之感佩，人们将这三位进谏者称为"三君子"。成化四年（1468）改任南京大理寺评事。成化九年（1473），升福建提刑按察司佥事。在任期间，清理军伍，剪剔吏蠹，打击官邪，公通贸易，一系列宽严适当的举措，使得百姓获安。成化十三年（1477），43岁奏准致仕，放归田里。成化十九年（1483），讲学渡渎枫木山，后在此建立枫山书院。执经授业，四方从者如云。董遵、凌瀚、陆震、唐龙、黄傅、郑绪、寒溪子等邑贤达士，多出其门下。居家二十余年，闭门却坐，不入城府，甘于清贫。

弘治十四年（1501），章懋推辞不成，就任南京国子监祭酒（相当于今日之教育部长），天下人皆以为得师，倍感欣慰。然而，章见宦官刘瑾专权，肆意为恶，他又辞官回到家乡。1510年，被朝廷征为南京太常寺卿，次年又征为南京礼部侍郎，正德十六年（1521），章懋年已 86 岁，升南京礼部尚书。因身体不适，获准返乡，最后病逝于家乡。

二　清贫一生

　　章懋襟怀坦荡，生活俭朴，道德文章为世所推崇。章懋在任上的时候，巴结他的人很多。他的三个儿子都在家务农，一天，兰溪知县去看他们，三个儿子都在田里干活，连忙放下农活，跪在田边地头叩头迎接，令县令十分惊讶。章懋在南京当"教育部长"时，他的儿子大老远去南京看望老爸，谁知路上遇到了"巡警"，被狠打了一顿。"巡警"后来得知是"章部长"的儿子，吓得赶忙去谢罪。章懋笑着说："我那儿子蓬头垢面，穿着也很寒酸，你们当然不认识了。这怎么能怪你们呢，这怎么能说是有罪呢？"

　　章懋虽居高官，却一生奉行"以便民为法，以利民为论"，忠君忧国，两袖清风。他从不置私产，当年居住在兰溪城里时，只有两间小楼，很简陋。他一家十来口人，但在乡下只有劣田 20 亩，一年收成不够吃，还得经常吃麦屑充饥。章懋请客的钱都捉襟见肘，每年请客都要挨近清明和冬至，以便利用好祭祀祖先神灵时剩下来的供品。

　　章懋 83 岁喜得一子，名章接。章懋去世时，章接只有 3 岁。因为家无余产，地方官只好奏请朝廷，每月给米二石抚养这可怜的孩子。

三　外甥皇帝

　　在兰溪一带，还流传着一个温暖的传说。某年，章懋去南楼村外婆家拜年，快到村时，一群表兄妹已在路上迎接，却没见三娘舅家里人，章懋很纳闷。

　　外公摆酒款待，席间，章懋问起三娘舅家，老大、老二都摇头不答。章懋起疑，随即追问几句，方知三娘舅家底细。原来三娘舅在江北经商中，地方官商勾结，让客户拖欠了巨额货款，无法收回，还负一身债。回家后，缺柴少米，穷困潦倒，难以见人。章懋请二娘舅转告，叫三娘舅将欠户姓名，债款数目，列清账册寄给章懋。并说："日后我将到江北察访，三娘舅到时亲自拦轿告状。"章懋回京后不久，就收到三娘舅寄来的账册依据，章懋回信授意如此这般。

　　一日，章懋乘京官大轿视察江北，红灯彩旗，前呼后拥，路人避让。

三娘舅一见即知章懋,便上前拦轿喊冤,跪地送上诉状。章懋连忙启开轿帘将三娘舅接进轿中,自己跟随轿后。沿途围观百姓闻之,拦路告状者就是章懋娘舅。消息不胫而走,满城商贾无人不知。第二天,章懋差人贴出告示,命欠款人黄某速来衙还清,逾期加罚,若敢赖账,加重处理。欠账人得知章懋是皇太子先生,谁敢触犯。不到二日,债户纷纷还款,三娘舅收好账款,回乡重振家业。

第二年,章懋又到娘舅家拜年,三娘舅一见章懋,连忙致谢,并赞说:"外甥儿是'皇帝',外甥是皇帝。"后来,"外甥皇帝"这句民间俗语就在兰溪地域流传至今。

章懋出身寒微,世代务农。平生道德文章,清廉刚正,为人和平温厚,耿介拔俗。任官以民为本,识时急流勇退。他对仕途并不留恋,曾在故居自题其楹:"无才自愧羞縻禄,多病惟应早挂冠。"一生著有《金华兰溪乡贤祠志》《枫山全集》《枫山语录》等,与郑锜合纂第一部《正德兰溪县志》。

章懋于正德十六年(1521),除夕之夜仙逝,终年86岁。世宗皇帝题挽联"文章紫殿无双客,富贵皇朝第一家",赠太子少保,谥文懿。章懋一生,对后人影响极大。湖广名宦祠称先生"抗疏敢言,是其忠;受谪不顾,是其义;屡聘屡辞,是其介;乐育人才,是其仁"。金华北山鹿田书院院额"八婺儒宗",章懋是儒宗之一。

章懋一生一心为民,在任造福一方,退居则能勤于著述,老百姓视其为楷模,由尊敬而神化。明嘉靖二十九年(1550)兰溪县建圣贤祠,迎章懋神像入住,俨然视为一方保护神。章懋幼子章接也因此而移居兰溪城东圣寿寺侧作为陪侍。今天在兰溪,还流传着章懋许多动人传说,他已经活在老百姓心中了。

(王秦乔)

义乌朱店村

大夫第中走出的学者朱一新

在义乌朱店村,有一处叫作"大夫第"的清代标准民居。其建筑特别,精雕细刻,房门皆阴刻诗文,艺术性很强,在民居文化中独具一格。"大夫第"是清末朱一新和朱怀新兄弟的故居。两兄弟是著名的学者,朱一新的学术成就尤其突出。

朱一新(1846—1894),字蓉生,号鼎甫。义乌朱店人。清光绪二年登进士,历官内阁中书舍人、翰林院编修、陕西道监察御史。为官正义刚直,爱国忧民,直言遭贬。致意执教,任广东肇庆端溪书院主讲及广州广雅书院(广州中山大学前身)山长(校长)。一生著述颇丰,对经学尤有研究,为清末著名学者、汉宋调和学派代表人物之一。

饱读诗书的少年

朱一新生于清道光二十六年(1846)十一月初五。5岁从师认字,听邻座同学读《中庸》《论语》,就默默记住,等到塾师教他时,大半已能背诵。

咸丰十一年(1861),太平军占义乌,朱一新父朱凤毛带头组织民团抗御,家属避居深山。时一新已成少年,往来家中与避居地,总是书不离手。同治三年(1864)十二月,一新得入县学。接着举行本届岁试,一新中秀才(增生)。次年科试,又成为可以月领膏火费的廪膳生。

同治七年(1868),一新就读金华丽正书院。次年,在杭州西湖孤山的"诂经精舍"肄业。这所由乾隆时著名学者阮元创办的书院,照例于每年六月由学使命题考试。此年,学使徐寿衡侍郎出了经、史、辞章数十道题,连当时颇有名气的生员都感到为难,不得不"殚精覃思,并力合作"。唯有一新独自答卷,写成的卷纸厚达一寸。徐侍郎大为赞赏,评为"一日千里,必可大成"。此时诂经精舍特置超等生六名,一新即属其中之一。在金华、杭州数年的求学生涯他十分严谨,慎交友,不优游,专心学业。终其一生，他"没有一日弃书不观"。

忧国忧民的直臣

同治九年（1870），一新参加乡试，与小他4岁的胞弟怀新同时中了举人。一新当年就到北京，捐资任职"内阁中书舍人"，担任一般文秘工作。此间他著成《汉书管见》，着手编纂《京师坊巷志》。光绪二年（1876）中恩科进士，殿试二甲，朝考一等，授翰林院庶吉士。次年升翰林院编修。

光绪九年（1883），朱一新上《请速定大计以措危局疏》，请求坚决抗阻法军侵越。次年又连续上疏，提出加强防务、抵抗入侵之策略。

光绪十一年（1885）秋，朱一新被简放湖北乡试副考官，参与选拔人才。生员周树模策论中有触犯时忌的语言，一新仍大胆荐拔他中举人。这年冬天，任陕西道监察御史，职司言官，更敢直陈己见，指斥时弊。朱一新上《预防宦寺流弊疏》，揭露李莲英这个奴才恃宠而骄、妄自尊大的罪过。呵责奴才，伤及主子。慈禧更加恼怒，将朱一新降职为六部主事候补。直言受责，朱一新就以母亲患病为由请准回乡。

泰然恬退的名士

朱一新以母疾求归，台省同官相送，京师士民皆说他是真御史。他认为直抒己见，指陈时弊，是守职尽责，因此丢官并不怨愤后悔。

朱一新自京归里，母病即愈。他曲尽孝养，布衣素食，无异寒士。一生自奉俭约，在京供职13年，并无积蓄与资产。除书籍衣被外，别无长物。当官时已清苦，丢官后连原来的一点固定俸禄也失去，当然更清贫。他不得不想法谋生。远在广州的两广总督张之洞，请朱一新到广东肇庆主讲端溪书院。张之洞深知朱一新的学识、才能和事业心，这时不顾社会上可能发生的罗致重用谪官人士的非议，诚恳函邀一新赴粤。

学高识深的名师

在端溪书院，教务相当繁重，但朱一新热爱诸生，乐在其中，教学指点不遗余力。三年后，移任广州广雅书院山长（掌教、院长）。广雅书院由张之洞创建，收录广东、广西两省各一百名高才生员。光绪十八年（1892）秋，朱一新应院内师生请求，将过去三年问答诸生所问的内容，加以整理和补充，编为五卷，刻印成《无邪堂答问》一书，此为朱一新平生最重要的著作。

朱一新从小爱好濂、洛、关、闽的学说，对宋、元以来的学者都能说出他们的得失。朱一新不但通晓汉宋儒学，而且自认为史学更强。他生在鸦片战争之后，列强不断侵略中国的时代。凡有关国外政治、地理、历史、时事的书报地图，无不悉心阅读，可以说学贯中西。《无邪堂答问》中，关心边疆形势和当今时事，虽是严谨的学术研究，但抵御侵略，保卫国家独立和领土完整的爱国热忱溢于言表。

朱一新客观地对待汉儒许慎、郑玄等人的古文经学，以及宋儒理学。光绪十六年康有为移居广州。朱一新在广州与康有为时相过从，每辩论自晚达旦。朱一新遗著中有多封致康有为书信，对他的学说提出批评与劝诫，明确反对康有为"援儒入墨（或称阳儒明墨），用夷变夏"的主张。朱一新政治上守旧，然而学术上所论足破康有为的"新学伪经""孔子改制"的附会曲解。

热心方志的专家

朱一新所编《京师坊巷志》，是《光绪顺天府志》的一部分。《顺天府志》由万青黎、周家楣修，张之洞、缪荃孙等编纂。朱一新应邀参与纂修，负责坊巷即街道和胡同部分。

朱一新接受协纂任务后，白天步行到街道胡同详细询问情况，晚上即笔录所见所闻，再参证旧有图籍，考察钩稽贯通，往往到四更尚未休息，数易其稿。光绪十一年（1885）夏缮录成编，但不是定稿，后因受命担任湖北乡试副考官，委托同事缪荩珊编修续成。等他回京时，志书已刊印，其中不少错漏无法更正。朱一新编纂这部志书，依照宋敏求《长安志》体例，态度严肃认真。《顺天府志》书成后，朱一新暇时对有关掌故，随看随录，写满书眉，直到去世时还没有完成。

朱一新应聘到广东肇庆主讲端溪书院时，又应邀主持编纂《德庆州志》。唯因在端溪只有两三年，教务繁忙，所以只完成部分初稿。移掌广雅书院后，仍继续此项工作，但亦只是业余来做。

朱一新关心故乡的方志事业。他曾致信金华知府陈仲英，介绍自己的经验与心得，积极鼓励其修志。他甚至曾有自己参与纂修府志之意，但这个愿望终未能实现。

英年早逝的学者

朱一新于辞章之学亦造就颇深。遗著《拙庵丛稿》中有骈文存、诗存、试帖存、律赋存各一卷。《律赋存》卷有赋33篇，其中有抒情写景之作，也有论政言治之篇。诗集作品虽不甚多，但别具一格。

光绪二十年（1894）六月二十四日，朱一新偶感微恙，七月初二日移卧书房，客来探视，尚能迎送。午后忽对胞弟怀新说："刚才集了两句诗：'撒手白云堆里去，回头四十九年非'，用来自挽你看怎么样？"怀新劝解说："您神志清新，何至于此！"朱一新含笑点头。未时，兄弟俩还携手散步，到申时，一新即渐昏迷并断断续续自言自语，延至酉初，这位爱国正直、学识渊博的学者与世长辞，终年49岁。

朱一新遗著于光绪二十二年（1896）秋由其弟怀新主持编纂刻印，分订16册，名《拙庵丛稿》。

钱穆教授所著《中国近三百年学术史》，对朱一新的学术思想有较详论述。白寿彝总主编的《中国通史》中关于清代学术，有一大段记朱一新的学术观点及成就。说他主张兼采汉宋之学，主张"汉学必以宋学为归宿，斯无乾嘉诸儒支离琐碎之患；宋学必以汉学为始基，斯无明末诸儒放诞之弊"。朱一新的学术成就正被越来越多的人所认识和研究。

（彭庭松）

开化北源村

寒窗苦读，高中状元的程宿

一　苦读忘我

程宿（971—1000），字萃十，开化长虹乡北源村人。小时就读于该村西山的杨梅坞书院，自幼聪慧过人，过目成诵，且读书非常刻苦用功，无间寒暑，每至深夜。该地有吃糯米果的习俗。某年中秋，程宿因潜心书史，竟将一砚墨汁当成芝麻糖汁蘸吃完而不自知。据传又一年深冬，小程宿端坐案前认真夜读，谁料阵阵寒气逼来，从脚下直冷到全身，低头一看，才知炉中的炭火早已熄灭，于是急忙取下壁上的灯笼，直奔一里外的尼庵寻找火种。敲开庵门，当程宿说明来意后，老尼望着程宿，笑得喘不过气来。程宿见状不知所措，于是老尼姑笑指灯笼说："汝手持之灯未熄，缘何舍近求远来讨火种"？程宿这才从满脑海的诗文中醒悟过来。自此，状元公"手提灯笼讨火种，墨汁当成芝麻糖"的故事就在当地传开，一直传至今天。

二　高中状元

程宿先祖定居之地，原属常山县境。宋乾德四年（966），吴越王钱弘俶分常山西境七乡置开化场，取开源、崇化二乡各一字命名。程宿出生之时，赵匡胤黄袍加身，已整整当了8年的大宋朝的皇帝，可整个浙江仍是吴越王的天下。临安钱氏为国百年，士用补荫，不设贡举，江南一带儒风几息。直到太平兴国三年（978），吴越王钱俶向宋太宗纳土称臣，北宋朝廷遂在两浙之地恢复科举考试。太平兴国六年（981），应常山县令郑安之请，升开化场为开化县，属衢州。程宿少时人称神童，通五经贯六艺，博学多才，名重一方。适逢宋太宗诏令州县长官荐举英贤参加进士省试，经过十年寒窗苦读的程宿终于有了大显身手的机会。988年三月初一，数以千计的各路贡士在御史台官的导引下鱼贯走进京城贡院。宋初进士考试内容繁杂，包括诗赋论各一篇，策五道，贴《论语》十帖，对《春秋》或《礼记》墨义十条等。程宿胸有成竹，文思泉涌，下笔千言，如有神助。他自己觉得金榜题名已是三个手指拈田螺——十拿九稳了。

宋太宗为了扩大统治基础，特别重视科举考试，从科场中搜罗人才。每次进士考试后他都御殿复试，连日阅卷，不辞劳苦。时值吴越纳土归宋不久，得悉本届新科进士中有好几位两浙贡生，太宗自然格外关注，对他们的卷子看得格外仔细。程宿的卷子书法流畅，文理清晰，纵横捭阖，见解独到，太宗边看边微笑颔首，以为老成之士，恩爱有加，御笔一挥，点为头名状元。揭卷后方知其才18岁，太宗非常兴奋，连称天赐英才，大宋必将兴旺发达。谁曾想到，一个小小的山区县，"九山半水半分田"的弹丸之地，建县八年便出了一位状元，消息传来，整个三衢大地为之轰动。在当时县学未建、书院未立的情况下，程宿状元及第纯粹是程氏先辈严格的家教的功劳，实属不易。他的事迹带动了整个开化的文风，从此开化中举不断，人才辈出。

三 天妒英才

俗话说："苍天不负有心人"，程宿的萤窗苦读，毕竟没有白费心血，宋端拱元年（988）五月，年仅18岁的一介寒士，全凭自己渊博的学识一举高中状元。当中书侍郎兼户部尚书吕蒙正，将程宿的文章送交参知政事王沔看时，沔见而奇之，曰："今之杜牧也！"然而，这个状元可来之不易。

宋初沿袭唐制，试卷不糊名，行卷之风盛行。主考官欲赴贡院，台阁近臣则向主考官推荐自己所熟悉的举子之才艺，美其名曰"公荐"，其实是内定人选。据《续资治通鉴》卷十四《宋记》载：朝廷任命翰林学士、礼部侍郎宋白为主考官，第一次录取程宿以下28人，有人就认为所取进士如此之少，定有人暗中弄鬼。因而，当黄榜一出，议论蜂起，有的人还敲登闻鼓，请求另外再举行考试。登闻鼓于宋初设立，目的是为了让百官士民能够击鼓上书言事、喊冤。太宗皇帝对举子们敲登闻鼓一事很重视，他也认为录取人数太少，一定有不少遗漏的人才，于是，下诏在崇政殿复试落第举子。这一次录取进士马国祥以及诸科700人。可这一回仍有一名叫叶齐的士子不服程宿，击鼓告状，倡论主考官考试不公。太宗于是又下诏命右正言王世则等召下第进士及诸科在武成王庙再次复试。因厌恶叶齐的嚣张，考官以"一叶落而知天下秋"为赋题，合格者数百人。经复试，录取叶齐以下 31 人，诸科 89 人，并赐及第。一次考试竟有三次反复，这在中国科举考试中也是绝无仅有的。三次科举合计 820 人，而再糊名殿试，宿又第一，故仍以程宿为状元。

据统计，两宋时期，浙江有状元 24 名，程宿乃其中之一。

程宿名登金榜后，遂除翰林编修，以殿中丞、直集贤院的身份参与编撰有关太子、亲皇、皇族等事迹。是时，契丹常派兵骚扰大宋北疆，边报频传。端拱二年（989），宋太宗赵匡义召见程宿，咨以时政得失。宿奏："内政不绥，壮者若于金革，旎旎仍于饥馑。居之于民者，今保赤子。今陛下恩未有加，抚御未尽，其道故也。"程宿以对策称旨，即命摄理其事。中秋下诏提升为六州都抚，食邑五千户，负责对少数民族地区进行安抚。受命之后，亲赴辖地，对各家酋长导之以礼，示之以威，动之以情，继之以惠，深受该地民众和酋长的敬重。至道元年（995），程宿因父利涉年老多病，呈书圣上，请求回归故里探亲。朝廷派员代还。然，适逢吴楚多盗，即授其为江西安抚使，镇守江、浙之事。到任后，正图籍，平力役，抑豪强。勤政爱民，整肃吏治，自是盗息。咸平三年（1000）八月，益州军变，虞侯王均作乱，朝廷下诏，命程宿同招讨使雷有终率师讨伐，未及行而病死于任所，年仅 30 岁。真宗为文挥泪叹曰："宿卿名德可嘉，方倚重任，遽至是乎。"朝中士大夫莫不叹悼，赐谥"文熙"，再赠五百户，终其令名。明年（1001）二月朔，葬于白沙口驿路之旁。夫人祁门陈氏，年轻守节，抚育孤儿，与程克良妻陈氏立双节坊。南宋绍兴间，宿之裔孙程雅自白砂迁开化县城，为花园派始祖，并修建状元及第家庙。后因世更岁远，宿墓荒芜，白沙裔孙于明嘉靖三十三年（1554）九月，复新修筑。

程宿为官仅有 11 年，一生勤政廉洁，爱民如子，励精图治，泽及川陕吴越，朝野闻其死讯，感叹："苍不愁遗，擎天斯斯。"后人诗赞："名魁天下，义动朝中。六州都事，两袖清风。才超杜牧，节拟梁鸿，编修职肇，招讨疴终。"

据《文献通考》卷三十《选举三》记载，"自端拱元年（988）试士罢，进士击鼓诉不公"，"淳化三年（992），是岁，赴考的举子达一万七千余人，由翰林学士承旨苏易简知举，殿试始令糊名考校"，也就是说自端拱后，朝廷从中吸取教训，为防止考官徇私，宋太宗采纳太常博士陈靖的建议，先于殿试时，对试卷上考生的姓名、籍贯实行密封，并由皇帝亲自主行殿试，第一者由皇帝钦点为状元。总之：科举考试，废除行卷，实施锁院、糊名、誉录制度乃从程宿状元后开始。

（开化县农办）

开化下街村

朱熹讲学包山书院

试问池塘春草梦,
何如风雨对床诗?
三薰三沐事斯语,
难弟难兄此一时。
适兴静弹琴儿曲,
遣杯同举酒干卮。
苏公感遇多游宦,
岂不临风尚尔思。

这是朱熹在开化县马金包山书院的前身"听雨轩"讲学时,所题的"听雨轩诗"。

朱熹(1130—1200),南宋哲学家,孔子之后影响最大的教育家。字元晦,一字晦庵,别称紫阳,世称朱文公。徽州婺源(今江西婺源)人。朱熹在世七十一岁,任官十多年,其余四十多年都从事讲学和著作。他早年主张抗金,反对屈辱求和,中年以后转为消极防守,晚年定居建阳(今福建)。他在训诂考证、经学、史学、文学、乐律以至自然科学方面都有一定的贡献。在哲学上渊源于二程,集周(敦颐)、程(颢、颐)以来理学之大成,为程朱学派的主要代表。其学说一直为后来历代统治者所尊奉。明清时提升到儒学正宗地位。朱熹成为孔庙大成殿"十二哲"之一。他一生讲学,始终不倦,为中国古代教育史上所罕见。

包山,开化县马金镇溪西的一座高大孤山。山上林木郁葱,荆柴丛生,并有几处悬崖峭壁;山的四周有平坦开阔的马金畈、姚家畈、星田畈、徐塘畈和霞山龙村畈1万多亩粮田,著名的钱江源马金溪穿畈而过,养育着世世代代勤劳淳朴的马金人;由于此山在四周许多村庄包围之中,所以人们叫"包山"。现在,205国道的主线和复线均围山而过,交通便捷。此山东侧有数百亩粮田和沙地，唐代以来，一直是马金西村汪氏族人的聚居地，俗称"包山故里"。

南宋淳熙元年（1174），曾任朝廷讲义校尉检法官的"包山故里"人士汪观国（字廷光），"既仁而归"，在其居之左建"逍遥堂"义塾。与其赋性颖悟、博学广闻的国学进士弟弟汪杞（号端斋，时已年老退休），一起作为论道游观、课读子弟之所。汪氏以苏东坡"听雨"诗句铭以轩匾曰：听雨（即听雨轩）。是年，东莱吕祖谦于金华讲学后，应好友汪杞之邀来此讲学。淳熙二年（1175），朱熹参加"鹅湖之会"结束，应两汪老之邀，携其胡氏夫人，亦来"听雨轩"讲学。由于朱、吕的到来，四方学子纷纷慕名求学拜读于门下；南轩张栻、象山陆九渊等当时名人也陆续来此参与讲学；诸位大师联床听雨，赋诗唱和，一时门庭若市，汪氏义塾即扩大学舍，朱熹亲自题写"听雨轩"匾额。《汪氏宋谱》亦记有当时的繁荣兴旺景象和诸位大师的"听雨"诗多首以志其美。

天有不测风云。正当四方名流与学子云集"听雨轩"时，朱熹的胡氏夫人不幸因病逝世于马金。朱熹和所有好友、弟子及马金的父老乡亲，均万分悲痛，众人以各种方式深切悼念大师的夫人。国学进士汪杞亲自为胡氏夫人撰写墓铭："夫人胡姓，派衍安定，望出洛阳。父（讳）瑗仕苏湖二州教授，因随任焉。夫人识见超群，颖悟非凡；曾读书，善能吟咏，尤精女工。瑗翁为选婿，得新安晦庵朱公。公达三才之道，知五品之论。一时过马金包山，而讲学于听雨轩，克集大成，以开后学。夫人以廉谨相规，公亦安然启迪；且能勤俭操持，端严自重；德容清淑，孝敬无违；拟其良君，同享松龄之算，还期福禄无疆。何天夺速，先公而殁，寿三十有二。生于建炎七年九月初九日戌时，终于淳熙二年九月二十日亥时，葬马金包山听雨轩后，辛山乙向，卜宅北也。予与晦庵公友，知其事，述其概，而为铭曰："懿懿夫人，表表仪形；德本贞绝，性惟柔顺；宅北兹土，累世番兴；增广道学，益裕后昆。今铭于石，天地同存！"

朱熹亦含泪亲自撰写祭文悼念爱妻："呜呼！夫人，惟灵之生；坤道是种，如山之静；厚重厥躬，似玉匪瑕；温润其容，谨苹蕃於；时杞致孝，敬而礼隆；声华诞著，盛德拓克；温和恬静，贤达敏聪；淑德之符，内助之功；正宜乐举，案之齐眉，享福寿于无穷。胡天不佑，倏起悲凡；驾彩鸾而遐逝兮，竟往蓬莱；赴瑶池之华燕兮，梦断不回；嗟哉白杨惨淡兮，不能复晤；追维中道弃捐兮，谁为我务？……玉露瀼匕兮，篱菊飘香；触景思慕兮，倍感悲伤；时瞻目观兮，无限凄凉；伤今悼古兮，泪雨沧浪；夫人柩埋兮，院之后岗；洁诚至祭兮，奠以俎觞；……；灵慈不昧兮，鉴此衷肠。尚飨！"

众人满含悲痛以马金地方习俗对胡氏夫人厚葬以后，朱熹仍留在"听雨轩"讲学。同时，他经常到马金所在的崇化乡和邻近的开源乡、金水乡、玉山乡等所属的村庄去游学，并写下许多田园诗。朱熹把满腔的爱国热情倾注于教育事业，平日教人循循善诱，孜孜不倦；他一日不讲学就一日不快乐，对学生充满浓厚感情，因而，深受门生弟子和马金人民的尊敬和爱戴。他依依不舍地离开马金时，受到他的好友、门生弟子和马金父老乡亲携老带子夹道欢送，他欣然写下一篇绝世的《送别》诗，诗云："春风江山锦帆开，送别沙头酒一杯；为客每与先陇念，辞兄又向故乡回。松楸郁郁包山外，第宅巍巍西市隈；归至时思没祀事，清秋有约再重来。"

朱熹离别后，汪氏们遵照他的"学规""学训"，书院办得红红火火。曾就学于朱、吕门墙的汪湜与汪浤，于庆元年间（1195—1200），分别荣登国学和武举进士。绍定六年（1233），汪氏又在"听雨轩"旁扩建学舍，供四方负笈学者住宿。汪湜与汪浤于淳佑五年（1245），年老还乡，在"听雨轩"设朱、吕灵位和塑像，供学子们朝拜。元世祖至元二十六年（1289），汪浤子汪然、孙汪继荣（曾于宋景炎年间登进士）请于省，立教官，以塾为书院。元统元年（1333），书院迁造于包山东麓；元至正十六年（1356）三月十六日竣工，复请于朝，赐额"包山书院"，旨敕汪观国后裔汪庆为山长，以总其事。以后修缮多次，来此求学门生仍络绎不绝。书院与当时浙江较著名的杭州西湖书院、东阳八华书院、婺州正学书院齐名，并列为浙江四大书院。明天启五年（1625），魏忠贤禁毁"东林书院"，政治迫害波及全国，开化马金亦深受影响，书院讲学之事日渐衰息，包山书院因年久失修而废圮。

清初时对书院采取抑制政策，康熙年间才逐渐变为严格监督下的积极发展。康熙十六年（1677），汪氏后裔汪公敬、汪元秋等人上报县批准，集资重建包山书院，历时10载，康熙皇帝闻讯，亲自为书院题写"明伦堂""万世师表""学达性天"等匾额；规制宏丽，可与当时江南有名的铅山鹅湖书院、南康白鹿洞书院、淳安瀛山书院媲美。一时，马金成为浙西的文化教育中心之一。清嘉庆十九年（1814），由马金后山村贡生朱鸣鹤倡议,崇化(即现马金片的二镇三乡)合乡捐资,在包山之南麓,又创建了崇化书院,可惜毁于兵乱。同治三年(1864),乡人以原址偏隘,捐资迁建于包山之阳,为屋一十三楹,名仍其旧。"筑其高厚,轩敞弘肆,拥风麓,对麟峰,控原环河,诚为藏修息游之善地。"宣统元年(1909),改为公立崇化高等小学堂。民国二十七年(1938),崇化高等小学校改组为县立职业(蚕桑)学校。民国三十三年(1944),崇化学校改设为县立初级中学。民国三十五年(1946)秋,县立崇化初级中学迁至县城开阳镇。1950年春,县立初级中学重迁马金崇化初中,实行半工半读,同年秋,又迁回开化县城,为现在的开化中学。

朱熹在马金讲学时间虽不长,但对马金以至开化县广大人民的思想文化的提高和社会进步,起着不可磨灭的积极作用,至今还流传着许多脍炙人口的故事。

(开化县农办)

龙游西金源村

惨遭陷害的忠良胡大昌

西金源村位于龙游北乡石佛乡境内，属丘陵山区，海拔120—841米，由西垣、金村、公平3个行政村合并而成，名取西金源。全村889户，2980人，耕地面积2187亩，林地18766亩。这里四面环山，山清水秀，溪水潺潺，古民居依溪而建，粉墙黛瓦，小桥流水，美轮美奂，美不胜收。

西垣是村委会所在地，古时候，村庄四周建筑有围墙，因为村里人多姓蒋，因此叫西垣蒋。据《龙游县志·氏族考》载："其先阳羡人，宋宣和间，蒋仕泰子贞莆，随康云南渡，卜居西垣村，为其始祖。"村里保存完好的古民居众多，其中的蒋氏宗祠，建于明代，规模宏大，雕梁画栋，2006年公布为"龙游县文物保护单位"，2011年由省政府公布成为第六批省级文物保护单位。

西金源村位于衢州龙游建德三县交界处的深山坞之中，小溪穿村而过，泉水潺潺，小桥流水人家，空气清新，景色迷人，两岸的古民居，小巧古朴，虽是泥土打墙，却牢固如昔。

公平村原来名叫黄堂源，村民多姓胡，据《龙游县志·氏族考》记载："始迁祖行十四，民则，子为法，宋仁宗庆历二年（1042）由金华永唐迁县北二十六都黄堂源，是为龙游胡氏鼻祖。"宋户部侍郎胡大昌即其后裔。村口有神仙桥，桥长8.3米，宽1米，没有桥墩，用条石凌空搭建，依靠压力挤紧，六块条石，两两相依而立，中间没有桥墩，因为设计奇特，胡氏家谱载为高人所建，称神仙桥，载入《中国桥梁史》，不幸在2003年的一场洪水中倒塌。据胡氏家谱记载，神仙桥头曾有一座亭子，造型奇特，重檐八角，人称"八角凉亭"，亭子里绘有宋朝户部侍郎给其后裔画的字画，上面还有宋理宗皇帝的题签，可惜由于年久失修，凉亭于1976年倒塌。

西金源村是南宋京城通往江西的必经之地，大道由东往西，人称

"岳飞路",又叫"北大道""官道"。南宋时,有杭州经过建德至江西的"江右孔道"穿村而过,路面全部用青砖铺成人字形。村口有黄塘桥,建筑于南宋,有剖水桥墩,设计精巧,古朴典雅,至今保存完好。据蒋氏宗谱记载,当年,岳飞在江西为官,多次经过该桥。到20世纪40年代,村头还有驿站,店铺,马厩等遗迹,来往商旅,络绎不绝。后来,为了阻止日本鬼子车马经过,当地民众自发把路毁了,如今,人们还能够在不少路段看到零零散散的青砖。

西金源村重学明礼,耕读传家。"万卷藏书宜子弟,一蓑春雨自农耕。"儒风绵延,书香浓浓,人才济济。历史上有六人中了进士,成为古村的骄傲。宋高宗绍兴二十七年(1157)蒋之才考取进士,任江西贵溪知县,蒋衮、胡则中在宋光宗绍熙元年(1190)考中进士。胡大昌在宋理宗端平二年(1235)考中进士。宋理宗景定三年(1262)又有胡顺昌、胡梦高两人双双考取进士。

其中最为著名的人物当推胡大昌了。胡大昌官居户部侍郎,秉性刚直,清正廉洁,两袖清风,他的父母居住在黄堂源,非常节俭,居住的房子极其简陋,栋梁毫无雕饰,胡大昌写过一首《隐居》诗:"门前新筑一堤沙,后苑浓载五色花。五百丈夫门户立,三千君子绕庭遮。鹅传更漏鸡催晓,莺奏笙簧蜂摆衙。时人问道谁官府,与是山中宰相家。"

关于胡大昌,村里至今有着这样的传说。宋末元初,北方强虏频频入侵,边境不得安宁。胡大昌每天忙于处理朝中事务,无暇把家眷接到京都,安享天伦之乐。所以每每到了夜深人静之时,胡大昌思乡恋亲之情油然而生,夜不能寐。这感动了老家山里的神仙,神仙托梦给他,并给他捎去一件"蜜蜂衣"。神仙说,只要不见阳光,穿上"蜜蜂衣",家中朝廷可以来往自由,来去如飞。这样,胡大昌有了"蜜蜂衣",常常在夜深人静的时候,悄悄飞回家中,与妻子团聚,然后在天亮前赶回京都早朝。由于胡大昌每次都是深夜到家,天未亮便回京都,他不忍心吵醒老母亲,因此,老母亲一直被蒙在鼓里。

春去冬来,细心的老母亲发现,一向老实本分的媳妇,突然变得爱打扮了,经常打扮得花枝招展,以为媳妇"红杏出墙",有了外心,便多长了一个心眼。每天晚上,大家都睡下以后,老人总要竖起耳朵仔细听着屋里的动静。这天深夜,老母亲听到一阵呼呼风响,便赶紧起床,透过窗棂,看到一个黑衣人从天井翩然而至。只见他把一身黑衣脱下来,轻轻放在桌子上，然后闪身进了媳妇的房间。老人本想破门而入，来个捉奸在床，可一想到胡氏乃名门望族，出了这样的丑事，传出去有辱门风，便蹑手蹑足出了房门，把那身黑衣服抱到自己房里，放在床头柜上，再压上茶碗盖——有物证在手，明天看媳妇如何解释？

  第二天天还没有大亮，胡家就热闹开了。原来，胡大昌像往日一样，看天快亮了，便起了床，打算穿上"蜜蜂衣"回京都。谁想到，他来时放在桌子上的"蜜蜂衣"不见了，便在院子里到处翻找起来。这一找，终于吵醒了老母亲。

  母亲开门一看，面前的正是自己日夜牵挂，朝思暮想的儿子，忍不住泪流满面。听儿子说出了事情的原委，知道自己错怪了儿媳妇，便赶紧回房拿出了"蜜蜂衣"。可是，天已经大亮，"蜜蜂衣"已经失去了夜行的功能。胡大昌只得在家待上一天了。

  说来凑巧，那天正是皇上召集群臣商议抗敌大计的日子。皇上发现向来守时的胡大昌没有请假却未到朝，大怒。奸臣乘机煽风点火，说胡大昌有反叛之心，早与异邦勾搭成奸。皇上听信谗言，等胡大昌回到朝廷，便以"莫须有"的罪名把胡大昌关进大牢。多疑的皇上禁不住奸臣们的挑拨离间，竟不容胡大昌辩说，推出午门斩首。可怜在家的老母亲还沉浸在母子相见的兴奋里，儿子却已魂归西天。

  没有了胡大昌的辅助，皇上感觉像少了左臂右膀。后来，皇上才知道胡大昌的确是一个难得的忠臣，可是为时已晚，断头难接，人死不能复生。为了铭记这位忠臣良将，皇上命人用黄金铸造了一尊胡大昌的头像，供奉在金銮殿，早晚祭拜，时时提醒自己"兼听则明，偏信则暗"。故事的真实性已难辨真伪，但是至少可以说明一点，胡大昌是一个两袖清风，一身正气的清官。胡氏家谱记载有理宗皇帝的赠诗《赐胡大昌》，诗云：

   玉轴牙籖焕宝章，簪缨侍列映秋光。
   宴开芸阁儒风盛，坐对蓬山逸兴长。
   稽古右文惭匪德，礼贤下士法前王。
   欲臻至治观熙洽，更罄嘉谋为赞襄。

（邓　林）

> 常山徐村

端直秉公的南宋史学家范冲

走进徐村，学士范冲的塑像立在花丛中，旁边古木参天、绿草青青，给人一种文学气、芬芳气。徐村背倚岿然不动的青山，门临长流不息的绣溪，书香气韵、渔歌晚唱，如今村里开辟出游泳场地，数以千计的人来这消暑、人气极旺。

村文化主题"学士故里、绣溪徐村"，自然因人文而美，徐村有了范冲，文化底蕴就显得分外浓厚。

南宋时期的史学家范冲，字之长，益谦，原成都华阳（现在的四川省成都市）人。他出生于1066年，1094年中进士。南宋建炎元年（1127）因北方金国入侵，他才南渡来到常山徐村（古称叠石）定居下来。

建炎二年（1128）秋天，他又被招入朝廷，为虞部员外，俄出为两怀运副。绍兴五年（1135），宰相赵鼎、张浚共同推荐大儒范冲和朱震为资善堂（皇太子学堂）翊善、赞读（太子老师），后另有详叙。范冲后任翰林侍读学，宰相赵鼎被奸臣参劾入罪，范冲与之姻亲受到牵连被免去职务。后以龙图阁学士奉祠，迁居一江碧水、逶迤东去的常山之叠石（今常山县城北面七里的徐村）。

范冲的祖先范履冰，唐武则天时为春官尚书，履冰的十一世孙范隆，在唐僖宗广明年间（880—881）入四川，范隆的六世孙范镇开始为翰林学士后，范镇、范祖禹、范冲三代人皆为翰林学士。

先说范镇，最重要的成就是历时17年参与《新语书》修纂。

再说范祖禹，他参加了史学名著《资治通鉴》的修纂，单独完成《唐鉴》，《唐鉴》一书在当时和后世都有较大影响。

范冲是范氏家族中第三代史学家，他具体主持《神宗实录》《哲宗实录》，尤其以重修《神宗实录》而著称于世。

范氏三代人先后在史馆任职，作为主力参加或主持了一些官修的史学巨著、名著，也独自撰写一些史书。范家为中国史学作出了贡献，堪称史学世家。

由于范冲在史学上作出贡献，因此也结交了许多有名望的人。

范冲与苏东坡是忘年交，苏东坡有首诗名为《与范元长十三首》之一为证。

范冲与赵鼎为姻亲，范冲儿子范仲熊娶了赵鼎的女儿，范冲去世后，赵鼎写了一首《怀范长龙》诗。

赵鼎是南宋名臣，《宋史》评价赵鼎为"中兴贤相"，气节学术彪炳史书。

范冲与岳珂是世交，《范元长观梅诗帖赞》讲的就是斯事。范冲不畏权势、不怕艰辛，在中国史学上留下了英名，为人民立言、立功、立德。

范冲在建炎中，任衢州知府。绍兴年间，他应诏修《神哲两朝实录》，写《考异》一书，明示去取，旧文以墨书，删去者以黄书，新修者以朱书，世号"朱墨史"。

编撰史书的人，应持春秋之笔，不以个人好恶，秉公直书，范冲在编写《实录》时，在历史面前，正确取舍，并且对编修中，明确地表示取舍的地方，原文呈黑色，删掉呈黄色，新编内容呈红色，让人一看就明白，在《考异》一书中，哪些是原材料，哪些是作者摒弃的，哪些是作者新撰的都很清楚。

绍兴中期，隆祐皇后做生日，皇上召范冲兼负责史馆工作，皇上告诉范冲："两朝大典，皆为奸臣所坏，故以属卿。"意思是说前后的两朝大典都被奸臣破坏了，所以请你来写。范冲接受后，在两朝大典中否定了王安石变法，也写了奸臣蔡京误国之罪，皇上极为赞许。

范冲在编史过程中，尊重原著，剔除糟粕，标新立异，不畏权贵，不辞劳苦，为人民写史，为人民立言。

建炎中期，范冲在衢州任过知府，后赴金华任知府。他在任时秉公执法。

据传，范冲在任时，经常带一衙役微服私访。有一次，他走到郊区一家店肆里，一些人都在议论一个财主怎样强占别人土地财产，当他深入调查之后，发现果有其事，便派人把这财主捉拿归案。

经审讯，财主承认自己行为不轨，以权势霸占别人田地财产，范冲根据财主悔罪程度予以处置，当地人民听说此事，纷纷赞许，说知府真是个

"青天老爷"。范冲到金华，办事也是一样，办案时深入民间，明察秋毫，公平公正。两任知府，鞠躬尽瘁，为人民立功。

绍兴五年（1135）宋高宗命皇太子拜范冲为师，每日带着皇太子课读不辍，皇上见太子有长进，心中感到欢喜。他常吩咐皇太子要尊重老师，读书要专心努力。后范冲任翰林侍读学士，以龙图阁直学士奉祠。皇上爱好《左氏春秋》，命范冲与朱震专讲。当时重臣张浚在长沙，竭力推荐范冲与朱震两人，那时有"冲、震皆名德老成，极天下之选"之说。

皇帝赏识范冲，对范的评价是："宜有端良之士以充辅导之官，博观在廷，无以易女冲，德行文学，为时正人。"这句话意思是，应有品行好的人取做辅导官，全面看一下朝廷里的人，没有人可以与范冲比，范冲的道德、文学水平是当时最好的。

范冲重义气，乐于做善事。编写《资治通鉴》的司马光去世后，其儿司马康尚年幼，生活已到了食不果腹、衣不蔽体的地步，范冲找到司马康，当即把他带到常山的家中，当作自己的儿子一样对待，抚养其长大。

范冲一生乐善好施，为人民立德。

范冲离任衢州府后，去了金华，仍任知府，绍兴十一年（1141）年初，范冲不幸患病在榻。毕竟当时他已高龄七十有五，且一生劳碌、疲惫不堪，古时医术落后，医家面对瘦骨嶙峋的范冲仰天长叹、无药可救，一代忠臣在这年岁末的一个风雨交加的日子里撒手人寰。

去世后，家人扶柩送至常山县黄岗山永年寺旁下葬。

（常山县农办）

> 平阳钱仓村

深得朱子之心的史伯璿

在钱仓村北面钱仓山的西南坡上,有一块巨岩,名为烟台岩,很平整,上面刻了一行端端正正的大字:"元儒史先生墓。"这是清乾隆年间平阳著名县令何子祥所题,墓中长眠的就是平阳先贤史伯璿先生。清代曾任浙江巡抚、学政的乾嘉学派领军人物、一代文宗阮元把此墓列入《两浙防护录》,作为省级的"文保单位",加以保护。史伯璿是平阳历史上一位重量级的元代学者,与南宋著名诗人林景熙齐名,一诗人,一学者,都闻名全国,并称"林史"。明代《永乐大典》都引用了史先生《四书管窥》,清代《四库全书》把史先生的《四书管窥》《管窥外篇》两部著作都收入,这在平阳县的历史上是很少的,纪晓岚在《四库全书总目提要》中说他"深得朱子之心"。

发愤读书

史伯璿(1299—1354),字文玑,平阳县钱仓人。他的名字与天文有关,"璿玑"是指天上北斗七星前面的四颗星星,也指古代观测天象的仪器。他自号牖岩,"牖"就是窗户的意思,以山上岩石之间的空隙作为窗户,通过这个天然的窗户,他深处书斋,也可以"窥天",不时观察日月星辰的分布、运行。

史伯璿出生于元朝成宗大德三年,国家初定,百废俱兴,大家都在努力学习国学(儒学),儒家的思想正在重新兴起,尤其是朱熹的理学受到了朝廷的推崇,他也像不少读书人一样进行了深入的研究。

史伯璿不像历史上一般大学者那样很早就受到良好的家庭教育,也没有"神童"之说。直到他23岁时,才用功读书。他知道自己如果照一般人一样,从简单读起,按部就班就会太慢,结果读不出成绩来,所以一开始有些"饥不择食、慌不择路"的味道。他从我国传统经、史、子、集中选了二十几种经典著作,混在一块,每天学习。读了一两年,没有心得体会。这样下去不行，他就又从中精选了《四书》和《尚书》《周易》，熟读这三种书，如果还有精力，才读其他的书，这就是我们经常说的要"精读"和"泛读"，两者缺一不可。

隐居青华山

钱仓风景秀丽，自古是南雁荡山风景区的一部分，很多人慕名而来。五代时吴越王钱俶曾在凤山南麓的宝胜寺住过一夜，留下了钱王一宿楼的佳话。在凤山及其西边的青华山上有很多奇石，自然有不少岩洞，冬天温暖，夏天凉爽，适宜隐居。

南唐时永嘉（指今温州）严永不做官，把自己的衣冠藏在钱仓青华山上的一块岩石下面，所以有了严公岩。宋元间黄本英隐居在凤山的一个岩洞中，所以也有了黄石公洞的名称。史伯璿隐居在青华山教书著书，原诗文集为《牖岩丛稿》，后来散落，后人又重新编辑，就取名为《青华集》。到了晚清，鳌江王理孚也带着门生来青华山读书，他的学生中有两个是钱仓本地人，后来都成为当地的宿儒，一个是民国将军谢力虎的父亲谢静斋（原名卿安），另外一个就是南洋文化巨子温平的父亲温简言（学名让，字谦益），他们都是在青华山受到了史先生的影响和熏陶。

有一天，他的好友周觉（字天民）问史先生："先生读圣贤的书，又对当代的事务很内行，却在这里隐居养亲，不追求名誉和地位，难道坚持这样，是为了沽名钓誉？还是以独善其身为乐，向来就没有求取功名、发财致富的志向？然而终身局限在钱仓小范围，没有到全国各地去游览，恐怕你的见识有限，跟不上外面的世界，怎么办？"

史先生却说："读书人都有自己的志向，都要尊重。我年纪已大，家中又有老母，对功名、做官不再抱侥幸的心理。你现在刚好壮年，国家又是在盛世的时候，就应当到全国各地走走……哪天你回来了，如我还没有死，就向你请教，用来丰富我的知识，不是很好吗？"明确提出了自己读书是为了修身，不是为了做官的。

《四书管窥·大学管窥》中有"先师郑冰壶"一说，可见郑冰壶就是他的老师。冰壶是林景熙好友郑朴翁的孙子，对《尚书》等很有研究，也住在钱仓。明末清初浙东学派创始人、著名思想家黄宗羲把史伯璿、鳌江蓝田人陈刚和昆阳人章仕尧三人写进了他的学术史名著《宋元学案》中。史先生的得意学生有黄岩徐宗实、金华李一中，本县的有徐兴祖、陶公任、章廷瑞，其中最有名的是明朝兵部右侍郎徐宗实和"横阳先生"徐兴祖，前者弟子有大学士黄淮，后者弟子有翰林院庶吉士张文选，这黄、张两人就是史氏的再传弟子，他们无不用自己从老师那里学来的学问施政，在明朝政坛上发挥了巨大的作用。当时平阳已升为州，知州岳祖义非常看重史先生的学问和品格，曾亲自登门拜访，向他请教赋役、盐法等问题。

精通天文地理

史伯璿主要研究朱熹的《四书集注》，他把宋、元间各家研究《集注》有误的地方一一加以辨析，历时30年，著成《四书管窥》。元代著名诗人陈高作序，说他"笃信坚守"朱熹宗旨，有功于朱子。明代大臣、学者杨士奇在《东里集》里，清代著名诗人、学者朱彝尊在《经义考》里，都把此书加以著录。明朝《四书大全》《性理大全》《永乐大典》都引用了此书。

他还著有一本《管窥外篇》，其中对天文、地理、历算、田制等都有很深的研究。尤其是对月食之成因，继承了东汉天文学家张衡"暗虚"说，"旋乾转坤"，提出了"地影"说，他说："恐暗虚是大地之影，非有物也。""与泰西天学家论月食为地影之说正合"（刘绍宽语）。这个观点，到了两百多年后的明万历年间（1573—1619），才由欧洲传教士传入我国。元朝当时学风特征是大家都在空谈心性，史氏能务实，造诣非凡，确实远远超过了当时学者。

史先生读圣贤书，并不是两耳不闻窗外事，除了关心"天上"，也关心"地上"，他对钱仓兴修水利的事就特别关注，这也是朱熹理学精神在事功上的表现。他写了《上河埭记》《作上河埭疏》等好几篇文章及诗词，积极建言献策，如在《与作埭头首论事宜书》中说："今梅溪以全都之水，其源之大者有三，其余之小者不下六七十处。其山最高，其地最广，东距州治，北抵章安，而西则可接乐溪诸处。四面回环，近将百里，其深如此，其流可知，必有十数都之地为之河道，使之水得以周旋游荡乎其间。"到了清乾隆三十四年（1769），县令何子祥根据史先生总结的经验，自钱仓至埭头开新渠，引梅溪水汇入小南塘河，灌溉了小南平原七万余亩的农田，水旱无忧，瘠土成沃壤。后来人们在钱仓城东建造了何公祠，用来祭祀这位父母官。

民国著名学者刘绍宽著有《厚庄日记》。其中记载民国三十一年（1942）三月廿二日"得李佩秋上海书，谓在康南海家见史文玑《管窥外篇》元椠本，字大如钱。《四库提要》谓清吕氏前无刻本，盖未之见也"。康南海就是赫赫有名的维新运动领袖康有为。吕氏就是清康熙时平阳著名学者吕弘诰，曾重修《平阳县志》十二卷，康熙乙亥年首倡集资刻印《外篇》，他在后记中说："先生之流风余韵，沦浃于人者，如此其深！"民国时期政治家、实业家黄群在上海校辑出版《敬乡楼丛书》，由刘绍宽校第三辑，其中就有此两书，再次向全国推出。

身后推崇

从明、清以来，史氏受到很多县令、学者的表彰。明代平阳知县王约在钱仓史氏故居前建史先生祠，并在县城南门外立了"东海真儒"的牌坊；知县何钫在坡南学宫旁边建林、史二先生祠，祭祀林景熙、史伯璿。

清代雍正时知县张桐上奏朝廷，敕他在钱仓史氏的故居前又重建史先生祠。后来知县徐恕在坡南又重建林、史二先生祠。乾隆时知县何子祥在县城南门外立"文谢齐芳""程朱绍美"的林、史二先生牌坊，并且在凤山南麓的史伯璿墓上方烟台岩上端端正正地写了"元儒史先生墓"六个大字，让后人瞻仰，以示不朽，这摩崖石刻具有很高的历史价值。乡人赵玉亘、陈楫等人又捐资重建钱仓史先生祠，清中叶平阳唯一学者、全祖望再传弟子叶嘉棆写了《史牗岩先生祠堂记》，还写《谒史牗岩祠》诗，其中道："东海真儒拜墓田。"进士张南英儿子、著名诗人张綦毋在《重题史先生祠》诗中写道："千秋业就名山隐。"晚清全国一流学者吴承志来平阳任训导，非常钦佩史氏，捐出自己的薪水来修墓，还准备自己先捐出年薪的一半来倡导修建史先生祠。

后来钱仓、坡南两处祠都坏了，民国七年（1918）把县城西门外白石亭的节孝祠改建为宋元四先生祠。民国十二年（1923）又移到北门外文昌阁内，现在也不存了。

20世纪80年代，史先生墓被列入县级文保单位。2014年，刚好是史伯璿逝世660周年，整整十一个甲子，清明期间，钱仓村村主任周仁多先生带着人员到史先生墓扫墓，看到一片荒凉的情景，杂草丛生，几乎没有路可以上去，他就决定修路造亭，接着前人表彰先贤。到年末，整个陵园焕然一新。请全国著名书法家温州马亦钊先生撰写了亭名"文玑亭"和楹联"自古齐名誉林史；从今并世挹芬芳"。

薪火相传，史伯璿先生的影响是极其深远的，给一代又一代人树立了学习的榜样，其精神必将发扬光大，传之弥远。

（陈　骋）

台州黄岩前蒋村

《脚气集》作者车若水

括苍钟灵，澄江毓秀。宋宁宗嘉定三年（1210），黄岩西乡讴韶村车倬家中一个婴儿呱呱坠地。他就是后来的南宋台州十大儒之一、著名理学家车若水。

车若水（1210—1275），字清臣，号玉峰，家学源远流长。曾祖父车瑾、祖父车似庆都是远近闻名的学者，父亲车倬才高学博，为乡里所倚重。车若水生长于书香门第，自幼聪颖绝伦，读书一目十行，过目不忘，并养成了勤学好问刻苦钻研的好习惯。稍长，拜陈耆卿、陈文蔚和杜范等名家为师，还跟叔父车安行学过"太极先天，阴阳五行"之学，从而他能闻一知十，触类旁通，卓然不群，青出于蓝。后来他与柔极村黄超然一起，拜著名学者金华王柏为师，并深得朱子三传（朱子传黄干，黄干传何基，何基传王柏，故称"三传"）之学，使其所学知识融汇贯通，自成一家。

车若水被列为"南宋台州十大儒"之列。著有《道统录》，记述先秦至宋代各种思想学派传承和精要内容，并予以分析评论，这部巨著受到著名理学家王柏极高评价。车若水还著有《世运录》《宇宙纪略》《玉峰冗稿》和《脚气集》，被列为南宋台州史家12人之一。

自成一家的车若水不慕荣利，视富贵如浮云，却把钻研学问看得很重。因此，台州知府赵景纬以遗逸荐，之后吏部侍郎杨文仲（邻村杨岙人）又以名士与王柏并荐，之后丞相贾似道拟再聘入史馆都被他婉言谢绝。因他压根儿对官场不感兴趣，淡泊功名，宁静致远，清风劲节，世所钦仰。而台州知府王华甫礼聘他为本府上蔡书院主讲，则欣然应聘。学而不厌的车若水讲学东湖，传道授业，释疑解惑，口讲指画，谆谆善诱，诲人不倦，为当时国家培养了大批人才。车若水一生布衣蔬食，生活清贫，专心从事考据和讲学，著作等身，桃李满天下。

车若水为人严谨，不苟言笑，但具有非凡的人格魅力。他的朋友胡立方说，若水相貌清瘦，口才不好，衣着朴素，看起来是一个道道地地的山野之人。但与他交往一段时间之后，朋友们无形之中会受到他的影响：胸襟狭窄者，变得宽阔了；思路闭塞者，变得活络通脱了；知识浅陋者，变得丰富而深广了。因此，许多人都乐于与他交朋友。

南宋咸淳十年（1274）八月，65岁的车若水年老体衰，又患严重的脚气病，彻夜难眠。烦躁之极信手记录早年治学中一些考据小品文，以及南宋重大史实，聊以解闷。这年冬天特别寒冷，车若水足不出户，以一冬时间写成，取名《脚气集》。稿成的第二年春，车若水逝世。元初，其从子作跋说是"绝麟之笔"。

《脚气集》虽然书名古怪粗陋，却有重要的史学价值，被清代《四库全书》收集，而且"提要"字数超过一些洋洋数万言的名著，评价较高。《脚气集》是议论文，作者就事论理，一针见血，入木三分。他在该书第42章中明确指出，儒家《十三经》之一的《周礼》（汉郑玄著，唐贾公彦疏）历经千余年的辗转抄录后，因各家批注穿凿附会，以讹益讹。加上古代文字用刀刻在竹简上，竹简用牛皮筋贯串成册，读书时翻动的次数多了，串竹简的牛皮筋断了，"编帙散乱，俗儒补葺，不得其说"。许多人都说《周礼·冬官》早佚，车若水认为《冬官》并未失传，而是错简，肯定《冬官》不亡，散在"诸官"之中，而《地官》尤多。

《脚气集》所有文章，以揭露南宋秦桧是金国派遣内奸最有史料价值。秦桧是否金国派遣的内奸，朝野一直争议不休。"他人有宝剑，我有笔如刀。"车若水在《脚气集》第82章中，以极其犀利的笔锋把秦桧当朝一品的画皮剥了下来，将他卖国求荣的汉奸嘴脸淋漓尽致地揭露出来。车若水根据金国最高决策者于天会八年（1130）在"黑龙江之柳林"召开灭亡南宋的策略（经过150年后"柳林会议"内容"解密"），认为秦桧归宋当上丞相，按既定计谋，"废刘锜、韩世忠、张浚、赵鼎，杀岳飞，而南北之势定"。金主完颜宗弼命宋高宗赵构，不得更换秦桧丞相之职，"誓书之中，必令不妄易首相"。而秦桧在南宋推行投降卖国策略，造成南北"定南疆北界之划"的局面。车若水说，秦桧欺骗南宋君臣人民，说自己是从金国南逃归宋，并不是金国内奸，不料日后由金国官员张师颜所写的金国迁都汴京事实的《南迁录》一书，流传到南宋，详记秦桧回国阴谋。枢密院编修官胡铨上疏，请斩秦桧及奸党孙近、王伦，以谢天下。可是自南宋初至今百多年来，还有人为秦桧开脱罪责，真是令人痛心。

车若水的这篇文章，用事实揭露秦桧是内奸，所犯下滔天大罪，又感叹一些人的麻木不仁，颠倒黑白。南宋罗大经《鹤林玉露》说："兀术用事侵扰江淮，韩世忠邀之于黄天荡，几为我所擒，一夕凿河始得遁去。再寇西蜀，又为吴玠败之于和尚原，至自剃其须发而遁，知南军日强，惧不能当。乃阴与（秦）桧约，纵之南归，使主和议。桧至行都，绐言杀虏之监已者夺舟得脱见高宗。"车若水《脚气集》和罗大经《鹤林玉露》，是南宋当代两篇揭露秦桧檄文，受到后世元明清史家的重视，在编写南宋历史时，当作重要史料。近年出版有关秦桧的传记中，《脚气集》被援引作为秦桧叛国南归的铁证。

车若水的《脚气集》被收进《四库全书》，还作为宋元时期的重要笔记丛书。1990年8月，上海古籍出版社将《脚气集》作为宋元著名18种笔记之一，重行刊印。

（严振非）

仙居上林村

林氏忠孝代代传

仙居县城之东 20 里，有山曰介山，介山脚下，有村名上林。

唐乾符年间（874—879），始祖林任自福建长溪盖竹，徙黄岩，转迁居于此。建村 1130 多年，世代源流，孙枝繁衍，为仙居林氏之祖地。

上林，人文丕焕。宋林绍祖是林氏族人中进士第一人，而后出 10 名进士。明应麒之为官，明应禄之济世，清孙枝之博学，民国远来之从戎，皆为后世之楷模。当今，林氏族人秉承崇学思想，重教好学，耕读传家，代代相传，人才辈出。

现保存在福应街道断桥上宅村的攀龙附凤牌坊始建于明代，是仙居唯一保存完整的官员功德牌坊。牌坊的建筑结构为门楼式，四柱三间三楼，高 9.82 米，通面阔 9.23 米，气势宏伟而古朴。牌坊之正面题刻"攀龙鳞"，顶部阴刻"思荣"；背面题刻"附凤翼"，顶部也阴刻"思荣"。额枋和构件正反面均镂雕有人物走兽，造型优美，神态生动。其雕刻艺术玲珑剔透，巧夺天工，具有很高的艺术价值。

这个历经沧桑的牌坊，记录的是怎样的一个故事呢？追根溯源，系明代朝廷为表彰林应麒勤政爱民，刚直不阿，政绩显著而建造。

林应麒（1506—1583），字必仁，号介山，从小天资颖特，博览群书，被称为林童子。嘉靖十四年（1535）进士及第，授吴江县令，后历任金溪县令、云南提举、惠州府同知。林应麒秉性亢直，为官刚正，不畏权贵，爱民如子。在惠州府任同知期间，"尝署郡事，厉精悉虑，竟日听讼，剖枉伸直，迎刃而解"，后因得罪权奸严嵩等，被弹劾罢官。林应麒的晚年生活十分凄楚，罢官居乡本属无奈，偏逢这年头倭寇接连肆虐仙居，尤其是嘉靖三十五年（1556），倭寇盘踞县城四十多天，浙江巡抚阮鹗与台州太守谭纶合剿倭寇，倭寇东逃，追到断桥一带歼灭。当时断桥是被倭寇蹂躏最惨的地方，林应麒家几经寇乱，生活拮据。但林应麒"其牢骚抑郁不得伸之气，时抒泄于楮（纸）墨间"，所著《介山稿略》二十卷。

历史上林氏族人崇孝道，亲睦邻，正礼节。林源、林蕙、林德理、林魁、林茂、林应禄等辈，虽富甲一方，但都能共襄善举，或则造桥修路，改善交通；或则创设私塾，培养人才；或则义仓积粟，救济穷困……彼等善行义举，值得后人学习。

与林介山一样，上林村人才辈出，都堪称后世楷模：

林源，字彦清，宋宝庆二年（1226）生，林懿之父。乐善赀雄于一乡，饥寒困乏获济甚众。

林蕙，字文叔，评事，林泽孙，其子林济舟。性慷慨好施，每遇严寒深雪时，早起四顾，里有朝烟不作午户不启者，辄送以米炭。景定二年（1261），蝗食禾，饿殍枕藉于途，捐廪以赈不给，复罄所有易粟继之，家由是日落，终不之悔。

林德理，字恩道，元朝至正六年（1346）生，倜傥有才，善理家政，资其厚，置产遍六邑，乐善好施。

林魁，字文魁，号存诚，明永乐十五年（1417）生。其一生乐善好施，孝父母，睦乡里。幼年丧父，养其母，能得其母欢心；厥弟年尚稚，择高门为之配；弟所居弗戒于火，悉以自资材植完之；叔立本有女少孤，备妆奁遣之；母舅无子，筑室以居，置赡田终其身。明咸化年间，施粮于民。

林茂，字世盛，号率介，明景泰元年（1450）生。任本县医学训科。积学励行，好贤爱士，孝祭悉遵，济贫恤困，宗族孤女则择配以遣之，不能葬者则给棺以安厝。宏治二年（1489）赴闽寻根谒祖，源流多说得以正之。

林应禄，字必英，号北山，明年（1474）生。仙居知县举他为东仓义宰。富甲仙邑，义仓积粟，救济穷困，建造乐志堂以娱亲，构筑月渡桥以眺先茔，经营水竹亭以供觞咏，筑祠堂以祀宗祖，办私塾以训子孙，修宗谱以溯本源。

林承岐，字光廷，号支山，其生平事亲孝，善兄弟，睦乡邻，忠厚处事，勤俭治家，临财不苟，见义必为。乾隆三十四年（1769），主持重修宗谱。

林远来，字乃宾、雁远，1905年生。戎马一生，爱家爱国，情系家乡，1993年捐资3万美元，为断桥小学建教学楼，1998年重修宗谱又捐资5000元人民币，为名誉首事。

慈孝是伦理道德的基本规范。俗语云"百善孝为先"，林姓人不但是孝道的实践者，还把孝与忠结合起来，"忠孝传家"成为林姓文化的核心，也是林姓文化的显著特点。

所谓"忠"就是为国尽忠。林姓较他姓大有不同的地方，是真正地为国家、为民族的利益着想。林姓始祖比干在三千多年前杀身以成仁，成为为国尽忠的典范，此后，对国家和民族的忠诚被林姓人一代代地继承了下来。如唐代的林慎思，宋代的林冲之，明代的林公辅、林文贵，清代的林凤祥、林绍璋、林觉民等，都以自己的鲜血报效了国家，为实现"忠"的理想献出了宝贵的生命，谱写了一曲曲爱国主义的赞歌。

所谓"孝"是指对于父母和祖先的敬仰，是林姓人做人最基本的准则，也是林姓人传统的美德。林姓以孝知名的人物代不乏人。唐代莆田人林攒奉母至孝，感动了苍天，甘露三降，白鸟再集，朝廷诏立双阙。林姓堂号之一阙下堂即由此而来。历代林姓孝子贤孙的故事，代表了林姓人发自天性的父母观和宗族观，其基本核心便是孝，与其始祖比干对国家的忠诚一起，共同构成林姓人亦忠亦孝的家风族风。这种忠孝并重的家族家风还被写进族谱里，成为历代林姓人竞相实践的做人准则。在《林氏家训》中，"崇孝道"被放在首要位置，并说"孝"为人立身之根本，只有具备了"孝"，才能把孝心化为忠心。一个人如不能孝于父母祖先，必然不能忠于国家、友于兄弟、睦于宗族、笃于乡里、合于社会，反而会成为社会的蠹虫。只有孝于父母、忠诚于国家，才能具有忠与孝的良好品德，才能算是一个在品德上合乎"忠孝传家"传统家风的林姓人。

林姓的族规家训中还具体规定了实践孝道的方法。如对在世的父母，无论自己穷富，都应以奉养为先，即使贫穷一点，但只要顺从父母之意，和言悦色，也算尽了孝道；不能貌奉心违，给父母带来忧虑；作为儿子，不但自己要孝顺，还要教导妇女孝顺；人子分家之后，奉养父母应尽其所能，不能稍存吝惜、互相推诿，否则便是大不孝，将为社会所不齿；人子事亲，出门时间长必须告知父母，从外归来也应面谒父母，等等。这些对"孝"的提倡和规定可谓细致入微，充分体现了林姓人以孝治家的优良家风。

上林人继承和发扬"忠孝传家"的优良家风，按《林氏家训》践行孝道文化，做到忠于国家、孝于父母、友于兄弟、睦于宗族、笃于乡里、合于社会。

（仙居县农办）

龙游童岗坞村

精藏善读的书商童珮

龙游县塔石镇童岗坞村，在明嘉靖、万历年间，村中的童氏家族中涌现出不少商人，其中有的影响很大。

村中童彦清是往来吴越之间的书商。童彦清的儿子童珮，自幼就随父亲贩书于苏州、杭州、常州、无锡等地，后来又继承父业贩书为生，一直过着一种清贫漂泊但又自由自在的行商生涯。他因贩书而读书，因读书而藏书、编书，并有诗文集刊行，可谓商人与文人兼于一身，是龙游商帮中儒商的代表人物。

童珮，生于明嘉靖二年（1523），卒于明万历四年（1576）。他幼时"家贫，不能从塾师"（王世贞《童子鸣传》），但职业使他长期受到书的浸润，"日与之居，其性灵必有能自开发者"（归有光《送童子鸣序》）。再加上他的勤奋，"喜读书，手一帙坐船间，日夜不辍，历岁久，流览既富"，终于学有所成，不但能够写诗作文，而且"尤善于考证书画金石"（民国《龙游县志·童珮传》）。

学养既丰，也就有了和文人学士打交道的本钱和共同语言，当时和童珮关系密切的知名文人主要有以下一些：

人称"震川先生"的昆山人归有光（1507—1571），是有明一代的散文大家和文学宗师，童珮想投身他门下，向他问学求教。归有光还写有《送童子鸣序》传世。文中提及"子鸣依依于余，有问学之意"。在批评了一通当时读书人"内不知修己之道，外不知临人之术，纷纷然日竞于荣利"的现象后，归有光又对童珮"鬻古人之书，然且几于不自振，今欲求古书之义"的不求荣利、一心向学的行为深表赞赏，但也怕他因此而"愈穷也"，所以在童珮"岁暮将往锡山寓舍还太末"之时"书以赠之"。流露出归老夫子对童珮那种既欣赏又同情、也还有一份不忍的复杂心情。

在文学史上居"后七子"首领地位的太仓人王世贞（1526—1590），

居文坛魁首之地位，又官刑部主事之职，在所写诗中，把童珮的为人概括为"隐能逃小贾，穷不废长吟"。童珮死后，又作诗表达那"泪向吴江尽，恩偏越峤深。山阳夜中笛，肠断不堪寻"的悲痛，可谓是情深谊重。

文学家，苏州人王穉登（1535—1612），曾为童珮所编《徐侍郎集》作序，童珮去世后又主持了《童子鸣集》的编印，在序文中更是对其学习的刻苦和谦虚诚实的品格赞叹不已。

文学家，兰溪人胡应麟（1551—1602），和童珮交谊最深。一方面因为兰溪为龙游邻县，来往方便；另一方面因为胡应麟也是个不入仕途，专以著述为乐之人，二人意气更为相投。这在胡应麟所作悲悼诗中也可看出："海岳谁高蹈，丘园有独醒。下帷头自白，避俗眼常青。"这是写童珮的不随世俗。"向来携手地，凄绝子期弦。"这是抒发对童珮去世的悲痛之情。二人的知己与情谊，不言自明。

还值得一提的是当时的衢州知府韩邦宪。韩邦宪未做官时，曾在旅舍中偶遇童珮，两人因谈得投机而成为朋友。任知府后，韩曾专程去龙游乡下访童珮，山坞中人从未见识过知府驾临的排场，都拥来观望。只见两人吟诗相和"至夕始去"。当时韩邦宪很想为童珮改善一下条件，却被他以"甘田中食，不忧馁"相谢绝。后来韩邦宪在任病逝，童珮徒步前去送丧。

在中国藏书史上，童珮也占有一席之地。在吴晗所著《两浙藏书史略》一书中就有关于他的记载。顾志兴著《浙江藏书家藏书楼》一书，对他有这样的评论："龙游童珮不仅藏书，还刻书，在浙江藏书史和出版史上都应有一定的地位。"这也得益于童珮的贩书生涯，在贩书过程中，他每遇善本便藏之不售，因此所藏多善本。胡应麟曾见过他的藏书目录，并兴奋地去信说："得足下藏书目阅之，所胪列经史子集皆犁然会心，令人手舞足蹈。"可见其藏书数量与质量的不凡。

童珮生平编过两部书，一是曾任盈川县令杨炯的《杨盈川集》。杨炯是位列"初唐四杰"之一的名家，其文集到明朝时已无存，经童珮从各种旧籍中搜辑遗文，共得诗赋42首，序表碑铭志状杂文29篇，编为10卷。一是《徐侍郎集》。徐侍郎即徐安贞，唐玄宗时供奉内廷为中书舍人，掌管制作诏书，后授工部侍郎、中书侍郎，深得玄宗赏识，"帝属文多令视草"（《新唐书》）。《全唐诗》收录其诗11首。"公后相传有集凡若干卷，亦散漫不复见，此诗赋杂文十有三篇，往余得之断碑脱简。"

（童珮《徐侍郎集序》）杨、徐二人，一为龙游地方官，一是龙游人，童珮搜寻残存，为他们编文集，其用心当出于桑梓之情。另外，童珮还和曾任临武知县的龙游人佘湘合纂万历丙子《龙游县志》十卷。童珮还发起建龙丘祠以纪念乡贤龙丘苌，使先贤业绩得以弘扬。可见他对乡邦文化的贡献也是功不可没。

童珮死后，人们把他的遗文编成《童子鸣集》六卷，其中诗四卷、文二卷，王穉登作序。文集被《续文献通考》所著录，也为《四库全书》存目。《四库提要》描述童珮写作的认真说："闭户属草，必屡易而后出，出则使人弹射其疵，往往未惬，并其稿削之不留一字。"

童岗坞童氏族人素有诚信经商的优良传统。童珮父亲童彦清就被王世贞誉为"不寝然诺"，是个讲信用的人。童珮的伯父童庆"为人峭直无私，不妄贪利，不循枉道"，是个恪守商业道德的人。叔父童富则乐善好施，"损人便己之事，虽小不为；济困扶危之举，虽费不惜"。族兄童巨川享有"居心正直"之誉，童洋则被评为"家风为一时之最"。作为一代儒商，童珮在商业道德和为人操守上，也多有可传之处，最突出的表现就是淡泊名利和洁身自好。

据王世贞《童子鸣传》记载，童珮贩书的一个主要地方就是梁溪（今无锡），"梁溪诸公子心慕之，争欲得子鸣一顾以重"。他与这些公子哥儿们也"时时有所过从"，这自然是出于生意上的考虑，但如果想要控制他，那就不能了。当时的宗室太保朱忠僖和其兄恭靖王，想请他来评鉴家藏的字画，两人设法请和童珮要好的人把他"挟之都"，而童珮到他们家后"焚香啜茗评骘字画而已，不复言及外事"。兄弟二人想把子鸣留下来做门客，可他"一夕竟遁去"，来了个不辞而别。商人总是要言利的，而童珮却为了维护自身的人格尊严和人身自由，放弃了攀附王孙公子的大好机会，显示了他的儒商风采和书生本色。

童珮一生以贩书为生，却能成为颇有影响的藏书家，并以文名为士林所重，这在他的那个时代来讲实属不易。他从商人中脱胎而出，以文人身份和读书人交往酬酢，他的商业活动也就有了一般书商所难以具备的便利条件，这对现今从事商业活动的人们来讲，很有一些有益的启迪和借鉴。对于如何在逆境中发愤，如何保持独立的人格和清白的操守，如何正确处理"利"和"义"的关系，童珮的事例也是值得人们深思的。

其实童冈坞童氏之始迁祖珍四公，就具有商业头脑。《桐冈童氏族谱·珍四公传》说:"公世居寿昌杜田,曾九公六世孙,宣六公之长子也。元末丧乱,赋繁役重,至正八年,避地来此,赘于胡氏之家。携有赢资,就此经营鱼盐菽粟、布帛之货,锐意生殖,渐致富饶。洪武初年,编为龙游土著之民。"可见童氏族人原本就有经商传统,是靠经营商业才得以在龙游立脚开基。其族谱的《宗规十条》中,就明确指出:"士农工商,各有常业;九流艺术,亦有专家。"在重农抑商的传统社会,如此见识是难能可贵的。而童氏族人中那些敢于经商、善于经商的族人,也无愧为珍四公的孝子贤孙。

(劳乃强)

温岭琛山村

把藏书当成志业的金嗣献

任继愈主编的《中国藏书楼》和项士元《浙江藏书家考略》，是研究藏书史的权威之作。在这两部著作中，都不约而同提到了台州著名藏书家金嗣献。金嗣献，温岭市温峤镇琛山村人。琛山金氏在当地是个望族，不但财富赀雄于乡，在政治上也占有一定的地位。聚族而居的金氏一族受明清朝廷诰封（赠、授）为荣禄大夫、奉政大夫等五品以上品衔的，现有据可查的就有36人之多。金氏历来重视读书和文化，在这样氛围中成长的金嗣献耳濡目染，自然容易对书产生情感。

金嗣献藏书以积三代之功，可谓是藏书世家的自然继承者。祖父金寿祺字祉受，号苹斋，作为地方上有名的饱学之士，还曾参与编写《太平县志》。据黄岩王舟瑶所撰《金苹斋先生墓志铭》云："君性爱储书，而于乡哲遗著犹拳拳，收藏綦富。君殁十年，家不戒于火，悉委灰烬。……卒在光绪庚辰二月，年四十六。所著有《两论题解集证》《鸿楼书屋诗抄》《师果斋文钞》共十数卷。"关于金寿祺的著作，除墓志铭提到的外，《温岭县志》还著录其著作两种，分别是《孙侯攀辕录》一卷和《小有天园杂著》一卷。金寿祺去世后，其子金懋焘、金懋点继承父志，也以搜罗收藏为己任，尤热心于乡邦文献的搜集。

金嗣献深受祖父两代影响。虽然金嗣献出生时，祖父早已去世，但在他年少时，就常听父亲说起祖父的藏书故事，崇敬之情油然而生。后父亲懋焘去世时，金嗣献只有16岁，但是，他已经继承了藏书的基因，立志完成祖父与父亲未竟之心愿，将藏书事业发扬光大。

金嗣献长成后，果然没有辜负其父亲的遗愿。他生活的清末民初时期，正是新学渐次兴起，旧学不绝如缕的时期。光绪年末，清廷停办科举，新式学堂兴起，金嗣献却能"不驰骛于新说，好古敏求"，关注旧学、关注乡邦文献，在如今看来，这种不赶时髦的淡定，是非常难得的。金嗣献的叔父金雨梧（即金懋点）曾在清末任松江知县，据赵佩茳《石芙蓉馆集》记载："光绪季年，停科举，办学堂。君（即金雨梧）恐族子弟无进身价，锐思兴学。以遴本邑及邻县通敏之士，赀遣东游，以求实验而广师资。其规画之远，类如此。未成而卒，论者惜之。"在临死前，金雨梧则嘱托侄儿金嗣献说："生当乱世，惟宜闭户读书。屑屑于身外之浮荣，甚无谓也……"他希望侄儿等以读书为根本，不要系挂身外的浮荣，可谓远识。

金嗣献对文献的保存始终有着深深的忧患意识。在先辈影响下，他感受到乡邦文献、先哲著作如不加以重视收藏，在新学兴起后，今后只会越来越少，百十年后，恐怕即使有钱也买不到了。而他家尚富足，有一定经济条件，祖父遗愿也希望子孙读书藏书。于是，年轻的他特别留心乡邦文献，或购或抄，即使是残编断简、一鳞半爪也不放过，不惜以重金购得。"辛苦书人用意搜"，就这样，经过长年累月的苦心搜求，他的藏书已经有相当规模，于是顺势建起了藏书楼——鸿远楼。此楼与陈树钧"枕经阁"齐名，同为清末民初台州著名私人藏书楼。

金嗣献总共搜集了400余种台州地方乡邦文献，并将它藏于"鸿远楼"中。他还将自己苦心搜到的这些乡邦文献——记录著作者、序跋者姓名、版本情况等，编为《鸿远楼所藏台州书目》4卷。可贵的是，金嗣献不是为了藏书而藏书，而是为了保存和研究而藏书，为了传播地方文化而藏书。正如专门研究台州藏书史的台州学院胡平法老师所称道的那样："金嗣献不是为了藏书而藏书，他借助自己的厚藏辑刊有《赤城遗书汇刊》16种57卷，于民国四年（1915）刊印，以宋元明清的台州府郡人的集部著作为多。金嗣献还编有《国朝太平诗存》12卷、《方城诗录》8卷，著《三台正气录》1卷，辑《台州零缣录》等十数种，金嗣献为保存台州地方文化做出了贡献。"笔者在查阅资料时，曾偶然地在1915年一期的《国学》杂志上看到清代温岭乡贤黄濬所著《壹舟笔记》，就是金嗣献整理投寄该刊的。

不幸的是，金嗣献祖父苦心经营的藏书楼就毁于火，而金嗣献的"鸿远楼"藏书，在民国五年（1916）11月8日，再次因为不慎，所藏图书全部毁于火。天不可怜见，这样的厄运，让金嗣献"抱痛无已"。尽管如此，金嗣献在鸿远楼烧毁之后，却并不心灰意懒，毅然决定从头再来，仍然锐志于藏书事业。他重建了住宅后，又在新宅东边筑起了新的藏书楼"冬青草堂"（或称冬青书屋）。这一藏书楼，亦称"耽书草堂""丹素堂"。金氏还制定有《耽书草堂访书约章》，足见对书的珍爱之情。但是，命运的残酷不可预测，怕什么有什么，金嗣献的书楼竟然遭受了第二次火灾！面对着化为灰烬的典籍，金嗣献欲哭无泪，心底的悲凉无以言说。从此，他再也没有挺起来，而是在心情郁郁中悲愤而去，享年还不到40岁。

尽管金嗣献所藏书大部分今已不见，他本人可以说也为藏书付出了生命的代价。但他关注乡邦文献，整理乡邦文献，"为举世不为之事"这一举动，是应该受到推崇的。在当时，台州著名学者黄岩王舟瑶在《鸿远楼台州书目叙》中对他的行为作了高度肯定。金嗣献热爱文献，热爱家乡的精神，在今天仍然有着正面的激励作用。对于这样一位悲剧性的藏书家，我们在奉上同情的同时，也对他不朽的执着精神充满尊敬。

（张宝祥）

宁波鄞州沙港村

全祖望的沙港足迹

　　沙港村，俗称沙港口，位于宁波市鄞州区洞桥镇，地处潘沙公路西侧，南塘河穿村而过，下辖沙港、龚家、塘堰三个自然村。沙港80%以上的村民姓全，主要居住在沙港自然村；龚家自然村村民全姓龚，宋代时从吴龚村迁入；塘堰自然村的村民主姓王，宋代时从镇海迁入，以堰名村。因沙港村位于南塘河上游，有泥沙流到这里便终止了，故称"沙港"。据史料记载，沙港村全氏家族的始祖叫全权，北宋太平兴国年间（976—984）中进士，曾任侍御史，知山东青州，因丁母忧，奉其父由钱塘迁居鄞之桓溪（今沙港村）。从此，全氏族人在这里繁衍生息，崇文育人，忠孝节义之士辈出，后人中最著名的当是清代的全祖望了。

　　全祖望（1705—1755），字绍衣，号谢山，学者称谢山先生，生于鄞县城厢月湖西岸白坛里"五桂堂"（今宁波市海曙区桂井巷）。清乾隆元年（1736）进士、翰林院的庶吉士，因不附权贵，辞归故里，不复出任，从此致力于学术研究，毕生笔耕不辍，相继讲学，足迹遍布大江南北，从者云集，以睿智的学问、卓越的见识、耿直的秉性，成为史学大家。他是继黄宗羲、万斯同之后浙东学派的重要代表，备受学术界推崇。

　　穿过近年新建的沙港口桥，南行二百余米，一座位于水池畔的清代建筑赫然入目，这就是旗杆屋1号的全祖望故居。整个建筑呈四合院格局，飞檐翘角，主体建筑有全祖望纪念堂、村情村史陈列室、齿德堂。故居于2014年经过改造，并与文化礼堂的兴建紧密联系，成为人们纪念全祖望和了解沙港村村情村史的一个"窗口"。大门南开，上悬甬上著名书家曹厚德先生题写的"全祖望故居"匾额，黑底金字，显得端庄凝重；水池的西侧为鲒埼亭，也为纪念全祖望而建（亭名源自其重要著作《鲒埼亭集》，而全祖望又有另一别号"鲒埼亭长"）。

　　全祖望自幼聪慧过人，4岁启蒙，8岁就能读《四书》《资治通鉴》这样的书了，因此有"神童"之称。有一年清明节，他随父亲去沙港祖居走访，又领他到全氏太公的坟前祭拜。回来路上被几个族中长辈拦住了去路，其中有一位族长太公笑着对全祖望说："大家都说你是神童，小小年纪能作诗文，今天我可要当面考考你，当场作诗一首如何？"当时族中不少人以烧窑为生，全祖望辈份小，碰到年长一点的几乎都得叫太公，故有"十八太公"之称。全祖望也毫不怯场，见族长满头白发，双手乌黑，便说："做出了可得让我过去呀！"族长太公说："做出了不光让你过去，还有赏哩！"全祖望便脱口吟道：

一缕青烟上碧霄，
月里嫦娥鬓熏焦。
天将差使来相问，
十八太公烧瓦窑。

长辈们听了都惊讶不已，竖起大拇指直夸小祖望小小年纪有如此才华，以后必成大器光宗耀祖。族长太公听了也高兴地说："有赏，有赏！"即从衣袋里摸出一把炒豆塞到全祖望的手里。

全祖望年少时不仅聪慧，而且为人正直，疾恶如仇。全祖望的族伯母张氏，是明末抗清志士张煌言的女儿。在全祖望十多岁的时候，张氏给他讲了很多明末抗清的事迹，激发了全祖望的民族感情。14岁那年，他考上秀才，按规定首先要去孔庙参拜孔夫子。在大成殿名宦乡贤祠里，当他看到供着明末献甬城降清的太仆谢三宾和降清明将张杰的神主牌位时，不禁怒火中烧，大声斥责道："这两个卖主求荣的无耻之徒，怎能玷污宫墙（怎能在神圣的孔庙里受着配享呢？）！"随即拿下这两块牌位用力摔在地上，没有摔碎，就把它们丢入泮池中。

这一举动一下惊呆了领队的府学教谕和同行的其他秀才，但大家回过神来，都十分佩服他的胆量和勇气，说他"乳虎初生，已具食牛之气"。

全祖望博览群书，鉴古知今，由此养成了对史学的爱好，自21岁开始就从事文史撰著工作，千方百计搜罗乡邦文献，尤其对南明时期的"故国遗事"，更是求知若渴。一次，全祖望听说有位叫管道复的学者，在清兵入关后随明廷南迁，搜集和记录了许多宝贵的文献资料，以及张苍水、钱肃乐等抗清义士的逸事，原本打算出一部《管道复集》，后因突然去世，未能如愿。全祖望几经努力，最后找到管道复的遗孀，在老妇人身前长跪不起，终于感动了这位老妇人，得到了《管道复集》的所有遗稿。

雍正十年（1732）全祖望28岁，参加顺天乡试，考中举人。内阁学士李绂阅其卷，赞为王应麟（南宋大儒）、黄震（南宋理学家、史学家）以后的又一个人才，并邀他到自己家中同住，引为知己。32岁中进士后，按规定入翰林院所设的庶常馆学习，学习期满再进行考试考核，然后按考核等级分别授予官职。凭全祖望的才学考个上等不成问题，时张廷玉当权，与李绂不和，迁怒于全祖望，因此在翰林院结业考时，全祖望被列为"下等"，以"候补知县"待用，全祖望一气之下回了家乡，从此再未出仕，唯以整理古籍校订史料为己任，并引领了一代史风，影响了后世一批又一批学者。

迈入全祖望纪念堂，迎面便是全祖望先生塑像，只见先生身着长衫泰然安坐，右手执一书卷，目光炯炯，显示出继黄宗羲、万斯同之后浙东"史学大柱"的风采。全祖望治学严谨，上承清初黄宗羲经世致用之学，博通经史，在学术上推崇黄宗羲、万斯同，于南明史实广为搜罗纂述，贡献甚大。其主要著作有《鲒埼亭集》及《外编》，《困学纪闻三笺》《七校〈水经注〉》《甬上族望表》《续甬上耆旧诗》《经史问答》《读易别录》《汉书·地理志稽疑》《古今通史年表》等。全祖望以他秉笔直书的史德、洞微察异的史识、文采斐然的史才，奠定了他在中国史学史上的崇高地位，被誉为"班（班固）马（司马迁）之后第一人"。胡适也说过："绝顶聪明的人有两个，一个是朱熹，另一个就是全祖望……学问、道德、文章都冠于一时。"

与全祖望纪念堂相对的是齿德堂，展示的是全祖望生平事迹及著作，包括他所作的有关沙港的诗文，《桓溪旧宅碑文》和《桓溪全氏祠堂碑文》，等等，使人观后对全祖望短暂而又不虚度的51年人生，以及全氏家族的起源历史有了大体的了解。"齿德堂"匾额由曹厚德先生所题，原匾额于清乾隆戊戌年（1778）题写，今已丢失。据管理人员介绍，现在修建的全祖望故居，原来叫"旗杆屋"，即在屋前有旗杆夹，非望族官宦之家不能有此规制。当年旗杆屋正中的一间就是齿德堂，齿为年龄之别名，德指德行，取堂名"齿德"，含全氏家族年高德劭之意，寄托了一种美好的愿望。

当地老人说，过去，旗杆屋东侧有广孝堂（俗称"南祠堂"），出旗杆屋过广孝堂，到塘堰自然村的十八湾石板路，中间有两个土墩，叫

"上马墩""下马墩",即来这里的官员必须做到文官下轿、武官下马,可见旗杆屋曾经的显赫地位。

说起祠堂,沙港村全氏家族原有两个祠堂,除了广孝堂今已不存,另一个便是南塘河畔的敦五堂(俗称"北祠堂"),至今已有近三百年历史。敦五者,明伦也(仁义礼智信),庠序之间,为士子讲学之所,故以敦五名堂。旧时,北祠堂藏有许多祖先的画像,每逢重大节日祭祖,族人就会将画像挂出来供人瞻仰,其中就有全祖望的画像,可惜"文革"时这些画像包括家谱都被毁了。虽然全祖望并不出生在沙港村,但在村民眼里,他的根在沙港,也在沙港留下过足迹,是村民引以为骄傲的乡贤。

(鄞州区农办)

余姚金冠村

辗转异域，反清复明的朱舜水

朱之瑜，字楚屿，号舜水，余姚金冠村人。生于明朝万历二十八年十月十二日（1600年11月17日），卒于清康熙二十一年四月十七日未时（1682年5月23日）。他出身官僚士大夫家庭。曾祖名诏，号守愚；祖父名孔孟，号惠翁。父亲朱正，字存之，号定寰，母亲金氏生三子，之瑜排行第三。

朱之瑜8岁丧父后，家道中落，生活清贫，甚至影响其读书为学。长兄朱启明，天启五年（1625）中武进士，后升任至南京神武营总兵，总督漕运军门。朱之瑜就随任长兄寄籍于松江府，为松江府儒学生，拜大学士张肯堂和礼部尚书吴钟峦等为师，研究古学。崇祯十一年（1638），朱之瑜以"文武全才第一"荐于礼部，而朱之瑜见朝政紊乱，自己不能为流俗所容，就放弃仕途，专注于学问。

崇祯十七年（1644），朱舜水45岁时，李自成攻陷北京，崇祯皇帝自缢于煤山（今景山）。不久，福王朱由崧即位于南京，改元弘光。这时江南总兵方国安推荐朱之瑜，并奉皇帝的诏命特别征召他，他不就任。弘光元年（顺治二年，1645年）正月，皇帝又下令征召他，他仍不就任。四月，在荆国公方国安再次推荐下，朝廷任命他作江西提刑按察司副使兼兵部职方清吏司郎中，监方国安军，他还是不就任。一年内三次拒绝征召，遂遭奸臣嫉恨，次年以"不受朝命，无人臣礼"罪追缉。朱之瑜星夜逃到舟山，以行商为掩护。

一　反清复明

弘光元年（顺治二年，1645年）五月，清兵攻陷南京，弘光帝出走，方国安、阮大铖投降清军。弘光帝败亡后，明室产生了两个领导力量，即明绍宗隆武帝（唐王朱聿键）政权和鲁王监国（朱以海）政权。不久，清兵攻取福建，杀了隆武帝。此时，鲁王率领部下进占南澳岛，然后攻取了舟山群岛。这时候，朱之瑜首次赴日本筹饷，想借日本援兵资助舟山守将、兵部左侍郎王翊，以恢复中原。由于日本实行海禁，不许外人停留，只得返回舟山。永历四年（顺治七年，1650年），朱之瑜再次飘浮东海去日本，不料被清兵发现。清寇白刃合围，逼他髡发投降，但他谈笑自若、誓死不降，刘文高等人被他的义烈所感动，偷偷驾舟将他送回舟山。次年，朱之瑜又去日本，后由日本到安南。当他正要起程返回舟山时，舟山和四明山寨都被清兵攻陷。鲁王走避厦门，朱之瑜的最好师友王翊、朱永佑、吴钟峦等人，先后为国殉节，尤以王翊死事最惨。朱之瑜在海外闻知后痛言："中秋为知友王侍郎完节日，惨逾柴市，烈倍文山。仆至其时，备怀伤感，终身遂废此令节。"

由于国事日益危急，鲁王在永历八年（顺治十一年，1654年）降诏征召55岁的朱之瑜。但因其东西飘泊，住处不定，玺书辗转两年后才到他手中。鲁王希望他尽快回国效力。朱舜水手捧诏书，唏嘘慷慨，想立即转赴思明（今厦门）返回舟山，但苦无交通工具，困于安南。他只得先回复鲁王一封信，陈述他历年海外经营、筹资觅饷的苦心。

急于早日回国尽忠报效的朱舜水，终于在永历十一年（顺治十四年，1657年）正月，等来了日本船，准备乘舟渡海归国。但不料在二月遭安南供役之难，被羁五十余日。安南国王知道他是一位中国学者，便留住他，拜他官爵，迫他行臣子跪拜礼，朱之瑜直立不肯跪。差官举杖画一"拜"字于沙上，朱之瑜乃借其杖加一个"不"字于"拜"字之上。安南王便当着朱之瑜的面，杀了许多人威吓他，朱之瑜始终没有屈节。是年朱之瑜已58岁，为铭记这段老年之难，他逐日记有日记，并取"庶人召之役则往役"之义，名所记为《安南供役纪事》。

永历十四年（顺治十七年，1660），受郑成功、张煌言邀，返国抗清，于是即刻动身，于十月十九日返归厦门。永历十五年（顺治十八年，1661年）夏，郑成功和张煌言会师北伐，收复瓜州，攻克镇江，朱之瑜都亲历行阵。北伐军一度进军顺利，收复四府二州二十四县，直抵南京城郊，兵威震动东南。然而由于郑成功目光短浅，盲目屯兵南京坚城之下，贻误战机，且律兵不严。至七月，北伐军在南京城外被击败。郑成功转而退往福建沿海，后行师海上，不得已而趋兵台湾，张煌言则数年后被捕遇害。朱之瑜鉴于复明无望，又誓死不剃发，"乃次蹈海全节之志"，学鲁仲连不帝秦，再次凄怆渡日，永不回到故国了。

二　东瀛讲学

这年冬，最后一次东渡日本，未能获准登岸，困守舟中。当时日本施行锁国政策，"三四十年不留一唐人"。日本学者安东守约经已在日定居的陈明德介绍，以手书向朱之瑜问学，执弟子礼。朱之瑜为安东守约"执礼过谦"的恭敬、"见解超卓"的学问所动，复信安东守约。信中，朱氏悲喜交集，悲则国破家亡，故国"学术之不明、师道之废坏亦已久矣"；喜则"岂孔颜之独在中华，而尧舜之不绝于异域"，表达了他有意将圣贤践履之学传于这位异国弟子的心情。正如梁启超所说，此"为先生讲学之发轫"。安东守约等人为其在日定居奔走。最后得日本政府批准，破40年来日本幕府之国禁，让他在长崎租屋定居下来，朱之瑜就此结束了十多年的海上漂泊生活。

朱之瑜定居日本时曾反复强调自己并非想倡明儒学于异域，仅是为了蹈海全节。永历十九年（康熙四年，1665），他在长崎正准备购地躬耕之际，日本国副将军（大将军德川家纲之叔父）、水户侯德川光国欲兴庠序之教，派儒臣小宅生顺到长崎礼聘朱氏为国师，要朱到江户（今东京）去讲学。朱之瑜竭力谦让，但是，当他听安东守约等人介绍"上公好贤嗜学，宜勿辜其意"之后，答应了德川光国的要求，表示"至若招仆，仆不论禄而论礼"。翌年六月，朱之瑜抵江户。德川光国亲执弟子礼，竭诚尽敬。德川光国认为朱之瑜年高德重，不敢直接称名称字，要他取一名号以称呼。朱之瑜就以故乡"舜水"为号，意为"舜水者敝邑之水名也"，以示不忘故国故土之情。"舜水先生"之称始于此时。德川光国欲为建新居，以"耻逆虏之未灭，痛祭祀之有阙，若丰屋而安居，非我志"四次力辞。在德川光国影响下，日本学者、达官显贵也纷纷诣门求教，或执弟子礼，或听其讲学。从此，朱之瑜往来于江户、水户两地，公开讲学，盛况空前。

永历二十四年（康熙九年，1670），日本初造学宫，朱之瑜绘画图纸，度量尺寸，亲临施工现场指导，事后撰《学宫图说》。又造古祭器簠、笾、豆、登等，率学生习释奠礼，改定仪注，详明礼节。永历二十六年（1672），德川光国设置彰考馆，由朱之瑜门生安积觉任主编，聘请朱之瑜指导，编纂鼓吹"尊王一统"之说的《大日本史》，其影响直至二百年后的"明治维新"。德川光国对朱之瑜敬爱有加，就任藩主之际朱舜水也随同前往江户，朱之瑜与同为德川光国编撰《大日本史》的安积澹泊、木下道顺、山鹿素行结为好友，并对水户学的思想产生了很大影响。

三　长眠异国

永历三十五年（康熙二十年，1681）朱之瑜因水土不服而致病，全身遍生疥疮，卧床不起。第二年四月，朱之瑜在日本大阪逝世，享年83岁。安葬在历代水户藩主的墓地瑞龙山（茨城县常陆太田市）。为了纪念他不忘故国，坟墓特建为明朝式样，碑文题"明征君子朱子墓"，私谥"文恭先生"。德川光国率诸朝士临其葬。朱舜水死前遗言："予不得再履汉土，一睹恢复事业。予死矣，奔赴海外数十年，未求得一师与满虏战，亦无颜报明社稷。自今以往，区区对皇汉之心，绝于瞑目。见予葬地者，呼曰'故明人朱之瑜墓'，则幸甚。"朱之瑜一直企望中原能有恢复的那一天，为此，他滞日期间生活十分节俭，死时居然储蓄了三千余金。这是他希冀恢复国家的经费。

朱之瑜死后，德川光国派人整理了他的遗稿，清康熙五十四年（1715），刊行了《舜水先生文集》全28卷。

（余姚市农办）

宁海中胡村

一生只为《通鉴》作注的胡三省

胡三省（1230—1302），宋元之际史学家。字身之，一字景参。又名满孙，号"梅涧"。台州宁海（今属浙江宁波宁海）人。南宋理宗宝佑年间进士。历任县令、府学教授等职，终朝奉郎。与舒岳祥，刘庄孙合称"天台三宿儒"。父胡钥博学多才，笃爱史学，人称"山泽遗才"。

胡三省自幼好学，受父亲影响，功课之余攻读《资治通鉴》。其父有感于《资治通鉴》各家注本虽富，但音义、释文等乖谬甚多，见胡三省天资聪慧，好学不倦，遂有期许勘误《资治通鉴》之嘱。胡三省15岁时，其父因鼻衄亡故，家境艰难。但胡三省牢记先父遗愿，益加勤奋刻苦攻读经史。

宝佑四年（1256），胡三省与文天祥、陆秀夫、谢枋得，舒岳祥等同登进士第。景定元年（1260），授为吉州泰和（今江西吉安泰和县）县尉，因父亡，母亲病重需要奉养而未赴任。次年改任庆元府慈溪（今宁波慈溪）尉。由于他刚正不阿、不事谄媚，因事得罪了庆元知府厉文翁被弹劾罢官。景定四年，又以"文学行谊"被荐，授扬州江都（今江苏江都）县丞。

咸淳三年（1267），根据兵部尚书兼两淮制置使李庭芝推荐和安排，任寿春（今安徽寿县）府学教授，佐淮东幕府。之后，经考举及格，改奉议郎，知江陵（今湖北江陵）县。咸淳六年（1270），因母亲病逝，离任回家治丧。丧满后改知安庆府怀宁（今安徽怀宁）县。同年，因李庭芝调任京湖制置使北上，闻知陆秀夫在淮壖（今江苏淮安）一带招兵，往寻不遇，只身回杭州。这一年，胡三省正好40岁。

自27岁登第后，胡三省在案牍之余，致力于《资治通鉴》的勘校工作。虽公事冗繁，仍坚持不懈。宦游所至，凡见有不同版本的《资治通鉴》，务必搜罗；遇有《资治通鉴》之方家，即登门求教。在杭州时，已编就《资治通鉴广注》97卷，著《论》10篇。贾似道的门客廖莹中闻其名，出重金聘请他校勘《资治通鉴》，以教授弟子。胡三省撰写《准校通鉴凡例》一文。不久，被廖莹中推荐给贾似道。

咸淳十年（1247），出于杀敌保国的心愿，胡三省出任沿江制置司机宜文字，升朝奉郎（正六品官衔）。第二年，改任贾似道幕僚，从军江上。但与贾似道意见不合，曾把《江东十鉴》《江上之策》交呈于他，贾概不采纳，让他深感绝望。是年，贾似道督师芜湖，二月大败于吕港，宋军溃退。胡三省怀着无比沉痛的心情，"只身间道归乡里"，自此长匿于中胡老家，隐居著书。

德祐二年（1276），元军攻陷临安，俘获宋恭帝及一班南宋朝臣北去。元朝大将董文炳率军南下，追击南逃的南宋皇族，浙东再次卷入战乱之中。宁海人民为避此劫纷纷逃难。胡三省携带家小，避难于绍兴新昌。临走把家里贵重之物和花了20年心血写成的《资治通鉴广注》97卷书稿装箱埋于村外的一个僻静山野中。等乱过返家，所埋之物竟然不见了。

胡三省深受打击，悲痛莫名，这意味着他要一切从零开始。悲痛之余，他志不可夺，选择重新开始，再购《资治通鉴》发愤重注。正苦于手头资料缺乏，恰逢鄞县名流袁洪久慕胡三省之名邀他去当教习，胡三省亦慕袁家藏书极丰，欣然前往。他在新注《资治通鉴》序中说："日手自抄录"，且"凡纪事之本末，地名之异同，州县之建置离合，制度之沿革损益，悉疏其所以然。若《释文》之舛谬，悉改而正之"。直到元朝至元二十三年（1286），《资治通鉴音注》重撰稿全部成编，历时整整10年。随后他又着手作《资治通鉴释文辨误》。此时，宁海杨镇龙起兵反元攻下庆元，威震浙东。寓居袁桷家的胡三省，为避乱把刚完成尚未付印的《资治通鉴音注》及其他著作藏于袁家东轩的石窟中。幸而起义平息后，所藏完整无缺，后遂流传于世。此石窟被后人称为"胡梅涧藏书窟"，位于今宁波市内大沙泥街袁家。

胡三省对知识分子亡国后出仕持保留态度。元朝统一中国后，政权日益巩固，随即对汉族士人采取拉拢的怀柔政策，并派侍御史程文海访求江南文士，罗致去元朝为官。有的拒不应召，如胡三省同榜进士谢枋得。注重民族气节的胡三省为减少意外麻烦，毅然举家归中胡村定居，并从此屏谢人事，以著书为乐。元二十九年（1292），同村进士胡元叔创办赤城学堂，邀请胡三省和众名士前去授课讲学，一时如舒岳祥、孙钧、赵孟礼、陈应嵩、刘庄孙等名流云集，成为"浙东学派"重要人物，而舒岳祥、胡三省、刘庄孙则被后人称为"天台三宿儒"。

胡三省回乡初始颇显寥落，好友四散，乡邻不解。直到晚年，心境转变，毁誉由人，自号"知安老人"，堂上立匾，题名"逸老堂"，在居所南筑读书室，名"读书林"。虽风烛残年，仍孜孜不倦从事《资治通鉴音注》的修改工作，严寒酷暑坚持不辍。子女以其年高相劝，三省说："吾成此书，死而无憾。"大德六年（1302）正月二十三日，历尽曲折磨难、倾其毕生心血注释《资治通鉴》的一代大儒胡三省与世长辞，享年73岁。其学生袁桷在《忆胡身之》一诗中赞叹：

四城赋同张衡丽，十鉴书同贾谊哀。
腹里春秋纳云梦，案头今古起风雷。
青山不受折腰辱，白眼岂知徒步回。
舟泊城南更回首，寒风吹泪上天台。

胡三省除《资治通鉴音注》外，尚有《通鉴释文辨误》12卷、《通鉴小学》2卷、《竹素园稿》100卷、《江东十鉴》《四城赋》，可惜后几部均已失传。胡三省曾编《资治通鉴地理考》100卷，稿成后见到同代学者王深宁的作品与自己所著大略类同，辄毁去原稿不传于世，可见其治学态度之严谨。胡三省所撰《资治通鉴音注》的体例演变，大体分为两个过程：先是按唐陆德明《经典释文》《资治通鉴》的体例，写成《广注》《通论》《辨误》三书；重撰时，总成为《资治通鉴音注》。此书对《资治通鉴》记载的有关典章制度、音韵训诂都有详细注释，特别是对音训、地理诸项，考证尤为精详，订谬殊多。古代对于《资治通鉴》的注释，卷帙浩繁，历来以此书声价最高，是目前研究《资治通鉴学》最完整的参考资料。

胡三省之人格精神之所以能如此完美地体现于其巨著《通鉴注》之中，这与其独特的人身经历和所处历史背景紧密相关，更与其对《资治通鉴》价值意义的高度认知密切相连，正如胡三省所指出的"为人君而不知《资治通鉴》，则欲治而不知治之源，恶乱而不知防乱之术。为人臣而不知《资治通鉴》，则上无以事君，下无以治民。为人子而不知《通鉴》，则谋身必至于辱先，作事不足以垂后。乃如用兵行师，创法立制，而知迹古人之所以得，鉴古人之所有失，则求胜而败，图利而害，此必然也"。

胡三省以其坚韧执着的意志人格，求真求实的学术人格，不但给我们留下了鸿篇巨制《资治通鉴注》，而且以其讲究气节、忠爱国家的政治人格，给后人以极大的人格指引与精神启迪，成为我们探求真知、严谨治学，以及加强爱国主义教育、提升民族精神的光辉榜样，彪炳千古。

（叶国秀）

永康桥下二村

人龙文虎的状元陈亮

腥膻万里霾重重，文恬武嬉事臣戎。
书上中兴图恢复，王霸并用倡事功。

四句摊头引出南宋时期永康一位闻名天下的风云人物。欲知其详，还得从他的诞生地永康桥下龙窟村说起。

永康县治东北 50 里，从东阳磐安入境的仙霞山余脉，用险峰深壑描绘出一幅青绿山水长卷。其中间一段峰峦回环跌宕，或蹲或跃，状如蛟龙出水，俗称龙窟山。其西南山脚有一个叫作龙窟的小村。宋高宗绍兴十三年（1143）九月初七，一阵响亮的啼哭，打破了夜晚山村的寂静，一个男婴呱呱坠地了。他就是永康历史上唯一的状元陈亮。

永康陈氏共分六支，都是南陈开国之君陈霸先的后代。陈亮一支世居前黄。隆兴初，陈亮祖父陈益看中了龙窟山的风水，于是挈妇将雏把家搬到这个僻远山村。他希望这块风水宝地，能给日益败落的家庭带来重兴的福祉。所以儿子陈次尹刚成年，他就迫不及待地给他娶了媳妇。其时媳妇黄氏只有 13 岁，还是个半懂不懂的女孩子，谁知过门不久就怀孕了，真应了"十三娘，十四爹"的古话。

如今孙子出生了，而且"生而目光有芒"，陈益不由大喜过望，对这个襁褓中的婴儿满怀期待。有道是日有所思，夜有所梦。他认定经常出现在他梦境中的那位名叫童汝能的状元，就是他的孙子。因此他给孙子取名汝能，字同甫。从此好吃一肚烂酒的陈益好像换了个人，不再那么任情使气，手脚也变得勤快了。他和妻子几乎把抚育孩子的大事小情全部揽了下来。

任性贪玩是孩子的天性。陈亮因为有一个落拓不羁的祖父的呵护，其行为就更加"出创"，更加无所顾忌。一次一个卖木勺的货郎刚放下货担，他就带领一批的小伙伴迎上前去，口称"先试一下你的木勺漏不漏水",随手抓起一个就往水塘里扔。货郎正想理论,见小太岁们一拥而上,慌慌收起货担夺路而逃。

陈益对童年时代的陈亮无伤大雅的恶作剧听之任之,但对于孙子的读书还是抓得蛮紧的。差不多每天上午,他都会把陈亮带到离家几步之遥的普明寺中,教他读书识字。不过他让陈亮读的并非儒家经典,而是历代史策和兵书。陈亮强烈的求知的渴望,过目成诵且多有发现的颖异,进一步坚定了陈益的信心,"谓其必能魁多士也"。

陈亮受到比较正规严格的儒学训练,是从何子刚学馆开始的。其时他已十六七岁。何子刚对他也另眼相看,不仅劝其学业,且关照体贴,常常设酒招待。在这位拥有数十万家资德高望重的老先生的指导下,陈亮"凡世人之文章,无巨细必求观之",并且"学为语言,以求自见于世"。但课读之暇,他仍"独好伯王大略,兵机利害","慨然有经略四方之志"。

绍兴三十一年(1161),年仅十八九岁的陈亮,考古人用兵成败之迹,著为《酌古论》,强调人谋在重大事变过程中的决定性作用,充分展露了陈亮超迈的才气和英伟之识见。婺州知州周葵对《酌古论》极为赞赏:"郡守周葵得之,相与论难,奇,曰:'他日国士也。'请为上客。"

周葵是陈亮遇见的第一位贵人。尤其是在周葵晋升参知政事之后,陈亮凭着周葵的隆遇,得以结交天下朝士,其人生轨迹也因而发生了深刻变化,成为政治舞台上迅速升起的一颗新星。

乾道四年(1168)秋,陈汝能正式更名为"亮",参加婺州乡试,高中解元。但次年春参加礼部会试,却马失前蹄名落孙山。于是陈亮回到永康,闭门兼旬,写了著名的《中兴五论》,伏阙上奏。可惜,他进献的平定中原,恢复故国的长策,并未引起孝宗皇帝的重视。

淳熙三年(1178),陈亮三上孝宗皇帝书,极论社稷大计。《宋史·本传》云:"书奏,孝宗赫然震动,欲榜朝堂以励群臣,用种放故事,召令上殿,将擢用之。"消息传出,善于投机钻营的大小官员,争先恐后去抱他的大腿。一个名叫曾觌的权臣也"亟来谒亮,欲掠美市恩"。陈亮卑其为人,不愿与语,竟致"逾垣而逃"。最后因为大臣"恶其直言,交相沮之",曾经轰动一时的上孝宗皇帝第三书,竟被束之高阁没了下文。陈亮得知个中关节后,强压愤懑,嘿然冷笑:"吾欲为社稷开数百年之基,宁用以博一官乎!"毅然决然渡江而归。

至此，陈亮欲挽狂澜于既倒的"人龙"之路似乎已走到尽头。但"复仇自是平生志"，他的爱国热情永远不会降温。他只是把抗金复国的堂堂之阵、正正之旗，从政治层面更多地转移到学术层面而已。

　　事实上，早在上书失败后的乾道五年（1169），陈亮就已悄悄把奋斗的重点向学术转移了。从乾道五年到淳熙五年的10年间，他退修于家，泛观博览，力学著书，下帷授学，学者多归之，在"文中之虎"的道路上奔走驱驰，且取得了令人瞩目的实绩。谚云："吉人自有天相"。这期间，他又遇到了第二位贵人——朱熹。

　　朱熹（1130—1200），字元晦，号晦庵，江西婺源人，是两宋理学的集大成者。淳熙八年（1181）十月，朱熹除提举两浙东路常平茶盐公事，次年正月巡历婺州、衢州，陈亮陪侍左右，盘桓十日方始别去。虽然这是他们的第一次见面，但彼此相互仰慕，所以一见如故，分外融洽。

　　别后不久，朱熹即差专人问候，并寄书云："数日山间从游甚乐，分袂不胜惘然。……别后郁郁，思奉伟论，梦想以之……"

　　陈亮答书云："山间获陪妙论，往往尽出所闻之外。世途日狭，所赖以强人意者，惟秘书一人而已。……别去惘然，如盲人之失杖。"

　　同年夏天，陈亮再次致书朱熹，表达思念之情，并寄去《杂论》五篇，请朱熹评阅。尔后陈亮隔三岔五去信朱熹，逢年过节差人送去礼品，还多次填词为朱熹祝寿。

　　但朱熹所以成为陈亮学术研究的贵人，倒不是因为他们友谊发展之快，彼此感情之深；相反，是因为彼此学术思想及处世性格差异太大，从而引发了历时四五年之久的大论战，引起了学术界的广泛关注。

　　陈朱论争的焦点有二，一是史学思想的严重分歧，也即王霸之争；二是哲学上唯心与唯物的对立，及其所导致的政治伦理与经济思想的互相诘难。

　　陈亮从朴素唯物主义出发，认为道在物中，事济便是有理，功成便是有德。他不赞成一味强调人治而忽视法治的治国理念。他反对"存天理，灭人欲"，肯定人欲存在的必然性与合理性。他提倡兵农合一，农商互藉，认为天下应该有富民豪商，应该允许一部分人先富起来，反对绝对平均主义……尽管朱熹也很欣赏陈亮的才能，但陈亮的这些观点无异乃"异端邪说"，是他所无法认同的。一个想说服对方放弃"离经叛道"的主张，努力修心养性，做一个"醇儒"；一个想证明自己观点的正确性，进而取得对方的谅解与认同。在一场你来我往针锋相对旷日持久的论战中，陈亮的学术思想借助这个平台不断发展，深化，完善，其影响也日益广泛。"陈同甫之学已行到江西，浙人信向已多……可畏，可畏！"朱熹这一席话说明，这样的结果是他始料所不及的。作为揭橥事功大旗的永康学派的开创者，陈亮已成为名副其实的文中之虎。

为了圆"人中之龙"的未圆之梦，绍熙四年（1193）春，51岁的陈亮又一次走进会试的考场，并如愿以偿地中了进士。更富于戏剧性的是，殿试策问时，宋光宗竟把奏名第三的陈亮擢为第一。光宗对他的评价是："尔蚤以艺文首贤能之书，旋以论奏动慈宸之听，……殆天留以遗朕也。"

其实这样的结果，早在陈亮的意料之中。请看他的画像《自赞》：

"其服甚野，其貌亦古。倚天而号，提剑而舞。惟秉性之至愚，故与人而多忤。叹朱紫之未服，谩丹青而描取。远观之一似陈亮，近眂之一似同甫。未论似与不似，且说当今之世，孰是人中之龙、文中之虎？"

（胡国钧）

松阳象溪村

品高学富的进士高焕然

象溪村位于浙西南松阳县城东南,距县城 16 公里。村落依山傍水,风景秀丽,有道是"青溪回抱似龙蟠,一篙碧水俯清流","山对双峰水环半壁,富称万石甲一乡"。

象溪村始建于唐神龙年间(705—709),据考,唐神龙年间进士高鉴之子、国子监大学士高温乘船经此处蝌蚪潭,见潭中有象状的巨石上下浮动,认定这边"风水"独好,遂从钱塘徙居于此,因名象溪。

象溪,山川灵秀,人文荟萃,是远近闻名的进士村。自后梁直至明清,高氏家族科第连绵,文武双修人士层出不穷,曾出过 3 名进士、5 位举人、85 位秀才,孕育出许多卓尔不群的良才。有后梁乾化二年(912)进士高浩、明初曾出任武陵县知县的高祖谅、清顺治二年(1645)任福建延平府通判的高可汲、清光绪十一年(1885)乙酉科举人高斐然、光绪二十四年(1898)进士高焕然等,故有"秀才村""耕读村"之美誉。

象溪村,最负盛名的当数松阳十大历史名人之一的清代进士高焕然。据 1996 年版《松阳县志》中"人物"篇载:高焕然(1861—1934),讳贤襄,学名焕然,又名邦伟,字昕斋,号鲁才。幼年尊师好学,博览群书。清光绪十一年(1885)乙酉可拔贡,历充开化、余姚、武康等县教谕,擢湖州府训导。清光绪二十三年(1897)丁酉举人,二十四年(1898)戊戌登进士科,即授知县赴广东先后任长宁、灵山知县。因耿直忤上官,不久落职。焕然益以自勉,尝曰:"官可不做,人不可不为。"此后,游历粤、桂诸省,又历赴南洋诸国。返国后佐商务大臣张振熏创办学堂,劝抚华侨,固越南边防,辟东关码头,累功复职。未几,升钦州直隶州知州,任内总揽营务,督带新军,常亲历村庄细问民间疾苦,考察地方利弊,尝谓"清盗源莫如开地利"。宣统三年(1911)夏入京,报署钦州知府。上任未久,武昌起义,遂归居象溪。返里后,竭力劝读,民国二年(1913)与族兄创办象溪初级小学。十四年(1925),不遗余力主编

(松阳县志)。著有《四书讲义》4卷、《经说存疑》4卷、《切韵举偶》1卷、《家训八要歌》1卷、《地理折衷》1卷、《南洋辎轩录》2卷、《瑞鹊堂诗文杂录》8卷、《学道爱人治粤书》4卷。

高焕然少时聪颖好学，博览群书。官曾做到正四品。平生人品高洁，正直不阿，居官清廉，不徇私情，治事缜密，为世人所称道。生活节俭，弊衣疏食，待人仁厚，平易近人，重视民情，为民解忧。一生以"俭以养廉，一丝不苟"为座右铭，每到一处均得到上司的赏识和百姓爱戴。

清政府被推翻后，他告老回乡。回归故里，高焕然亲躬谨行，为地方正名务实，彼时堪称师表。

首先，是"齐家"。在穷乡僻壤，高焕然可谓才学弥高，但他并不自矜，生平尚勤俭，不奢糜，崇尚君子学道爱人，恤贫怜弱，颇有道学遗风，并于旧居堂上自题"学道爱人"，励志自勉。在族内，事上励下，自编"八要歌"教诫子孙与族人，其内容涉及立身、处世、操业、待人等。主张讲信义，守礼节，睦亲乡邻，为乡里所敬。如族人高延寿顺妻逆母，逼赶老妪出门，高焕然即在宗祠责之以族规，使之悔过，并迎母赡养善终。高焕然临终前，立遗嘱："我死，汝等不必奔丧，但各自努力照常。端品力学，加意谨慎，勉成大器，显亲扬名，即为孝道。若荡摇偷闲，终身不能出人头地，以至玷辱祖宗，败坏家风，不足为人，不足为子。余无他嘱，汝等勉之……"遗嘱后人莫侵民，休生事，方闭目。

其次，是"劝读"。开创乡村教育，培养人才，高焕然聚族而谋，拨出祖上祭田兴办了"象溪初级小学"。尤其可贵之处是，除本族子弟入学之外，也兼收邻村（包括畲族村落）子弟入学，免收学费。此外，又添置学田20亩，作为村人升入高小读书之奖励等费用。民国二年（1913），松阳县成立"孔教会"，高焕然任奉祀官，设馆授徒，劝读求知，并在孔庙前照壁上写了"宫墙万仞"四字题壁，当时对张扬文风来说，具有一定的影响。高焕然经常与当时文士们诗文唱和，共坐西窗，使松阳文风盛极一时。

再次，整理典籍，编纂县志。高焕然回乡后一度经管全县学籍，被视为一邑泰斗。民国十四年（1925），他情系桑梓，主持编纂《松阳县志》，其内容载录松阳一千七百余年政治经济、人文地理、风土人情、历史沿革诸方面，可谓一应俱全，弥足珍贵，这部方志为后人留下可资咨考之史料，为松阳人民做出了巨大贡献。

又次，是善行。高焕然退归林泉后，仍不忘他"学道爱人"的志向。靖居口为松、丽交通之要道，因受蓉川（靖居源）阻隔，甚为不便。高焕然就四处募捐、筹集款项，主持建造了靖居口"天济石桥"，后又着手筹建雅溪口土石桥，普济百姓，为民造福。

最后，高焕然为民间排解纠纷，秉公持正，乡里称贤。此类事例较多，略举一二：如当时三都乡有两户人家为一块宅基地争执，涉讼3年尚无结果，最终县知事提名请高焕然出面调解后，双方都得到满意的解决。又如一位缙云籍篾匠，因欠靖居村包起秀债务无力偿还，而投水自尽，其妻儿获悉后赶来寻衅，闹得不可收拾。高焕然得知后即秉公调解，劝包起秀购棺盛殓，并加以抚恤，送其回缙云，此案遂平。

在高焕然"官可不做，人不可不为"的励志遗训的影响下，高家后人把做人和有为放在首位，涌现了不少杰出人才。高焕然的人品和实践精神，至今还在激励着象溪村民，他们正在为创造美好生活而努力奋斗。

（叶坚红）

兰溪后金村

理学名家金履祥

据兰溪市黄店镇桐山后金村《桐阳金氏宗谱》载，五代时，金天原迁居三衢西安之桐山峡口；五代时（922），金陈由衢州桐山峡口迁居兰溪鸡鸣山下。金展（金陈四世孙），北宋后期1032年由鸡鸣山下迁居桐山之阳，即今桐山后金村。

金景文是宋代的孝子。金景文，与陈孝子、董孝子是同乡，也是望云乡（后纯孝乡）人。他从小立下高大志向，努力求学，但不图虚名。

他与妻子真诚孝奉父祖，祖父生病了，金孝子马上求医治愈。父亲得病了，以身代诊，父亲的病也很快治好了。守孝母坟时，夜有天光灿烂，大家以为孝心感天。后来守孝父坟，暴风雨来了，也没有损破茅舍。

有一年天大旱，人们请金孝子求雨。金公选准气候变化之机，叫大家做好抗旱接龙水准备，恰巧天降甘霖，这场雨就被叫作"孝子雨"。

公元1177年，金华郡守李椿给予表彰，嘉奖金孝子全家。公元1179年，朝廷号召征兵服役，金孝子带头将自己儿子送上，作了表率作用，不到一个月便完成征役任务。

金华郡守韩元吉，以望云乡三孝子之事迹报请朝廷表彰乡里，勅匾额为"纯孝格天"，以"孝、友、睦、姻、任、恤、忠、和"八行诏恤其家。因此望云乡被皇帝勅封为纯孝乡。公元1268年，兰溪知县沈应龙，以金景文及陈天隐、董少舒三孝子的孝名，请朝廷批准，建祠厅合在一起祭祀供奉，名叫"三贤堂"，并立八行碑以教育后代人人孝敬父母、孝敬老人。

之后，又出了个著名的理学家金履祥。金履祥（1232—1303），元代学者。《元史》有传。字吉父，号次农，自号桐阳叔子，凡天文、地形、礼乐、田乘、兵谋、阴阳、律历之书，无不精研。幼年时聪慧明达，父亲兄长稍稍给他讲了书文，他就能够背诵下来。长大以后，自己更加勤勉励志。到了壮年，倾慕周敦颐、二程的的学问，跟从同郡人王柏学习，又随从王柏一起投到何基的门下。基为朱熹二传弟子，造诣颇深。

时值南宋末年，政治动荡，虽绝意仕进，但未忘忧国。据《元史》记载，元兵围攻襄樊，时逢襄樊的军队日益告急，宋朝官兵坐视危亡而不敢救援，履祥因此进言献牵制敌军攻其虚弱的计策，请求派大军由海路直奔燕、蓟，那么圈困襄樊的敌人的部队，就可以不攻而自行退走解围。而且详细地叙述了海船经过的路线，所有的州郡县邑，以及大洋海岛，途中的困难与便利，路程的远和近，清楚分明，可依据实行。宋朝最终没有采用。等到后来朱瑄、张清向元朝献言海运的便利，而所经由的海道，对照履祥当年的上书，几乎没有丝毫差异，于是后人佩服履祥的精确严谨。

　　金履祥曾任教于严陵（今浙江省桐庐县）"钓台书院"。他少时有经世志；及壮，宗济、洛之学，穷究义理，本宋儒；德祐初年，朝廷以迪功郎、史馆编校等职召任，坚辞不受。寻应严州知州聘，主讲钓台书院。宋亡入元，不仕，专意著述，晚年筑室隐居金华仁山下，学者因此称他为仁山先生。讲学于丽泽书院，以淑后进，许谦、柳贯皆出其门，为浙东金华学派中坚，学者尊称为仁山先生。

　　大德七年（1303）去世。元统初年，同乡吴师道当上了国子博士，传书给家乡的学官，在乡学中祭祀金履祥。到了至正年间，赐履祥谥号为文安。一生勤勉有加，著述甚丰，著有《通鉴前编》《大学章句疏义》《尚书表注》《论语集注考证》《孟子集注考证》《通鉴前编》《举要》《仁山文集》等。另编有《濂洛风雅》。

　　桐山后金村居住着一千多名金姓村民，他们都是金履祥的后裔。金履祥死后的七百年间，桐山后金村德仁文风浩气长存，才子辈出，科举得中二百余人。如今村里就有教师、教授等三十多人，被誉为"才子之村""教师之村"。

　　仁山书院就是当年金履祥隐居仁山下著书讲学的场所，占地面积为600平方米，历经修建，现存建筑为清代风格，结构宏伟、布局得当、保存完整。近年来，桐山后金村充分发挥本村孝道、理学文化典型的作用，开设了仁山书院纪念馆，积极开展以青少年"四好"教育为主的公民道德教育，以继承弘扬贤孝美德。如今，村里百年古樟、青石牌楼、宗祠矗立，尊老敬老成风，邻里纠纷、赡养老人纠纷等从未发生过。

（刘　鑫）

新昌雪头村

雪溪流韵，名人辈出

雪溪，位于新昌县巧英乡，是一条发脉于高山，流淌千古的美丽溪流，激石成浪，泉韵淙淙；雪溪董氏，一个以雪溪为发祥地的大家族，千百年来在浙东大地上谱写着悠长的历史画卷，灿烂生辉，宗情绵绵。

雪溪董氏尊奉董德卿（784—852）为第一世祖，龙游立德乡人，唐元和年间进士，官金紫光禄大夫兼少保。传至第四世舜祖公，唐昭宗时（889—904）官剡县令，那个年代义军蜂起，天下大乱，听说剡县东部的山谷里是个避乱隐居的好地方，他就溯剡溪而行，在剡溪上游龟溪边一个叫石壁的地方住了下来。

舜祖公的儿子名祈，他的孙子名宁，为德卿公的六世孙。董宁（913—994）喜欢垂钓，门前的龟溪留下他许多悠闲垂钓的足迹。龟溪边石壁这个地方最早有董氏居住，因名"董村"，村边的一座山，因名"董家山"。

五代晋天福八年（943）夏季的一天，熟悉了董村边的龟溪水，董宁的目光被龟溪发源的龙潭坑吸引了，溯着水流而上，狭长的溪谷中，一个个深深长长的潭，似有龙潜藏，一段段清流瀑布，时急时缓，状若飞雪，还有一块块庞然浑厚的石头，或突立，或横卧，尽显着造化的神奇，山上的野树藤萝葱葱郁郁，生机无限。一路上的美景目不暇接，再前行，见水口宛若喉结，入其间则地面平坦宽敞，豁然开朗，董宁用竹竿围起一片土地，放养了几只母鸡，向天默默祈祷："此地如可兴家，鸡母必能化生。"

过了几个月再去，雪溪边的这块土地上果然如此，董宁以为这里的万物都能生长，在此拓业安居能成就千百代之家业，于是，他就在这里安扎下了一个家。

董宁，号康泰，后代尊称他为"康泰公"，他因钓鱼而发现了这块好地方，后代又称他为"钓鱼太公"，他的墓在雪溪村东边的鳌坑长陇嘴山中。康泰公（董宁）有3个儿子，子子孙孙一代接着又一代，开创雪溪水边的董氏家园，文才武略，衣冠济美，贤俊豪杰，代不乏人，蔚为新昌东乡之望族。

九世董遂良，信佛，宋祥符初年捐钱百万装裱石城大佛，将大霞庄山园田地千余亩舍入佛寺，又在南岩寺筑董公塘三口护田，还在大雷水口造石板桥一座，被誉称一乡善士；董遂初，宋明道年间举进士，任大理寺评事，上书《务实策》，受到皇上嘉许，致仕还家后，恣情于雪溪山水。十世董贤皓，性诚笃，有胆识，善作诗，曾因打抱不平，为人连累被捕入狱，闻杜鹃有感题诗于壁上，县令见诗受感动，知其受冤，放其还家。十一世董功健，素以刚正廉直见推乡里，率领6个儿子和乡邻族人抵御外侵，人心畏服，宋宣和二年（1120）冬，官军封董功健为先锋讨伐义军，以数百兵对数千众，孤军被围，战败自刎，以忠勇刚烈之心报效家国，后来，朝廷封赠他为武功大夫、汝州团练使，几个儿子也封官补职。十二世董赁，宋嘉泰甲子乡试中举，后又进士及第，任广西监察御史。十三世董淳，以诗书养志，孝悌闻于郡国，宋建炎四年授承事郎。十四世董韬，宋隆兴、乾道年间为国子祭酒朝议大夫。十五世董汝为（1156—？），举乡进士，娶宋秀王三女宝阳公主，以郡附马致富；董知远（应申公），宋淳熙末年举贤良方正，任翰林大学士修撰，出知会稽县。

这些宋代雪溪董氏的杰出代表，延续着家族的荣耀，共同把雪溪董氏打造成了一个家资巨富、簪缨相继、诗礼相传的大家庭。

元代，战乱的纷扰和仕宦的风波使雪溪董氏更加留恋乡土的佳山丽水，向往宁静安逸的田园生活。董伯昭，蕴五典于胸，乡里奉为楷模，仕绍兴越城及湖州府都仓，致仕回家，结听泉轩，供四时乐；董伯和，与宁海名进士舒岳祥友好，筑寿康精舍于雪溪之畔；董德懋，少精翰墨，乡里尊为书府，著有《墨菊诗集》；董景俞所居的第宅"一溪贯其中，两山如画，夹行而西鹭，半岩为飞瀑，下为龙湫"，取名为"养志堂"。董旭，博通群书，工诗书画，方国珍闻其名欲罗致门下，不屈遇害。他的《长江伟观图》曾被清代学者朱彝尊收藏并题辞。董曾，通习经史，避居东阳山中，朱元璋在金华时以礼招致，授无为州知州，后被陈友谅所执，抗骂不屈，沉于江而被害，州人立碑崇德，有《天姥山赋》传世。

宁海人阆风先生舒岳祥（1219—1299），为避难两至雪溪，他称赞雪溪"董氏以笔砚肆业者十九，世以隐德著于乡"。还为董氏撰写了《寿康精舍记》和《养志堂记》，"林下相吟赏，幽闲兴不穷"，他和村中的文人一起一边吟赏着雪溪的美景,一边切磋诗文,慨叹时事,村中的寿康精舍和养志堂该是他们促膝谈心的好地方。

元至正十六年(1356),义军首领冯辅卿率兵从宁海攻新昌到达雪溪,远近乡里都被兵燹所毁,雪溪村只剩宗庙石柱门楼,族人死伤无数。兵荒马乱中,董彦光(1313—1366)挺身而出,召集宗族子弟骁勇者,聚兵于新昌与宁海交界的松木岭,他沉毅威猛,拔剑在手,一举将冯辅卿擒杀,并将首级解送省宪,被封授为武略将军、松江府同知,后来又转升为金海道防御运粮授义兵都元帅府事。

董氏家园第宅在元代遭遇了一场如此的劫难,雪溪水却不改她晶莹澄澈的姿态,流淌着千古的美丽。溪流发源于群峰攒簇的高山,群峰中有一座似鳌的高山,名鳌峰或鳌坑大山;村居之南有两座并列的山峰似笔架,名"笔架峰";村中有一块大石墨,铺在一张平展的大纸上,这张大纸又是一个大晒场。这些自然的造化让雪溪董氏日夜与笔墨为伴,在学业功名、科举场上也独占鳌头。

当岁月走到明王朝建立不久的洪武年间,雪溪董氏不但在废墟之上重建了家园,在笔墨的装点之下,还让书香儒风飘满屋舍:董历,洪武七年进士;董思诚,洪武七年第七名进士;董璿(音旋),洪武年间进士;董荆,洪武十七年举博学宏词;董薛,洪武十八年进士。

"挥毫铺锦绣,笔底生云烟",他们相继在洪武年间金榜题名,并出官入仕,取得了令人瞩目的成绩,成为雪溪董氏家族上璀璨的群星。

在清末至民国初期,雪溪村中有一座飘满了书香的西峻楼,这座第宅里有一位董汝钧(尔陶公),他从官立法政学堂毕业,却不愿为官,把自己居住的地方命名为"槐轩自逸楼",他喜欢恬淡闲逸地在雪溪水边古槐树下修身养性,教育子弟,安享天年。槐轩自逸楼的墙脚,一棵古老的槐树伸出枝丫,横摆出一片绿意,一到初夏,槐树开着透黄的花朵,散发着诱人的幽香,笼出了雪溪水边的一方清凉。

董氏先祖的文才武功和嘉言懿行,对于子孙后代是一种最好的垂范,最好的激励,子子孙孙口耳相传,以他们为家族的荣耀,并以他们为学习的楷模。

(新昌县农办)

第四章 仁医风华

丽水莲都下圳村

福地仁医黄秉乾

下圳村位于莲都区西南部,距市区8公里。圳字意为堰渠,因通济堰渠水流经最后一个村,故称其为下圳。

下圳村历史文化悠久,传统风貌保存较好,人文景观、自然景观与湿地景观交相辉映,农耕文化、水利文化、摄影文化与田园风光完美结合。下圳村以黄姓居多,据《黄氏宗谱》记载,黄氏的祖上曾任隋文帝左丞相,名黄隆,字硝山。隋炀帝时,黄隆多次忠言进谏,炀帝龙颜大怒,于农历九月九日将黄隆赐死。黄隆死前嘱咐黄氏子孙携眷属分散逃离,并留诗八句以作儿孙会亲认祖之隐语,诗云:"骏马堂堂出外疆,任从随地立纲常。身居外境犹吾境,志在他乡即故乡。早晚莫忘亲属语,晨昏须忆祖蒸尝。愿言托庇苍天福,三七男儿大吉昌。"从此,黄隆子孙分迁天下。下圳村黄氏始迁祖国宁公,明朝末年自金华七都塘下迁徙到括苍郡槐花里(今下圳村),黄氏族人在下圳定居的历史,迄今已经四百多年。

下圳虽无钟鸣鼎食之家,却不乏豪庭巨宅,村落中标志性建筑是黄氏家族的"江夏旧家"大屋,建于清嘉庆二年(1797),坐北朝南,占地576.9平方米,四合院式,鼓墩型柱础,小青瓦合铺,勾头滴水,硬山顶。四合院设计符合传统风水学,因此有"财运亨通、兴旺发达"之说。

一 仁医世家

黄家世世代代耕读持家,医理救世,连续出了5代名医。据黄氏后人述说,其中一位先人受到朝廷聘请,进入了清宫担任御医,曾经给皇帝治过病。

第一代名医黄秉乾,可谓黄氏家族承前启后的一个重要人物,据说黄秉乾不用病人开口，把脉络，观气血，看肤色，一双火眼金睛便能准确诊断病情，甚至还流传下来了悬丝诊脉的案例。所谓悬丝诊脉，大医学家孙思邈等就曾用过，后来成为宫廷医学的一种重要诊断法。由于古代男女授受不亲，这让男医生给女病人治病带来很大难度。为了解决这个难题，医生只能用丝线一端固定在病人的脉搏上，通过丝线另一端的脉象诊治病情。黄秉乾得此真传，在民间也广泛运用，这给他的治病带来了很多方便。黄医生坐诊乡村几十年，医治好的病人无数。这样他的名声就一传十，十传百，十里八乡的患者对他高明的医术佩服得五体投地，就连温州、金华等地的患者也不远数百里登门求医。

黄秉乾不只是医术高明，而且品格高尚，乐意救助急难，对弱势群体充满同情。《族谱》中记载："黄秉乾兼为农商之事，或多树禾木，或多方贸易，三十年期间，家业大进，建大厦二座，设家塾教育子弟，凡有人扣门求之者，不仅时行方便，且不取人一介之谢，是非救人之急，济人之难，时存利物利人之心乎。"黄秉乾在建房时，为了救济难民，又顾及他们的自尊，以打磨清水砖的名义招揽了一批难民，让他们帮助磨砖，管饭还给工资，赢得了"黄善人"的绰号。黄秉乾杰出的医术和崇高的医德影响了一代代下圳医人。在他的影响下，黄氏历代名医解除病人痛苦，怜贫恤苦，乐善好施，称道乡里。

传至清末，黄氏又出名医黄梦飞。在家学渊源的影响下，加之自己的聪颖和勤奋，没多久他就成为医林翘楚。他纠正了不少南辕北辙的诊断，创作了不少起死回生的奇迹。民国十二年（1923），丽水知事李钟宏赠送黄梦飞匾额一块，上书"一乡善师"。浙江省教育厅长许绍棣也送一副对联称颂黄家盛德。

一些村民至今还保存着祖上流传下来的治疗疑难杂症的偏方，他们继承了前辈医人口口传授的经验，在传承过程中不断摸索心得，一个寻常的村人都能从漫山遍野的植物中寻找到治疗各种疾病的草药，一个普通的村民都能够悬壶济世。祖传的医书上记载了众多关于养生的特点和功效，下圳村的长寿与村民的养生之道以及名医高超的医术密不可分。据统计，60岁以上的老人有一百多个，80岁以上的老人有十多个，90岁以上的老人也有十多个，下圳村成了远近闻名的长寿之村和养生福地。

二　古樟福地

村民们长年累月地植树造林，造就了良好的生态环境。百年以上树龄的古樟就有一百多棵，基本上每5个人就拥有一棵百年古樟，这样的密度在整个浙江省也不多见。下圳村广种樟树，绝非偶然。百年间，瓯江流域就遭遇了十多次大洪水，平均不到10年一次。再往前追溯，清道光《丽水县志》记载："绍兴十四年（1144）八月，水高八丈，溺死三千余人。十六年，大水如前。"《黄氏族谱》中记载："清嘉庆十八年（1813），下圳遭遇大洪水，房产坍塌殆尽。"瓯江简直就是一条狂放不羁的龙，而下圳村地处碧湖盆地的最低点，四周开阔，三面临水，当瓯江上游泛滥的洪水向下游压来，下圳的压力可想而知。于是沿着瓯江布防了一道防洪林带，村东侧沿着池塘还有一条南北走向的古樟树林带，如同筑起两道绿色长墙；沿渠两侧栽植了不少樟树，如同辟出一条绿色长廊；村中遍植古樟，仿佛华盖一样笼罩在村落上空。经过樟树群的群力拦截，洪峰对村落的冲击力明显减弱。洪水浸泡村落时，樟树发达的根系在地下形成了一张看不见的隐形网络，四处伸展的根系穿插勾联，将大地固定，坚如磐石，有效避免了水土流失。

樟树不仅在防洪时起到了定海神针的作用，而且成为村民日常生活的一部分。传说有棵千年樟树数次显灵，在长毛造反、抗日战争以及多次水灾中帮助村民化解危难。关于樟树还演绎出了不少传说，因此村人除了祭拜观音庙和唐葛周庙之外，樟树娘成为他们朴实的信仰，它在村民心目中俨然成为神祇。樟树下设置了香案，树身贴满红纸，常有村民在樟树娘面前顶礼膜拜，烧香磕头。直至今天，这棵千年樟树虽然只剩下躯干，仍然顽强挺立着，俨然成为村落的护村神和风水树。由于蚊子、蜘蛛、蟑螂等虫子忌惮樟树的异香，村里少有皮肤疾病，村民生病时习惯刮一点樟树皮做药引子，在药物治疗的同时接受心理治疗，疗效自然远远超过普通的药物。

世代相传的医术和古樟环绕的良好环境，造就了长寿村。在大力建设生态文明的今天，下圳的示范效应是很突出的。

（陈芳红）

松阳酉田村

六代行医的叶氏世家

酉田，位于松阳三都乡西部，距县城约9公里，村庄位于松三公路下首，半隐于山岙中。唯有拐入通村小道，立于村西摄影亭，村庄风貌才能一览无遗。整个村庄三面环山，唯南面镶着一口水塘，还有一大片山垄田。村内建筑均依山就势而建，高低错落，粉墙黛瓦。村东有三棵苍劲的大松树，成为酉田村标志性的景观。翻阅村里的《叶氏宗谱》，可知叶氏祖先于明嘉靖甲子年（1564）从桐溪迁至油田，系叶梦得后裔。村庄因位于山区，水贵如油，因此取名油田，后更名为酉田。就是这样一个质朴的小山村，却有一门六代行医行善的家族，让人赞叹不已。

说起酉田六代行医家族的美德故事，还得追溯到两百年前。第一代名医叶起鸿（1810—1868），名蔡泉，字如松，号秀亭，国学生，钦加六品衔，乡民尊其为"秀亭先生"。秀亭先生15岁时拜在本县名医詹东门下，因其勤勉好学，故而尽得师传，20岁时便独立行医。因其医术精湛，行医不久便声名远播，除本县外，遂昌、丽水、云和、宣平等周边地区来求医的人络绎不绝。因医德高尚，医术精湛，同治四年（1865），宣平县令汪荣授予秀亭先生"术继天士"匾额，并赞曰："继述天士，和缓同仁；医国医手，松称神人；不嫌贫富，无间疏亲；以德继世，孙子荣身。"对于秀亭先生的精湛医术与高尚医德，国学生阙丽枫题了赞言："习读有年，专学岐黄；精通医理，救世多方；群推国手，名齐良相；贫富如下，不计充囊；有求必至，悯人傍徨……名扬四海，卢鹊并行。"可见秀亭先生仁心仁术深得民心。同治六年（1867），松阳县令徐葆清又赠予"和缓同仁"匾额，对其医术医德进行表彰。秀亭先生有著作《妇科切要》传于后人。其后，每代均有从医者，且均享盛名。

说起第二代名医叶增沫（1835—1928），他的名气更甚于其父秀亭先生。叶增沫，为叶起鸿长子，名书田，字心耕，号济生。书田先生自小继承父业，幼时习儒，继而弃儒随父学医，以"不为良相，便为良医"之古训自勉。精通医理，辨证详明，处方灵敏，活人无数，在宣平、丽水、云和等周边地区也颇有名气。作为酉田叶氏家族的房长，书田先生参与主持修撰了民国版《酉田叶氏宗谱》。光绪三十二年（1906）松阳知县赵联元赠之"著手成春"匾额，以表彰其德行。民国十二年（1923）松阳知事吕耀钤赠之"妙手生春"匾额（"文革"中遗失），赠联曰："鹤发童颜延年有术，采芝种芍良相同功。"所著《医案》传世。

书田先生育有两子，绍琚与绍琳，亦继承父业，这便是酉田叶氏名医第三代。长子叶绍琚（1871—1918），名琼瑶，字含辉，号耀光，国学生。因家世业医，亦弃儒就医，凡内、难医经，伤寒、温病，内、外、妇、儿各科均研习娴熟，尤得其父真传。18岁开始行医，辨证立方，迥异流辈。疑难奇症得其医治病即霍然而愈，医名大噪，四周邻县求治甚众。著有《集效全书》。因其医德高尚、医术优良，宣统元年（1909）宣平知事徐士骈赠之"秘囊传家"匾额，松阳知事张纲赠之"功同良相"匾额（"文革"中遗失）。当时的浙江第十一师范毕业生刘士俊（其女婿）赞曰"无惭国器，丕振家风；难经素习，良相同功"。其同窗好友宋乃休亦题诗："妙手回春意自如，利人之疾福有余；幼入寒窗岐黄业，亦济松川德为居。"书田先生次子叶绍琳（1875—1948），名琼玖，字含芬，号美璧。亦随父学医，得父之术，诊断病情，决人生死。常行医石仓一带，尝有扁鹊再世之誉。

传至第四代时，酉田名医世家一族仍坚持行医，琼瑶和琼玖各有一子继承父业，在医林均颇有建树。叶承先（1900—1989），琼玖长子，名延长，字启后，号梦熊。7岁入私塾，11岁随父习医，就学于松阳毓秀小学。后弃学习医，随祖父和父亲习医，幸得祖辈亲传，从父志，承祖业。18岁开始行医，医名遍及松阳、遂昌、宣平、丽水、云和等地。新中国成立后，坚持在基层诊所工作，工作认真负责，服务态度良好。耄耋之年仍坚持出诊，深得民众爱戴。行医达六十多年，临床经验丰富，对伤寒、温病、外科、内科、妇科、儿科等疑难病症的研究，心得颇深。著有《梦熊诊所医书》留予后代。

叶承珑（1909—1976），琼瑶长子，名秋元，字玉龙。年幼即读父书，10岁丧父后幸得祖父之传，15岁医书娴熟，17岁开始行医，凡伤寒、温病、内、外、妇、儿科均有研究，尤精于伤寒和儿科麻疹。解放后先后在联合诊所、新兴乡卫生所、樟溪乡卫生所、遂昌县人民医院中医科工作，曾在省中医进修学校进修。生前曾录有中医案，在"文化人革命"

中散失。子益丰继世业，亦颇负盛名。

经历四代行医之辉煌后，秀亭先生后世子孙仍秉承祖训，悉心研习医术，造福于乡邻，叶承先与叶承珑仍各有一子承父业。第五代传人叶益寿（1917—2002），梦熊先生之子。早期弃学习医，随父叶梦熊研习医书药理，后经各级主管部门考试合格，由中央考试院发给中医师合格证，并担任松阳县救济院医师。抗日战争时期，为出征军属义诊医师，在行医中，无论病者贵贱贫富，一视同仁，不分昼夜，风雨无阻，随叫随到，深受广大病患的信任和爱戴。在五十多年的行医实践中，他根据临床经验，总结整理成《益寿奇验医案》一部四卷，分为伤寒、温病、妇幼、杂症各一卷。

叶益丰，生于1926年，秋元先生之子。16岁开始随父习医，20岁开始独立应诊。1957年进入古市联合诊所工作，同年进入中医进修学校学习。回乡后从事中医临床教学、科研工作，1970年参与编著《遂昌中草药单方验方集》一书，1971年在验方基础上研制出"复方鱼腥草糖浆"治疗老慢支。后在中医学徒班、中医进修班任教，学生遍布松遂两县各医疗单位。对《内经》《难经》《伤寒论》《金匮中略》及各家医书均有深入钻研，凡内、妇、儿、五官各科均有深刻研究，临床经验丰富。尤对麻疹、百日咳、破伤风、肝胆病、胃肠病、咳喘病等有独到之处，善治疑难病。益丰先生在工作岗位上坚持到85岁高龄，目前仍有四邻八乡的人慕名上门求医。从医七十余年，他在省以上中医刊物发表学术文章达96篇。因其医术精湛、医德高尚，1988年被浙江省中医管理局收入《浙江当代中医名人志》。其子叶学政从医。

名医世家传至现在的叶濂和叶学政已是第六代。叶濂，出生于1940年，益寿先生侄子，早年随祖父梦熊先生和伯父益寿先生习医。1957年进入铺门中医联合诊所工作，后到靖居卫生所工作。1963年时经县里统一培训，做了乡村赤脚医生。此后的行医生涯中，叶濂先生考取了赤脚医生证、浙江省乡村医生证书、乡村医生执业证书等，并通过自己的努力，在三都片颇有声望。现虽年事已高，仍坚持行医，常有人慕名而来。叶学政，出生于1966年，叶益丰之子。从小随父学医，现在古市医院中医科任职。

西田名医世家仁心仁术的故事代代相传，激励着其后世子孙继承家学，散播仁术，救助四方，也成就了一门六代行医的传奇故事。

（王永球）

慈溪双湖村

叶种德堂创始人叶谱山

双湖村坐落在江南小镇鸣鹤的中部。《诗》曰："鹤鸣于九皋，声闻于野。"鸣鹤一开始就与《诗经》有缘。

鸣鹤位于慈溪市五磊山下，杜湖、白洋湖之滨。唐元和年间，乡人虞九皋，字鸣鹤，第进士，殁于京，乡人哀之，称其故里为鸣鹤。我见过的古镇，没有一个如鸣鹤这般安静。车至老街入口"陡塘桥"时，丝毫没有喧闹的迹象。双湖村，正是承载着小镇千年繁华与沧桑的古村，双湖之名，缘于眼前荡漾着的杜、白两湖。

双湖村主要由上街与中街组成，上街起自翁家岙，翁家岙东临杜湖，入口处见一精美的装饰墙面，青砖小瓦间江南小镇的味道渗了出来。路叫大房路，路的两侧是民居，墙面上绘着双湖村的一些老建筑或者山水图，偶有诗文相配。沿着不知名的山脚，过河，穿过狭长的小弄，民房一下子高大了。直耸的围墙，巨大的条石，深色的青苔，像是树的年轮，它们是时间的纹理。脚下已是青石板路了，眼前全是一幢幢幽深的深宅大院，老宅的墙垣高出于屋顶，轮廓呈现出阶梯状，如昂首的马头，这便是马头墙。砖墙墙面以白灰粉刷，墙头覆以青瓦两坡墙檐，白墙青瓦，明朗而雅素。宅内雕琢精致的花格门窗极富韵味，岁月在这里沉淀，往事在这里凝固。

大宅之间有曲弄幽巷连接，小弄叫银号弄，弄两侧是成片的马头墙，有三阶、四阶，甚至五阶。相应的阶数对应着相应的地位，五阶最高。这里曾经发生过什么？这里的主人又是一个怎样的人物呢？

话从嘉庆年间的杭州望仙桥直街说起，在那条直街上有一家著名的国药号，那药号规模庞大，生意兴隆。一天，那药号与往常一样开始了一天的营业，高高的柜台前排满了前来抓药的人，其中有一个二十出头的仆人，从他身上的气质和穿着来看，他一定在大户人家做事。轮到那仆人抓药了，他接过药堂伙计递来的中药，就匆匆出去了。那仆人转过一两条街，来到一幢气势恢弘的大宅前，推门走了进去。大宅叫胡宅，宅子的主人竟是官至二品的红顶商人胡雪岩。这天早上，胡雪岩的小妾身子不适，正是她派遣下人来药铺抓药。那仆人打开药包，呆住了，只见其中的一味药材已经发霉。他只得再跑一趟药铺，出门的时候，因为着急，他一头撞在一个人身上，此人正是胡雪岩，胡雪岩呵斥道，什么事慌慌张张的？仆人把事情的来由告诉了胡雪岩。胡雪岩点了点头："那就赶紧去换。"

仆人重新来到了药铺，因为语气比较难听，结果与药铺的伙计争执了起来。那伙计也不甘示弱："我们店里只有这种药，要好药，你们胡先生最好自己去开一家。"这话传到胡雪岩耳朵里，他一下子来气了："怎么能够拿人命当儿戏，难道我胡雪岩开不起药店啊？"

后来的事情大家都知道了，1874年胡雪岩在杭州的清河坊开了一家胡庆余堂，并成了江南规模最大的国药号。

那么望仙桥直街上这家药号是谁创办的呢？这家药号叫叶种德堂，创始人叫叶谱山，叶谱山便是鸣鹤双湖村人，他原先在清廷刑部任职，精通医术，离职以后，在杭行医。他在行医过程中一般都自己选料配药，对家境贫困的，往往不收诊费，还经常免去部分药费。由于他的慷慨施助，在当地颇有声誉。清嘉庆十三年（1808），叶谱山在望仙桥直街，开设叶德堂国药号，是杭州自制丸、散、膏、丹，开设最早，规模最大，闻名浙、赣、闽、皖诸省的一家国药老字号。按照时间推算，叶种德堂比胡庆余堂早了76年。比较有意思的是后来两家合并成一家了，并迁至杭州中山东路49号。

时间继续往前推移，清康熙年间，在双湖村有一位叫叶天霖的人，虽出身书香世家，但在其父亲时已经家道中落。叶天霖年岁稍长，便去邻县余姚的一家国药店做店员，因为他勤奋好学，为人又敦厚，常被派遣到外地收购药材。一次，他被派往四川收购红花，当时通信靠写信，余姚到四川写信来去要好多时间。他在四川将信看错，把收购红花看成了收购黄豆。他在四川收购了大量的黄豆，余姚药店看到叶天霖写来的信后立即叫他停止收购黄豆，并将黄豆抛售市场后回来，只要保本就行，如果有盈余就归叶天霖。

因为叶天霖在四川大量收购黄豆，结果市场黄豆奇缺涨价。由此，叶天霖因祸得福，他赚了很多钱。手里有了这一大笔资金，再加上自己对药材市场的熟悉，叶天霖决定自己去闯一条路子出来。在之后的几年时间里，他先后到过杭州、苏州、广东、福建等地做药材生意。凭借着自己的天赋加上肯吃苦的精神，几年时间，他就拥有白银几百万两，成了鸣鹤首屈一指的富商。中国传统的儒家思想，一个人在外发迹后，大多衣锦还乡，求田问舍，叶天霖也不例外。他有6个儿子，他决定为6个儿子分别建造六幢房子。那一天，鸣鹤街河上停满了装运木材的船只，那些建房用的木料上乘，结构考究。不久，小镇中就屹立起六幢颇为气派的房子。宅子有高耸的围墙，两侧是鳞次栉比的马头墙，门前有旗杆，照壁，石凳，石狮等。如今穿走在双湖村的小巷间，还能看到历经沧桑的三房和五房。

叶天霖的第四个儿子就是叶种德堂的创始人叶谱山。

中国传统城镇、村落的发展，大多靠"衣锦还乡"人士的推动。叶天霖的发迹让乡人羡慕不已，在他的带领下，鸣鹤的许多居民都外出做药材生意去了，因此，叶天霖被尊为鸣鹤国药的始祖。在20世纪30年代，鸣鹤有千余户居民，大多外出经商，并在国药业中不断涌现出杰出的人才。在杭州，号称六大国药铺的经理都是鸣鹤人。他们是：叶种德堂经理叶本生；胡庆余堂经理俞绣章；方回春堂经理刘沛元；万承志堂经理支文良；张同泰堂经理俞企堂；泰山堂经理董福生。只是他们已不全是叶姓。

把目光投向国内的其他城市，鸣鹤的国药人才在更大的舞台上活跃着。比如国内最盛名的两家同仁堂，北京的同仁堂和温州的同仁堂，都为鸣鹤人所创，两店相差仅一年。再如天津达仁堂、济南宏济堂、太原乐仁堂、石家庄乐仁堂、绍兴震元堂等。

温州同仁堂的后人，在家乡双湖村建造了豪宅盐仓走马楼，又在走马楼一侧建造了叶氏祠堂"崇敬堂"。"崇敬堂"简称"公堂"，推族长主持，族长是慈溪叶氏宗裔房族和温州"叶同仁"的最高统治者。初期"公堂"设有"堂规"，后逐渐形成比较完整的房族和企业管理制度，"堂规"中鼓励子孙读书发迹，希望跻身于官僚行列，千秋万代，福泽绵长。

"国药人才集浙江，浙江首推鸣鹤场。"绚烂之极归于平淡，到民国时期，小镇的名气才渐渐匿迹。时光飞逝，转眼到了21世纪，政府决定对古镇进行开发，倾力打造休闲养生胜地。古老的"崇敬堂"很快修葺一新，"上海国医馆鸣鹤分馆"已经开张营业。古老的小镇清香弥漫，那是穿越时空的药香。

（沈伟恒）

奉化马头村

上海眼科医院创始人陈滋

　　银峰脚下，象山港畔，有个千年的历史文化村落——马头。村内现仍保留着一大批明清、民国时期的古建筑群、古樟古井基本处于原生态。早在唐末天佑二年（905），唐中宗时进士、太子太傅陈邕后裔就迁徙至此，迄今已有一千一百多年历史。

　　马头背倚银山，三面环山，东南面临象山港。自后梁时人间弥勒——布袋和尚垒沙为堤开始，马头先祖先后在海边山谷围筑海塘，建成了多个小平原，使马头既有峥嵘的山岳、浩淼的江海，又有溪河纵横、广袤平整的田畴，不但风光旖旎，而且物阜民丰。

　　马头地处海陆要塞，海上丝路。甬象古道在此设埠，对马头的发展影响深远。同时，马头又是防匪、抗倭和清初立桩划界海禁之所。先祖们历经沧海桑田，山海劳作，渔樵耕读，培育了勤劳勇敢、忠孝仁爱、善邻修睦和崇学向上的淳朴村风。

　　大自然造化了这个风水宝地。马头，古称"鸡鹠"。祖先根据这里聚栖着众多喜欢山水又吉祥美丽的古水鸟"鸡鹠"，因而取名。后又因村东南有马头山、马头岩、马头渡，清中叶又设有马头浦，遂改为现名。马头的前辈希冀子孙后代能信奉孔子"智者乐水，仁者乐山"之说，期盼村民像鸡鹠一样适应环境，在这里繁衍千秋万代，像马一样骁勇驰于家园，荣宗耀祖。并以"东边旗，西边鼓，不是文就是武"的风水谚语激励子孙锤炼成文武之才，谱写德逾今昔的春秋。嗣孙们不失先人之望，通过自己的努力使马头成为代有闻人、人才济济的奉东望族，名贤荟萃的历史文化古村落。

　　翻开《鸡鹠陈氏家谱》中的《选举志》《懿行录》《世德传》，就可以看到历代各类名人栩栩如生地被记述在那里。他们或为官清廉，或懿行遍及城乡，忠义可嘉，或孝悌仁爱、事业有成而成为名家。特别是近现代，这里更是名人辈出，享有"教授村"和"将军村"的美名。在这些名人中，陈滋是其中的杰出代表之一。

陈滋（1878—1927）原名陈大滋，字益卿，别号益钦。祖辈皆耕读传家，纯行孝谨，为乡里富善之家。他4岁丧父，7岁丧母，其时长兄大谓17岁，老二大洌14岁，赖祖母杨太夫人抚养长大。大滋公从小颖悟异常，求学甚力，光绪廿四年（1898）县试第二名补为生员（秀才）。1903年得长兄支持代为借贷学费，在杭州同仁医学堂攻读医学，其间学习了日语。1906年卒业后在上海行医，并翻译了大量的西方医学经典，为西方现代医学传入我国作出了贡献。

陈滋又于1910年赴日本学医深造。在日期间，得以入东京三井慈善医院见习内科、皮肤科及五官科。辛亥革命爆发回国，任沪军都督府医务处长。1912年年初，因不惯军职再度赴日，专攻眼科。这次赴日本深造期间，陈滋结识了在日本振武学堂学习军事的蒋介石，并交为好友。回国后即得到他的帮助，借款2000块大洋，创立了中国第一家西医眼科医院——上海眼科医院。

陈滋医术精湛，尤精手术治疗白内瘴、青光眼。主张中西医结合，他博览中医典籍，将中医之方与西医之术融合，并用于临床，被国内眼科界公认为中西医结合治疗眼病之先驱。他对眼疾的截、洗、刳、割手术，无不得心应手圆满成功。经其治疗复明者不知其数，患者康复后感激万分，鸣谢启事屡见沪上报纸，数年间声誉鹊起。

他医德高尚，不论富贵，一视同仁，诊病不受时间限制，随到随看。他每周免费施诊贫病者3次。对家乡贫困患者不但免费，还提供食宿赠送旅费。整个上海无人不知，无人不晓。仁心仁术，被时人誉为"益卿先生"，也被称为"国之名医"和"民之良医"。

陈滋先生虽长期在沪行医，对家乡依然故里情深，对家乡公益事业诸如疏村溪、修宗谱、赈饥乏，莫不慷慨相助。1921年，捐资2000块大洋助建鸡鸮学校新校舍，又捐赠图书，助资学校老师去上海、苏州、无锡等地学校参观。得到当时的奉化县府奖誉，特派人送上"惠及青年"匾额至上海眼科医院。

陈滋先生重视理论总结，在临床闲暇之余，勤于著述，写有《中西眼科汇通》《病理通论》《育儿全书》《人体解剖学》《新脉经》《西药调剂法》等一系列著作。尤其其《中西眼科汇通》，被视为同类著作中的开山之作，不愧是中西医结合的拓荒性巨著。

陈滋深爱医学，也希望能医学传家。为此，他积极帮助后辈进取，资助多个族中子弟游学国外，并培育了一代医学世家。儿子陈任子承父业，后成为同济大学教授，也成为一代眼科名医。女儿陈壁明、侄辈陈宗京、陈宗棠都是医大教授，其余孙辈中，依然还有好多位都从事与医学相关工作。

陈滋先生兄弟情深，但长大后为了生活，三兄弟各奔东西。大渭居马头，大渼居杭州，大滋居上海。陈滋每忆及年幼时的亲密无间，总觉得这是一种遗憾。于是，在一次大渭病重之际，兄弟三人商议后决定身后要合葬一处，于是陈滋在1922年出资在家乡建筑了以父亲户号"颂房"冠名的颂三坟园（意为颂房下三兄弟家族的坟园），并自题园门对联："幼同失所天，长各处一天，因久别兴嗟，且筑小园收骨肉；生不能辟地，死毋多占地，况人满为患，忍教荒塚变郊原。"1927年，大滋先生仙逝，按照他的遗愿，归葬到了家乡的颂三坟园。时为国民革命军总司令的蒋介石感其兄弟情深，亲撰祭文，并题有"有爱可风"的墓碑。如今人们经过墓园时，不但怀想陈滋的崇高医德医术，更为他们手足情深肃然起敬。马头村为家乡优秀的儿女深感自豪。

（奉化市农办）

安吉郎村

畲族神医雷信禄

郎村（古称郎陈庄），是湖州市仅有的两个少数民族村之一，也是中国少数民族特色村寨。自从畲族祖先迁徙至此，与当地原住民共同生活。数百年来，畲汉共处，其乐融融。然而畲族刚迁来时，当原住民曾一致排外，互不往来。所幸后来成就了一桩惊天奇缘——畲族神医妙手回春，促使畲汉联姻，方有今日的和谐局面。想知道内里乾坤吗？且看下文分解。

一　初迁郎村，"山哈人"艰难求生

畲族，自称"山哈"，清中晚期，"山哈"医者雷信禄（字林生）和父亲雷光海一起携一族老少，从老家丽水龙泉出发，在杭嘉湖一带一边行医谋生，一边留意周边环境，想找一方土地安顿下来。据其了解，孝丰县是个孝子之乡，为人和善，于是携一族老小迁来孝丰。虽说当地村民善良，大多是外地移民。但看到"山哈人"也感到很意外，一种排外心理油然而生。"山哈人"只好远离他们，来到离县城较远的偏僻山村——郎陈庄。由于初来乍到，当地村民也很难接纳他们，"山哈人"又遭到排挤。无奈之下，医者雷信禄带领族人一同进扎山林，以打猎，垦荒为生。过着"刀耕火种"的原始生活，日子过得异常艰辛。尽管如此，他也不忘钻研医术，被族人亲切地称为雷郎中。

二　患重病，郎家千金求医无门

据说庄中有一大户人家，人称郎员外，家中良田千亩，山林万顷，乃当地首富。然而天有不测风云，某日郎家千金郎夏珍突然生病，数日茶饭不思，人也日渐消瘦，数月之后已无力下床，生命垂危。郎员外带着女儿四处求医，无奈终不见好转，试遍百药都无济于事，郎员外心如刀绞。

某日，邻居有人进言：小姐这病不见好转，这么多名医都治不好，是不是碰到了什么"脏东西"，莫不是鬼魂缠绕。于是员外叫管家请来道

士，在家中作法驱鬼。三天三夜的法事，也未见病情好转。管家见状，对员外说："道士作法不行，不如请灵峰寺的和尚来念经，或许有效，我还听说那里的和尚挺有本事的。"员外沉思一会儿说："那就试试吧。"于是，管家去灵峰寺请来了和尚。在家中念了九天九夜的经，和尚们累得筋疲力尽，然小姐的病依然不见起色。无奈大师也只得说："阿弥陀佛，施主另请高明。"绝望的员外，此刻心急如焚，气血攻心，突然口吐鲜血昏了过去。过了一个时辰，在家人的呼喊声中醒了过来。对大家说："我不要紧，要想办法救小姐才是啊。"于是嘱咐大家各自回去再访名医。

小姐病重不治的消息很快在当地传开了。大家觉得郎小姐与人为善，得了重病真是令人惋惜。一时间，整个村庄的人都在为之忧心、为之祈福。

三　历艰辛，"山哈"神医救千金

不久，这件事引起了一位"山哈人"的注意，他就是郎中雷信禄，这里有一段鲜为人知的故事。

雷信禄出生在龙泉，是名医世家之后，数百年前祖上乃神秘的"巫师"。凡族中有人生、老、病、死都离不开他。他不但医术高超，而且族中祭祀，占卜，红白事等都离不开他。故祖上"巫师"的身份在族中有极高的威望，享受着至高的荣誉。然而到了他这一代，随着社会文明的进步，"巫师"一职早已名存实亡了，然作为"巫师"的另一项绝技——治病救人的医术却流传了下来。

雷信禄幼年，在长辈的教导之下，了解了百草中药的药性、用法和生长特点。还学会了如何"望、闻、问、切"。灵活运用百草中药，对症下方，治愈病人不计其数。长大成人，阅历增加，医术更加精湛。可是流落在外地，杭嘉湖一带的汉人排斥外族，即使拥有高超的医术，却无施展的机会。

听说郎小姐身患重病，无人能治，这也引起了他的好奇心，他想：我有一身绝学，却无用武之地，当地人又不信任。如果我把郎小姐的病治好了，不仅可以证明自己，说不定还能改变汉民对"山哈人"的看法，这样就能更好地融入这里，扎下根来。于是，他来到了郎员外府上，在门口遇到了大管家，得知雷郎中来此原因之后，大管家瞥了他一眼："你这个江湖骗子，小姐有病也轮不上你看。"边说边把他往外推出去。雷郎中吃了哑巴亏，沮丧地回去了。

雷郎中虽然吃了闭门羹，但依然决心治好郎家小姐。于是一旦有空，他就来到村口，坐在凤仪桥的石栏上，听别人谈论郎家小姐的病情。每当有人从郎员外府上出来，他都迎上去好言相询，了解情况。久而久之，雷郎中对小姐的病症有了一个初步的诊断，觉得这个病症很像以前老人们说起过的一种罕见疾病。由于是重症需要结合汤药、针灸、外熏等疗法结合来治，方有疗效。只可惜得不到郎家信任，无法亲自把脉确诊是不是这病。

时间一天一天的过去，郎小姐的病情一天比一天严重。全家人悲痛万分，过着以泪洗面的日子。一日，一位章员外来庄中做客，知道了这个事以后，想到了张贴告示，征求名医的办法。如果有人能医治好郎小姐的病，赏金千两。

告示贴出第二天，雷郎中就知道了，他揭了告示直接来到郎员外府上。郎员外看到此人，开口回绝，被章员外拦住了说："让他看一下吧，还能有什么办法吗？"郎员外一声叹气，甩手说到："罢了，试吧！"雷郎中来到小姐床前，通过望、闻、问、切诊疗之后，庆幸如他当初判断一致。当郎员外得知女儿的病能治好时，喜极而泣。承诺如果雷郎中救活女儿，治好她的病，就把女儿许配给雷郎中的儿子，双方结成亲家。

雷郎中结合郎小姐病情，采取祖传医术"一针、二药、三熏"的方法替小姐治疗。一用银针疏通经络，二用汤药调理阴阳，三用熏香提神益气，以达到最佳疗效。他每天早、中、晚对小姐进行分诊治疗，经过数天之后，郎小姐病情开始好转，脸上也恢复血色。就这样雷郎中尽心尽力地试针，调药，持续一个月之后小姐体质恢复可以走路了。看小姐的病情快好了，雷郎中开了几副药，对郎员外说："悉心调理，半年可恢复如初。"说完就回去了。

四　排万难，畲汉两家喜联姻

很快半年过去了，郎家小姐的病也好了。于是雷郎中请媒人去提亲，当媒人向郎员外说明来意后，郎员外竟当场悔婚，雷郎中万般无奈。

一次，雷郎中和儿子去赶集，在县城的街摊边吃饭，听到旁边桌子的几个人闲聊，说当今县太爷为人公正、廉明，是个好官。雷郎中就想找县太爷帮忙做主。去县衙找到了县太爷，把救郎家小姐，定亲，悔婚的事逐一说给县太爷听。县太爷听完后，若有所思，说道："你们回家等消息吧。"

县太爷派人去打听了情况，辨别了真伪。认为雷郎中医术高超，本县如能促成这桩婚事，雷郎中就可在本县长期定居下来，医治百姓，造福一方。于是把郎员外传讯到了大堂，县太爷问："郎员外，雷郎中告你悔婚，可是事实？"郎员外只好承认。解释道："雷郎中医术高明，救了小女一命，我很感激。可是他家徒四壁，故不同意这门亲事。"县太爷说："你家有钱，可划一些良田、山林作为女儿的陪嫁，这样他家就不穷了，你女儿嫁过去也可享福。"郎员外听此，心里不痛快，说到："大人，我们是大户人家，不能与外族通婚，望大人明鉴。"县太爷大笑道："满汉都能通婚，你这婚事有何难的。"说罢一拍惊堂木："双方不得悔婚，择日成亲。"说罢退堂拂袖而去。

县太爷一心要促成婚事，又派师爷督办。郎员外见县太爷态度坚决，也不能强求什么。后来郎员外依约，划了大片良田和山林，又赠一座大宅作为女儿的陪嫁。从此雷家在庄中站稳脚跟，开枝散叶。

两家联姻后，相互走动，相互体谅，和平共处。雷郎中的医术逐渐被村民认可，周边汉民也闻名前来求诊。大家称之"雷神医"。后人们为了纪念这段奇缘，把当年小姐陪嫁过来的山林，命名叫"阿婆毛竹山"。如果你有兴趣，就来到畲村，站在"阿婆毛竹山"上看一看，阿婆当年使用过的水塘、水井，品味一下当年的阿婆初嫁时的情境，也不失为一件美事。

（安吉县农办）

湖州南浔港胡村

"落马箭"武解元汤御龙

　　港胡村位于湖州市南浔区旧馆镇最西端，村内古村落"港廊"最早在南宋时已有人居住。元末明初，由于江浙沿海一带倭寇横行，为避侵扰，许多渔民背井离乡，逆水而上迁徙于此定居，繁衍生息，形成今日之大村落。一条清澈见底的小河由东向西穿村而过，把古村一分为二，两岸是沿河而建的廊棚，延绵2里有余，河上有不同风格的小桥3座。条石傍岸整齐，河埠宽大且错落有致。廊棚屋里供销社、理发店、茶馆、小吃部依次排列。河道里橹摇木船，挂桨水泥船头尾相连。笔者查阅《湖州古旧地图》，发现最早标注古村落地名的是1673年刻印的《乌程县图》，1893年刻印的《浙江省水陆道里图》将它标注为"新兴港市"（前清时对乡村集市称为市，诸如"晟舍市""马腰市"一样）。这样的称谓一直沿用至20世纪40年代，民国1947出版的《吴兴县图》标注"新罗乡"，乡治所在地就在港胡村。由于其悠久的历史和独特的人文风貌，港胡村被列入了浙江省第一批历史文化村落。

　　和许多名村一样，港胡村自然也出过不少名人。其中，汤御龙既为名医，又高中武解元，书写了一段传奇。他的故事至今还为人津津乐道。

　　汤御龙，字荣先，乌程人（今港胡村汤家门）。出生医学世家，善骑射，会武艺，精书法、医术（善外科手术，曾施麻醉药后切除患者肿瘤，为人治病能匠心独具，别出心裁）。据《湖州名人志》考证，汤御龙自幼受家庭因素影响，对医术表现出非凡的悟性。父亲是当地有名的乡医，自记事起一有机会汤御龙就会跟随父亲出诊，观其行，记其言。父亲出的每一张药方，他都会记下。他还不断学习新思想、新医术，到青年时他的医术在当地甚至已经超过其父，特别是在外科手术上。

　　据本村的汤荣林老人讲，一次一位腹痛难忍的患者前来就诊，其父亲一时也无从下手。汤御龙自告奋勇，在父亲的默许下，通过推摸患处、切脉和观察患者病状，断定其为急性肿瘤并要对其实施麻醉切除手术。起先其父还犹豫不决，一是他知道儿子没有做过这种手术，二是怕万一失手会坏了自家的名声。但在犹豫中，他还是看到儿子坚定的眼神，知子莫如父，他最终还是点头同意了。结果手术很成功，汤御龙也一时名声大噪。

曾有当地二人凌晨争吵，一时气急，互相拉扯到一起。其中一人突然僵卧不醒，家人慌乱，急忙去请汤御龙诊断。汤御龙测其胸前还有温度，问明并未发生殴斗。后切其脉，把准病灶，急取川椒、使君肉煎汤灌之。不久病人就苏醒，排下蛔虫一升许乃愈。旁人好奇，询问其故。汤御龙说："看病人身上没有伤痕，又确证没有发生殴斗，脉并无死象，但是病人面色发青，形体羸瘦，所以判断为肚中积累大量虫子，适逢发作，导致晕厥。"众人都为他的医术叹服。

汤家不仅仅是医术高明，医德也是有口皆碑。他们从不欺压百姓，收费也很合理。汤家对村内的一些老弱病残往往是不收钱的，病人赊账也是常事。汤家的医道医术，在当地成为传诵已久的佳话。

但真正让汤御龙名垂青史的不是他的医术而是他的武功。相传他年少时就异常好动，喜欢舞枪弄棒，借助其超凡的悟性和勤学苦练，很快练就了一身好武艺。他外出行医、采药，风餐露宿，备尝艰苦，还多亏了他练就的硬身板呢。

眼看到了嘉庆、道光年间，朝廷更加腐败无能，国家还遭受英法等帝国主义列强的侵略与欺凌，人民生活在水深火热之中，汤御龙忧心如焚。作为热血青年的他，立志拜师习武，使自己的武术能精益求精，以便将来能报效国家。在得到名师指点后，他武术进步迅速，练得比以前更加刻苦。不多久，刀枪弓箭，十八般武艺样样精通，终于成为湖州东郊方圆数十里赫赫有名的武生。

清乾隆二十一年（1756），朝廷举办科举考试，广招贤才。汤御龙经人推荐去参加武场科举，他报名参加了浙江乡试。经府县等层层选拔，这年秋天，他到杭州参加正式考试。在众多高手面前，汤御龙并未怯场，而是沉着应战，冷静发挥，结果他以非凡的武功和"百步穿杨"的箭术绝技而一鸣惊人，高中武举人，而且是第一名武解元！

说到这射箭，还有一个有趣的故事。当时武场考试其中一项必考就是骑射，轮到汤御龙时，由于马受惊，汤御龙快到拉弓射箭时，马前蹄突然上扬，汤御龙在快要落马时，一个俯身从马的侧面将箭射出。随着箭"嗖"的一声出弦，自己也因重心不稳跌落马下。在大家都以为不可能射中的情况下,箭居然直中靶心!观众先是沉默,继而齐声叫好,情不自禁鼓起掌来。就这样,汤御龙的机智、勇敢成就了他的武解元赫赫威名。"落马箭"的典故也由此而来,成为家乡人民代代相传的故事。

由于外国势力的入侵,加上连年的灾荒,时局动荡不安,再加上贪官污吏的横征暴敛,社会更是雪上加霜,民不聊生。老百姓生活不下去,民间偷盗之风也就盛行起来。据说当时太湖一带强盗经常出没,骚扰百姓。但港廊一带由于汤御龙的武解元盛名,强盗经过时都要退避三舍。

当汤御龙以武解元的身份衣锦还乡时,港廊这个小小的水乡古镇沸腾了。家家张灯结彩,奔走相告,喜气洋洋。尤其是汤姓氏族的人们,更为出了汤御龙这样一位光宗耀祖的大名人而倍感自豪。

(南浔区旧馆镇港胡村)

临海孔丘村

起死回生的神医章省春

台州临海孔丘村风景宜人，贤才辈出。历来都是尊师重教，行有义方，好村风、好家风一直延续至今。

一　兴学重教　英才不辍

孔丘村章氏始祖章廷可是个书生，虽隐居而"卷不释手"。他一边过着耕读生活，一边教导子孙以读书为重。数百年来，陇洲章氏言传身教，历来以家训、重教为先德，教导后人要知书达理，修身明德。同时，以《章氏家训》作为村人的行为规范。

《章氏家训》，为章氏先祖五代名臣章仔钧亲手撰写。全文如下：

传家两字，曰耕与读；兴家两字，曰俭与勤；安家两字，曰让与忍；防家两字，曰盗与奸；败家两字，曰嫖与赌；亡家两字，曰暴与凶。休存猜忌之心，休听离间之言，休作生愤之事，休专公共之利。吃紧在尽本求实，切要在潜消未形。子孙不患少，而患不才；产业不患贫，而患喜张门户；筋力不患衰，而患无志；交游不患寡，而患从邪。不肖子孙，眼底无几句诗书，胸无一段道理。神昏如醉，体解如瘫；意纵如狂，行卑如丐。败祖宗之成业，辱父母之家声；乡党为之羞，妻妾为之泣。岂可入吾祠而祀吾茔乎，岂可立于世而名人类乎哉！戒石具左，朝夕诵思，切记切戒。

这段短短二百余字的文字，把居家宜忌，说得透彻易懂，细细体味，对现代家庭生活，也有借鉴作用。

清初，孔丘村立村不久，便有"育英家塾"和"登祥家塾"等私塾，曾在临海东乡一带名噪一时，培养出不少读书人。清道光年间，该村太学士章业培，中举人后不问官场，回乡致力于文教事业。1869 年，受台州知府刘璈之托，章业培偕史秉义广设义塾，次年 2 月，于家乡陇洲设立"宝书义塾"，借村祠堂为舍，并筹集学田（地）七十余亩。当时，该村所有耕田仅六百余亩，可见该村对教育的重视。同年，章业培又在离该村十来里的箬笠山（今箬坑村）设立"鼎新义塾"，筹学田四十五亩。两塾开延寿乡（今汇溪、东塍一带）教育之先河。章业培凭自己当时的声望，聘名士任教，文化顿盛，附近天台、宁海等地前来求学的学子不断，每年入庠者均在 20 人以上。后由于发展需要，两塾合并，改名为"宝书鼎新日新义塾"。

1904 年，应时势之要求，"宝书鼎新日新义塾"改为新式学堂，更名为"宝新初等小学堂"。1933 年，在原有基地上建校舍 7 间（校址尚存）。"历年来颇有得法，为教育界所赞许"，相关部门还专门颁布发了奖状匾额，该村上了年纪的老人都还记得，但已说不清奖状上写着什么，"文革"期间，匾额全部遗失。

由于崇文重教，故孔丘村文人辈出，清时曾出九秀才，其中章钟谓等三位曾任上海圣约翰大学教授，章升平等都是很有影响的人士。这些杰出人才中，与家乡感情更为密切，享有崇高声望的，还要属著名中医章省春。

二　医德高尚　妙手回春

章省春，名正概，生于光绪十八年（1892），卒于 1977 年，年轻时，随本村名医章笔泉门下学习，由于勤学苦练、专心钻研，深得真传，并打下了坚实的中医临床基础，后就读于平阳中医院，毕业进入医途，中间曾弃医从政，数年后复返杏林，潜心向医，为民治病，留下了很好口碑。

由于章省春和蔼可亲，并尽治病务尽的原则，所以有许多劫后余生者都和其成莫逆之交。其中医治大石九岗村的姚可香和上王村的戴照林的事迹，至今为人称道。

九岗村地处偏远的羊岩山麓，崎岖的山路让人思而却步。姚可香身患绝症，经台州医院医治无效而退回之人，章省春时年八旬，听人口述病情后，毅然走了十多里的崎岖山路，为姚可香诊断病情，又配了药方，耗费几年的苦心才从死神手中夺回病人性命。

上王村的戴照林亦是被医院判了"死刑"的病人，也是年迈的章公爬了几年上王岭才救回他年轻的生命。

这两例危重病例的治愈，无疑给晚年的章公再创光辉增添了耀眼的光环。

六十多年的行医生涯中，远不止这些病例，健在的章皆淳（北大毕业，昭通师范专科学校副教授，1928年出生）常对人说："章公的医术是了不起的。昔年本地高塘村有一患者重症不起，家人前来请为诊治，至其家，患者已气存身亡，已移于堂前停放，木匠正在为其做棺材，在家属的央求下，章公无奈只能上前看视，家人问曰：可救否。答曰：试试看。急拟方煎药撬牙灌之，少刻人醒，再进方药调理，该人以后复获健康，在当时传为美谈。"章皆淳评论说："这样的医术，当年的扁鹊、华佗亦不过如此。"

当年章公在平阳医院毕业后，时值天花流行，天花与麻疹相仿，顺者无甚大事，逆者危症吓人，能使人或夭或残，危害非常。章公以自己熟练的治病经验，巧妙地进行中西合璧，创造出功效倍增的成果来。他所开拓的成功之路给后人奠定基础。从此临海东乡天花绝迹，麻痘稀少，造福百姓。同时，他热心慈善，古道热肠，急公好义。无论是平头布衣，乡贤名士，无不对其赞赏有加，其爱好也五花八门，尤以书法诗词、地理风水称善，对别人有求必应，无处不显示其诚善与宽厚。

章省春一生淡泊名利，一心向医，自甘清苦，薄薪济贫，朝暮不辞其辛，风雨不辞其苦，即使在病痛期间，仍为别人看病就诊，显示其高风亮节，医德风范。他为人诚实，饱读经书，虽无瀑布之喧哗，江潮般壮观，然心血的灌溉，智慧的挥洒，无不在病人的诊治上得到应验，直到临逝的前一天，在病床之上，虚弱之下，叫人代笔开方，足见其医术精熟，思路清晰，殊不知此时他的生命只有几个小时了。

正是：魄返九泉满腹经纶埋地下，后继无人空留心得在人间。

（章宏行）

「杭州萧山楼家塔村」

行医济世惠天下的楼英

萧山城区西南35公里处的楼塔镇楼家塔村，毗邻诸暨，接壤富阳，三县（市、区）交界，四周群山环抱，村边碧水回绕，颇具诗情画意。在这钟灵毓秀之地，明代出了一位著名的医学家——楼英。德医双馨，铸就泰斗风骨；名利两忘，修成人生正果。其医学成就成为中国医学发展史上的一座丰碑。

元至顺三年壬申三月十五日（1332年4月10日）楼英出生在萧山楼家塔村一个儒学世家。他的父亲楼友贤任富阳教谕，后受聘沪淞巨富朱君玉为家庭塾师。祖父楼寿高在元至元己卯（1279）春选秋选赴绍兴经试，连中两榜，授萧山县儒学直学。其母赵氏是宋皇室缙恭宪王的第五世孙女，簪缨世族，知书达礼，才貌双全，贤淑善良。父母给他取名公爽，字全善，楼英是他后来著作所取的笔名。

受家庭的熏陶和基因的遗传，童年的楼英就显露聪颖，不同寻常。4岁时，其母就教他识字。她对儿子"严于训饬，虽祁寒暑雨不废"。在其母亲的安排下，7岁由塾师教读《周易》，他悟性极高，又有超凡的记忆力，对书中语句能背诵如流，植根于心，堪称神童。

楼英的父亲认为"贫欲资身，莫若为师；贱欲救世，莫如行医"。在父亲的启迪、鼓励下，楼英12岁时弃儒从医，潜心攻读《黄帝内经》。这是中国最古老的医书，深奥异常，犹同"天书"。楼英医海击楫，锲而不舍，八度春秋，终天道酬勤，铁杵成针，破解了这部古老医典之奥秘，觅知中华医学之本源，彻悟岐黄之术之真谛。

楼英20岁时开始行医，接诊病患。凭着扎实的医学功底，执着的济世宗旨，严谨的医疗作风，圣洁的职业道德，使许多患者摆脱了疾病痛苦，恢复了健康之身。两三年间，声名鹊起，口碑载道。乡民们对这位年轻郎中无不赞赏褒扬。年复一年，楼英的医术不断长进，上门求诊者接踵而至。事业心极强的楼英，对病人的病情、号脉诊断结论、药方剂量都作了详细记录，积累了大量的医案，成为他后来著书立说的重要资料。

楼英有一位姨父，叫戴士尧，浙江浦江人，与名医朱丹溪（义乌人）是密友，戴士尧的儿子戴原礼（楼英表兄）是朱丹溪的真传弟子（后成为明初名医，洪武年间征为御医）。由于这层关系，楼英的父亲楼友贤与朱丹溪也有了师友之交。楼英在青年时代与朱丹溪多有过从，多次去义乌拜访讨教，深受其影响。戴原礼也多次到楼家塔姨父家，他觉得这个表弟"敏而好学，后必有成"。一次戴原礼自嘉禾（嘉兴）归浦江，顺道到楼家塔探亲，时年楼英26岁，在医学上已有相当修养，学术思想基本形成，两人切磋医道，十分投契，楼英得益匪浅。戴原礼获悉楼英在积累医案，准备撰写医书后，赠楼英联"闭门著书多岁月；挥毫落纸似云烟"，表达赞赏和勉励。

楼英没有真正意义上的拜师，他在大量的研读，缜密的思考，认真的实践中，形成了独特的医学体系，可谓自学成才。他在行医中，因人、因病、因时而异，施以药疗、理疗、针疗等法，故每多奏效。对一些稀有之药，药铺短缺之药，自己上山采集，其足迹遍萧山南部山区及云南、贵州等地。

步入中年，楼英的医术炉火纯青，杏林翘楚，名扬天下。他救治的病人数以万计，使无数患者，药到病除；许多在"鬼门关"游走、挣扎的沉疴病危者，重燃生命之火。民间认为他是"神仙"，因此才有克伏病魔的广大神通。他逝世后家乡的后人、乡亲及楼家塔周边地区诸、萧、富三地的民众都称他"神仙太公"，名垂奕世！

楼英不仅医术精湛，而且医德高尚。时人一致称颂他"孜孜以活人为务，疾口不谈声利事"。楼英对儿子宗望说："世人得一秘方，往往靳而不以示人，盖欲为子孙计也。吾今反之，将以惠天下，非求阴骘也。""惠天下"，是他一生行医的座右铭和立足点。

一次楼英出诊路过一旅店，两个住店老人病倒在店中，店家怕受拖累，令伙计把两个病叟扶出大门外，让他们离开。楼英看见后，要求店家不要赶走他们，"万一不讳，吾为直之"。意为如果发生不测的后果，一切由我负责。两位老人才回住客店。楼英诊疗送药，一个多月后痊愈，楼英分文不取，还为他们付清住店费用，赠送了盘缠。两位老人"感泣而去"。像这样的感人事例，在楼英的行医生涯中，俯拾皆是。

"活人为心，视人之病，犹己之病，则能称为仁术者！"楼英不仅是一位神医，也是一位仁医。

明洪武十年丁巳年（1377），50岁的明太祖朱元璋身患沉疴，经太医院众多太医诊治，病情未见起色，并日趋危急。其时最忐忑不安的要数那些太医，他们战战兢兢，如临深渊，如履薄冰，在惶恐中煎熬。万一"九五之尊"驾崩，他们的命运轻则人头落地，重则满门抄斩。朝廷无奈颁诏征召天下名医。

时年楼英46岁，在医界已鹤立鸡群，闻名遐迩。朱元璋老家的临淮（今安徽凤阳一带）县丞孟恪向朝廷举荐了楼英，在太医院供职的楼英表兄戴原礼也推荐了楼英。此时的楼英，心情纠结，抉择两难。他是一个淡泊名利，不屑荣华、轻财帛、厌仕途、不愿去攀附权贵之人，不应诏，则是抗旨，后果不堪设想；去京城若能治愈皇帝龙体，自己极可能会被羁留宫中，终身成为君王的奴才；若皇上已病入膏肓，无可救药，自己为皇上陪葬，身败名裂事小，行医惠天下半途而废事大。然而他转念觉得朱元璋是一位重症病人，其身份特殊而已，作为医者，对病人岂可不救？瞬间，天地宽广，豁然开朗，所有顾忌杂念，烟消云散。

夙兴夜寐，风雨兼程，到达京城（南京）后，楼英立即为皇帝号脉，查明病因和病情，并查阅太医们为皇帝诊治开具的药方，至此，楼英已胸有成竹。他力排众议，提出了自己的医疗方案，获得了太医院的认可。

在楼英的精心诊疗下，洪武皇帝奇迹般地恢复了元气。楼英不仅救了朱元璋一命，也救了众多太医的命。太医们无不为楼英不顾个人安危的敬业精神，治病救人的超凡胆识，圣洁可贵的人格魅力所折服。石破天惊，楼英的名望蜚声朝野。

洪武皇帝的身体完全康复后，在金殿召见楼英，重金厚酬，楼英"飘然弗视"；许以官职，楼英以"老病"谢辞，他只恳求皇帝让他回老家。可能是朱元璋出于对楼英高风亮节的钦佩和获得第二次生命的感恩，这位刚愎自用、凶狠暴戾、滥杀开国功臣的君王，破天荒地"恩准"楼英回归故里。

回到故乡后，楼英继续从事他钟爱的行医"惠天下"事业，在为人治病的同时，潜心撰著医书。历时三十余年，反复考订、数易其稿，至洪武二十九年（1396）他65岁时，终于完成恢弘巨著《医学纲目》。《医学纲目》共10部，总40卷，120万字，是中国历史上最早创立人体脏腑分类法的一部医典，甚为后世之推崇。楼英在《医学纲目》"自序"中说：

"英爱自髫年，潜心斯道，上自《内经》，下至历代圣贤书传及诸家名方，昼读夜思，废食忘寝三十余载，始悟出千变万化之病态，皆不出阳阴五行。"

《医学纲目》受当时印刷技术的限制，未能当即出版，时人只能辗转传抄。到明嘉靖乙丑年（1565），才有了第一版刻本。此后各种版本陆续问世，到2011年止，已有14个版本流传于世，为中华医学之瑰宝。

明万历年间，李时珍在编纂《本草纲目》时，把楼英的《医学纲目》作为主要参考资料，在《本草纲目》中，留下了许多"引自楼英《医学纲目》"的注脚。

明建文三年辛巳十一月十九日（1401年12月23日），楼英逝世，享年70岁，安葬在楼家塔村西北1公里之尚坞山麓。一年后翰林学士、奉仪大夫王景为楼英墓撰写了《墓铭》，明永乐戊戌年（1418），翰林修撰承务郎陈循，为楼英墓写了《墓铭跋》。

楼英墓历代修葺，保存完好。2004年被列为萧山区文物保护单位，2007年11月被列为杭州市文物保护单位。2014年楼英墓扩建成"楼英陵园"，门楼、景亭、长廊、水池错落有致，园内草木芳菲。国民党名誉主席吴伯雄先生题写了园名，成为楼家塔村一处历史文化景观。

硕德清风垂奕世，仁医巨著耀千秋。悠悠六百余年，楼英墓祭祀不绝，"神仙太公"永远活在后人心中！

（萧山区农办）

第五章　诗画风神

海宁桃园村

海内棋圣范西屏

清朝康熙四十八年（1709），在江南水乡古镇郭店有个叫桑园里的小村子，一户范姓的人家，诞生一个男孩，取名范世勋。这个孩子长大后，成为誉满海内，影响深远的围棋大国手——范西屏。

初出茅庐

范西屏家原本是个中产之家，衣食无忧。由于他的父亲沉迷于下围棋，根本不把经营家务放在心上，以至于家道败落。范西屏出生时，他家的生活已经非常艰难了，但他的父亲对于围棋的痴迷完全没改变，经常带着小西屏与人下棋，只是他父亲的棋艺始终不高。耳濡目染，范西屏从幼童时期就对围棋充满了兴趣。

父亲见儿子与自己有相同爱好，非常欢喜，唯恐儿子和自己一样不成气候，于是就带儿子拜乡里名手郭唐镇和张良臣为师，棋艺日见长进。不久两位老师的棋力都不及他了。父亲又送他拜山阴著名棋手俞长侯为师，俞长侯棋居三品。有了这位名师指点，加上范西屏的聪明与勤奋，棋艺长进更快，12岁时就与俞长侯齐名了。范西屏不拘泥于先生的教授，还不断潜心研习历代棋家的棋谱，3年后，他竟已受先与先生下棋了。他与先生下了十局，先生完全不能招架他的凌厉攻势，均败在他的手下。从此，俞长侯不再和他下棋。范西屏16岁时，已成为闻名天下的国手。

名动京城

清朝康熙、乾隆年间，朝廷的达官贵人中盛行围棋，也经常延请高手到家里下棋，因此全国各地很多善于下围棋的人都聚集到京城。

范西屏第一次到北京，大约只有20岁。当时有一位姓黄的老国手，常在达官贵人家中走动，擅名已有二十多年。有几位当朝大佬从中撮和，拿出1000两银子，权当彩头，邀请他们两人一决胜负。

比赛开始前，西屏说："黄先生乃老前辈，德高望重，威名素著，就请黄先生让我一先如何？"黄某此时已六十余岁，昔日的火气也已洗去不少，忙说："我虽然痴长几岁，也不过徒有虚名而已。俗话说：自古英雄出少年。咱们也不必拘礼，竟还是分先对弈为好！"

西屏说："黄先生说怎样就怎样，我一概遵命就是。"

说着抓起一把棋子，黄某说："单！"西屏松手放下棋子，一数，恰恰十七枚。黄某一见猜中白棋先行，心中不禁一阵狂喜。

原来那时并没有贴目的规定，先行的一方自然会占很大便宜。若按现行贴目制计算，先行的一方起码要占五目半以上的便宜。

这盘棋初看煞是平淡无奇，但随着棋局的不断演进，两位对局者的不同心态也就表露无遗。范西屏似乎漫不经心，随手而应。而黄某却表现得越来越急躁，额头上不断地冒出汗珠。这局棋从上午一直下到掌灯，还未见分晓。正当大家疑惑不解时，棋盘上忽然风云骤变，只见范西屏拿起一枚黑子，"啪"地去白棋左上角点三三，一下子翻盘了，黄某不得不当场认输。

范西屏一子定乾坤，第二天就传遍了京城。接下来，当时很多成名的国手，像梁魏今、程兰如、韩学之、黄及侣等都来找范西屏下棋，也都纷纷败下阵来。

巅峰之作

说起范西屏，我们不能不提到同时代的棋圣施襄夏。范施两人既是同乡，又是同门。

乾隆四年（1740），范西屏和施襄夏应平湖棋手张永年邀请，到平湖教棋。不久，张永年就撮合他们对弈决胜。两人的对局，是对两人棋力的一次最及时的检验。

按照当时的习惯，高手相约，一般以十局棋为轮，净胜局每领先四局者，交手棋份即提高一格。"擂争十局棋"可以说是一场悬崖上的白刃格斗。特别是在争夺棋界第一把交椅的擂争胜负中，胜者名扬四海，败者则可能一蹶不振。据说，两人的这场比赛，仅张家所设置的彩金就达到了一百两银子一局,这场比赛轰动了整个平湖县。

范西屏和施襄夏两人把平生所学的棋艺在这里发挥得淋漓尽致,一连十多天,可谓天天精彩,盘盘珠玑。最后,这十局棋双方五比五,打成平手。因当时的平湖又叫当湖,故称"当湖十局"。

"当湖十局"被一致公认为中国封建社会时期围棋发展顶峰时期的杰出作品,是我国古谱中的典范。"当湖十局"下得惊心动魄,是范西屏、施襄夏一生中最精妙的艺术杰作,也是清代和整个古代围棋史的登峰造极之作。

同门情深

对于当湖十局,为什么不分出个高低?只要再加一局,胜负自然能决出来了。其实,范西屏和施襄夏二人在平湖共对弈十三局,但流传下来的只有十局,后三局情况不明,这背后又隐藏着怎样的故事?

十局棋结束后的第一天早晨,范西屏将与施襄夏开始加赛的第一局,他和施襄夏之间必须分出一个胜负来。他整理好衣装后,走出房门,却感到了一丝古怪——门外出奇的安静。每天来看棋的那些人到哪里去了?范西屏在张公子的带领下,到了安排对局的大堂,只有施襄夏一个人,默默地坐在棋枰一侧。

"二位先生,随时可以开始对局了。"张家公子说完,竟行个礼便也走了,只留下了范施二人在大堂里!

范西屏惊诧莫名,呆呆地望向对面的施襄夏。"这……这是怎么回事?"施襄夏缓缓笑了。"这三局棋,是我们师兄弟之间随便的对局而已,何必让外人看见?"见范西屏还愣着,施襄夏笑着说:"我们之间的对局,胜负不需要被外人知晓,就像我们三四年前在京城那一战一样。"

原来三年前,范西屏和施襄夏在京城曾对弈过十局,范西屏胜了施襄夏。那为什么当时对局的棋谱没有流传出去呢?那时的施襄夏在京城棋界刚刚崭露头角,名声渐起是经受不起失败,哪怕是一次失败。范西屏为了保护师弟,硬是没让棋谱流传出去。

这十局棋若流传出来,天下人都会说施襄夏不过是范西屏的手下败将,与一般高手没有多少不同。于是,为了施襄夏的名声,范西屏隐瞒了这十局棋。而这"京师十局"成为了闭门对局,成为了师兄弟之间再正常不过的切磋,而这十局棋究竟是怎样一番胜负,根本无人知晓。

比赛之前,施襄夏与张永年约定:"十日为约,十日之后,若我与师兄还未分出胜负，加赛的三番棋便不要有一个人在场观棋，包括张先生你们父子。"并说："前十局棋让看，其中一个缘故是因为这是我的夙愿——在众人的见证下，光明正大地与师兄进行一次决战，证明我拥有不弱于师兄的棋力。"张永年奇怪地问："那为什么不让大家看到底，让所有人都见证你最终战胜你师兄的那一刻？"施襄夏把这个事情告诉了张永年，并说："师兄曾为我而隐瞒了十局棋，就是为了不让天下人把我们二人分出高下来。这个恩情，我岂能不报答？"

于是，出现了开头的一幕，当然加赛三局棋的情况也成了千古之谜。两百多年来，说起范西屏，人们就不会忘记施襄夏，说起棋圣，范西屏和施襄夏的名字就会一起出现。

德艺双馨

范西屏出生于平民家庭，为人倜傥任侠，潇洒不群。一生以棋为乐，以棋会友，除此之外，都不屑一顾。

范西屏出名时，正值康乾盛世，天下太平，许多官僚、富商闲来无事，他们争着拿银子请强手与范西屏较量，范西屏因此也曾获得不少钱财。有了钱财的范西屏，将一半分给了周边的困难人家，剩余的钱在老家购地筑屋，让邻居都住进舒适的屋子。据说，那时的桑园里，人家环池而居，宅院相连，家家户户都过上了小康生活。而他自己却是常常囊中不留一文，可见他乐善好施的侠义心肠。

范西屏不但善于下棋，更善于思考。他认为，围棋之所以这样不断向前发展，根本的原因就在于："其不坐困千古也"。这充分说明范西屏不迷信前人的创新精神。他不仅汲取了前人的全部经验，还结合自己的实践，有所创见，有所发展。范西屏的可贵之处，还在于他并不认为围棋发展到自己这儿就停止了。他认为围棋的发展是无穷无尽的。可见这位围棋大师的胸襟是很宽阔的，对围棋事业的发展也是充满信心的。

范西屏的《桃花泉弈谱》二卷，也是我国历史上最有影响，价值最大的古谱之一。这本书一出版，便轰动棋坛，风行一时，以后重刻版本很多，二百多年来影响了无数棋手。

范西屏这位德艺双馨的乡里先贤，是桃园村的骄傲。

(海宁市农办)

三门小蒲村

革命作家林淡秋

走进小蒲，漫步在幽深的小巷，脚下的卵石被时光雕刻得光滑圆润，抬眼便是高耸的马头墙和直入云霄的旗杆，一股远古的浑朴弥漫其间，到处都留下深深的历史文化烙印。沿着卵石小道向前，展现眼前的是林淡秋笔下的故乡小景，修饰一新的双桂书院，横卧村口的石拱桥，巍峨的郑公山，溪畔的石碾群，还有因抗倭而筑的巡检司古城，无不洋溢着浓郁的乡土气息，就像一幅主题鲜明的浙东民情风俗画。

清光绪三十二年（1906），在小蒲村一座坐北朝南砖木结构的四合院大台屋中，诞生了中国现代文学史上对革命文学具有重要贡献的作家林淡秋。

林淡秋（1906—1981），原名林泽荣，笔名林彬、应冰子、应服群、肖颂明。林淡秋幼时家境尚好，曾祖父乡间行医，勤勉苦学，考中了府学秀才。父亲林培槚毕业于官办浙江两级师范学堂（现杭州第一中学），辛亥革命后任当地县教育局长等职。父亲思想开明，为人正直，重视对儿子的教育，为林淡秋日后的人生道路奠定了基础。母亲应氏，娘家世代以教书为业，是一个受过良好教育、性情温和、勤俭贤慧的家庭主妇。林淡秋的品德，更多的是受母亲的影响。家里的佃户缴谷租时，他都伸开一双小手将谷粒捧回几把放回箩筐里。母亲默默地认可，种田人一年苦到头不容易啊！林淡秋对农民疾苦的同情，对邻里贫寒的情意，一直伴随着他一生。

1928年，林培槚主动辞掉教育局局长的职务，推荐柔石继任。在物价逐年上涨的年头，父亲又体弱多病，微薄的薪水收入已经不能应付全家的生活费用，家庭境况一年不如一年。林淡秋在海游小学毕业后，独自前往上海大同大学附中求学。在动身的前夕，母亲将学费和盘缠用粗黄纸裹好，放到箱子底层，再用衣服压紧，千叮万嘱地说：这是多年积存下来的，一路要管好箱子……怀着强烈求知欲望的林淡秋，深感家庭对自己的厚望，牢牢记住母亲的话，别的能丢，箱子比命要紧。

自外出求学起，因为思想上受到校内浓厚的革命与民主氛围的熏陶，他开始"向往进步，向往革命"，进而积极参加到共产党领导的各项工作中，与好友柔石、冯雪峰等革命作家一起，从事文学活动，尤其在抗日喋血奋战中的"孤岛"时期，思想得到锤炼和升华，先后加入"社联""左联"等作家联盟，任"左联"常务委员、组织部长。1936年春加入中国共产党，并作为地下党文艺小组的领导人，更多地忙碌在作家中间、群众中间，广泛地进行联络和组织活动，因而少有机会回到他生活过的家乡，但他熟悉了解农村，深知底层农民的痛苦和遭遇，以及他们的呐喊。林淡秋许多作品体现出了20世纪二三十年代中国农村的萧条、动荡与黑暗，表达了对邻里人物命运的伤感，对家难以割舍的情怀。

小说《散荒》写饥寒的岁月，老家面貌的贫困。"虽近年关，所有小杂货店日夜关着店门。街路上，只有瘪着肚子，不死不活的饿狗在慢踱，在乱嗅。"孩子们"穿着破烂的短袄，破烂的裤子，像一捆一捆活动的烂布片，抖索着，跑来跑去。他们满生冻疮的红肿的赤脚，拖着失掉后跟的破烂的鞋子，在满辍着牛粪的石板路上滴答作响"。又如《这不过是第一个晚上》，写家人的情景。灶头篼里摸着火柴的妹妹，"为要省油，我们吃夜饭都不点灯……不止火油，什么都贵死了。她点亮了油灯，昏黄的灯光照出了她褪色的竹布罩衫上一个很大的补钉"。父亲用一根黑漆手杖代替两只失明的眼睛，"我觉得这双眼睛的失明多少跟我几张早已成了废纸的文凭有点关系，我没有忘记他为我筹措学费时的愁苦"。"他的声音有点抖动，四年前仅看见一点灰色的头发，现在是雪一样白了。"《二周间》中，林淡秋离开家乡，七年后的一次回家，母亲说："你出去不晓得几时回来，不晓得能不能再看见我，我老了呀……"母亲眼圈一红，滚出几颗泪珠。虽然当时他答应母亲多住几天，第二天的早晨，还是义无反顾地走到五里路外的埠头，踏上去上海的小小轮船。

当然，林淡秋的创作内容，不乏写到儿时与父亲的情形，父亲带着他去小蒲村外的抗倭古城，听父亲讲述明朝抗倭历史的往事，也写到坐在家里就能听见巡检司码头的汽笛声，写到家乡的儿歌：摇啊摇，摇到外婆家。白米饭，鲞汤浇……以及参加上海文化界新闻界参观团考察三门湾活动的回忆等，作品里的描写很多都涉及故乡农村的人和事，倾注着对故乡的复杂情感和深深的爱。

林淡秋先后翻译出版了《大饥饿》《布罗斯基》《西行漫记》《中国的新生》《列宁在一九一八》《时间呀！前进》等十几部作品。他的译著，强烈地震撼着当时千万个读者的心灵，激励中国民众的抗日热忱。他还写过不少颇有革命锋芒的杂文、随笔、社论等文章，出版了小说集《黑暗与光明》《雪》《散荒》，散文集《交响》《业余漫笔》和文学理论集《抗战文化与文化青年》等。此外，参加《译报》《每日译报》《上海一日》《苏中报》《抗敌报》等编辑，参与创办《新中国文艺》《奔流》，主编《文学与戏剧》《知识青年》等刊物，借以开展抗日爱国的文学活动。抗战胜利后，主编《时代日报》《时代》报刊，这期间开始，林淡秋服从革命的需要，忠实执行党交给他的任务，全身心地投入繁杂的编报工作，闲置了自己的写作才能。新中国成立后，先后担任《解放日报》编委，《人民日报》副总编辑兼文艺部主任，浙江省委宣传部副部长、省文联党组书记、省文联主席等职。

1981年12月4日，这位从青年时代奔向革命，直至生命的最后，对人民、对革命忠心耿耿的文学家、翻译家，因心力衰竭与世长辞，终年75岁。临终前遗言："不开追悼会，不写悼词，不保留骨灰。"林淡秋的骨灰撒入了钱塘江，融入滚滚的钱江潮。

（陈建华）

松阳桐溪村

名相叶梦得及其家族

叶梦得（1077—1148），字少蕴、号石林，是宋代著名的文学家、诗人、藏书家，同时还是官至尚书左丞的政治家，力主抗金、带兵御敌的军事家。

关于叶梦得的籍贯，史书上虽有多种说法，但事实上就是松阳。支持这个结论的，首先，历代志书文献有明载，如宋代有祝穆的《方舆胜览》卷九，将叶梦得列为处州人；王质的《雪山集》卷十《石林赞》称"石林，缙云叶氏所迁也"；洪迈的《夷坚志》甲志卷八说叶梦得之父"赠太师叶助为缙云人"。"缙云"即处州，古代处州一度改名缙云郡，宋代有称人郡望之习。明代有《嘉靖浙江通志》《处州府志》《括苍汇纪》《松阳县志》《石林燕语》等志书，均直称叶梦得为松阳人。

其次，当今年届古稀的松阳叶姓后人叶世钧、叶平、叶雯等老先生，都积十余年之研究，从松阳《卯峰叶氏广远宗谱》《桐溪叶氏宗谱》等所载的叶梦得祖辈世系、桐溪叶梦得父叶助墓、桐溪村宰相府遗址、《桐溪叶氏宗谱》所载叶梦得墓图、叶梦得及其友人诗文中对其"故里"松阳的认同（如叶梦得诗《题灵峰寺》和苏过诗《送小蕴归缙云》）、松阳现有叶姓人中有三分之一以上是叶梦得的后裔等方方面面，得出了共同的结论。

而据《湖州文化历史丛书》记述，叶梦得卒于1148年，24年后的1172年范成大记游北山石林，此时湖州弁山园中"栋宇已倾颓"。如果叶梦得归隐于湖州弁山，以他的身份地位和家族人力财力，能不好好加以保护吗？可见叶梦得落职后并未长住湖州，而是携家小隐居故里松阳桐溪。至于弁山的栋宇，说明因长久无人照看，"栋宇倾颓"在所难免。

"叶落九州"，"无叶不成村"，这是松阳人常常说的两句话。

叶是源于诸梁封邑（今河南叶县南）的姓。汉献帝建安年间诸梁公第二十二世孙叶望迁徙到松阳，择居八都卯山之阳，卯山成为叶姓发祥地。经过1800年的发展繁衍，叶姓在松阳属第一大姓，全县23.7万人口中有3万多叶姓人，占13%。叶姓也是我国的大姓之一，已遍布世界各地。

西屏街道桐溪村离县城5公里，三面环山，峰峦叠翠，古树参天，一水蜿蜒，山清水秀，村口田园风光，村北地貌独特，景色秀丽，村庄已有千年悠久历史。

提到桐溪，不得不提叶氏家族。叶梦得的曾祖父于北宋天圣三年（1025）卜居开支。叶梦得生六子，后裔播迁各地，本县15个村有分支，浙江省的三十多个县有五十多个分支；省外有上海、江苏、安徽、江西、台湾等三十多个分支，一共计八十多个支派，十多万后裔。其幼子檾（qiong）公为桐溪本支，后裔已传承至三十五世。

桐溪叶氏家族是世儒之家。始祖经公是进士，官至大理寺评事；二世祖鲁叟封宣议大夫，赠少师；三世祖助公是进士，官至知府和通判，诰封太师成国公；四世祖是叶梦得。

叶梦得是松阳县十大历史名人之一。21岁登进士，曾两入翰林，历官四朝，官至尚书左丞。靖康之难中，积极从事抗金斗争，为南宋政权建立和稳定南渡局势做过重要贡献。他著述繁富，文学理论修养深厚，史学、哲学也造诣精深。

建炎三年，由于金兵南侵，高宗从扬州逃至杭州，随后又渡钱塘江南逃至温州。叶梦得亦于建炎三年冬回处州老家避难，寓居南明山及松阳故里。在处州及松阳的两年时间里，他考证了松阳卯峰叶氏的世系，作了《叶氏宗谱序》和《再谱序》，主修了《叶氏宗谱》。绍兴十五年（1145），归隐桐溪宰相府。绍兴十六年，特拜崇庆军节度使致仕。绍兴十八年（1148）八月，终于桐溪村，葬于离村两公里的青蒙豹乌山，赠检校少保。桐川《叶氏宗谱》载有其墓图及叶梦得仁、义、礼、智号忌田各3亩，叶梦得父叶助墓在桐溪经堂后。

叶梦得家族是松阳县省级历史文化名城的一颗璀璨明珠，也是松阳县叶姓宗族传统文化的象征，更是千年古县唯一簪缨不绝、文化名人辈出的名门望族。家族里出过二十多位进士，二十多位举人和四十多位秀才。

叶梦得子孙两代中有17位朝廷命官。其后有南宋著名诗人叶绍翁，明朝有监察御史叶希贤和著名文学家叶绍袁，清朝有诗论家叶燮和文学家叶舒崇。清末民初有同盟会元老、国民党中央执行委员会常委兼秘书长、曾任江苏省主席等职的叶楚伦。民初有官费留学日本、在日本加入孙中山领导的同盟会、学成回国参加辛亥革命的叶庆锡、叶庆崇两兄弟。

叶庆崇是叶梦得第二十五世裔孙，时任兴中会浙江省干事，同时受聘于处州中学任教，旋任浙江省第十一中学和第十一师范校长。在校积极带领师生投入光复丽水的战斗，是松阳人唯一直接参与光复丽水的领导成员。光复后，任处州军政分府教育部长、财税部长等职，曾被选为浙江省议会议员，被追认为辛亥革命志士。叶庆崇名下有著名教育家叶霞翟和美国尖端系统首席科学家叶雹等17位博士、19位教授、21位硕士、3位将军（叶震、胡宗南、阮维新）；当代还有世界前沿科学顶级科学家叶益贤和叶益愓。

叶庆崇次女即国民党一级上将胡宗南夫人叶霞翟。她毕业于上海光华大学，获美国威斯康辛大学硕士和博士学位，曾任上海复旦大学和南京大学教授，台湾台北师专校长、中国文化大学副校长等职，是台湾著名的教育家、文学家，名列英国剑桥国际名人录。膺选两届国民党中央委员和膺聘国民党中央评议委员。生有二男二女，长子胡为真博士，曾任台湾安全委员会秘书长；次子胡为善博士，现任台湾中沅大学副校长；长女胡为美硕士，现任美国为美公司董事长；幼女胡为明硕士，现任美国基督教会牧师。

叶庆崇幼子叶雹，博士，曾任美国加州大学教授，是著名教育家、高级电子工程师、航空航天专家，名列美英两国多项名人录。曾任美国尖端系统研究公司首席科学家。曾受聘为清华大学、南京航空航天大学、上海科技大学、浙江大学等十多所高校和3所科研机构的名誉教授、名誉顾问。

桐溪村有极为宝贵的古代遗产和深厚的历史文物遗迹。有四十多幢清代至民国的古建筑，其中有13幢历史文化价值较高。公共建筑有叶氏宗祠、钱库社社殿、宁康社社殿、桐川社殿、石里书院、石拱桥等。一条建于清代的古驿道，连通县城、三都、丽水等地。叶梦得宰相府院落东部的石质侧门虽历经千年，依然耸立着；宰相府正堂遗址现存一条用青石条料砌筑的长45米、高1.5米的墙脚，由此可以看出宰相府的规模之宏大。

叶梦得宗祠北侧后来建有7间附屋，是叶庆崇在抗战期间的避难旧居。1939年，丽水沦陷前夕，日寇欲谋借其在处州地区的声望，要他出任丽水地区汉奸组织的维持会会长,叶庆崇毅然拒绝,即从丽水避居桐溪村,直至1944年4月病逝并安葬于桐溪村。

  贤达辈出的叶梦得家族,为历史文化名城松阳增添了丰厚的内容和浓重的色彩。

(叶荣亮)

永嘉瓯渠村

崇文尚武的吴氏家族

瓯渠村初建于南宋淳祐二年壬寅（1242），为吴姓人聚居之地。其吴氏始祖金明，名澡，又字肇鉴，号孚叟，生于宋绍熙甲寅年（1194），卒于咸淳己巳年（1269）。始祖幼年好学，文武兼修，弱冠，有悲于宋朝廷苟安，弃家遨游东瓯，遍访名流，徙居瓯渠龙井窟。

由于瓯渠地偏路险，谷深林密，出于健身自卫的需要，建村七百五十余年来，习武成风，世袭相传，历史上涌现出不少武术世家。据《吴氏宗谱》记载，瓯渠吴氏第十九世祖吴明光，于1706年参加大岚山僧人张念一抗清起义失败后，遁入少林寺为烧火僧，学得少林齐眉棍法，后将少林寺齐眉棍法传入瓯渠，与原有的拳术相融合，创立了梅花柴、乌风柴、四门柴等，从而使瓯渠武术趋向成熟，自成一体。二百多座古民居，几乎座座立有拳坛，难怪有人会说："瓯渠雄鸡出来也有三路柴。"

瓯渠是以武科功名崛起于闾里的，自清乾隆年间武秀才吴锡瑶始，连续三代皆出武秀才。清道光年间，吴通辉在瓯渠创办"武术院"，成绩斐然，共培养出了武秀才5名、武举人3名、武进士1名。这当中有名人物兹述于下。

吴承球（1843—1910），又名云岗，字一夔，号磬宁。他自幼年始习练武技，善琴棋书画，兼擅伤骨医道。为人果断，颇有胆识，俨然长者风范。平生擅长梅花柴、七虎拳、八卦掌与太极拳，尤擅内功，身轻如燕，动作敏捷，伸手能捕鼠雀，即所谓"猫儿攌"之绝招也，可"拳打眠牛之地"，但从不轻易出手示人。承球青年时，与父通辉公外出游历，遍访师友，一次在平阳某地与当地诸名师相聚席间，大家各显绝技，以筷子投接黄豆。坐在承球对面的一位名武师夹着一粒黄豆抛向承球，承球不慌不忙，用筷子轻巧地夹住，转而投掷给同席之人，引得一片喝彩。承球晚年著有《拳术图说》《伤骨小儿科》与《外科》等书。他经常告诫子侄儿孙，"祖宗用心良苦，所授武技，以传子孙贤者，不许乱来……"，"入世须才更须武，传家积德还积书"。其子善卿与其胞弟吴承玙皆精骑射技，在光绪年间双双考取举人，获赐两把重达120斤的青龙偃月刀，至今仍然保存着。自古武术名家、往往就是医术高手，瓯渠以吴家为代表的祖传中医伤骨科，至今仍代代相传，蔚然成风。

吴星石（1848—1928），名承玙，官印凤岗，浙江省温州永嘉县西溪瓯渠人。父亲吴通辉公，又名吴玉山（进士，招武大夫，在瓯渠创办武书院），兄长吴承球（人称球相），三弟吴承琚（参政大夫）星石公自幼在父亲玉山公的严训下文武兼修。

1868年，星石公与兄长承球公双双考取武秀才，1873年，又同兄长承球公去杭州考武举，结果星石公考取武举人，兄长承球公未考取。1874年星石公再大考例二等，供职兵部四品官员，获赐"青龙偃月刀"一把，重120斤。这时期星石公在京城广结全国武林高手，武术水平更上一层楼。并鼓励兄长承球公再考举，承球公自认与功名无缘，只求其指点其子吴善卿公与弟子吴廷元公（永嘉瓯北人）。1897年善卿公与廷元公赴杭考武举，两人同中"武举人"。1898年又同去京城，结果吴廷元公中"武进士"。星石公供职兵部后，将第一次封品爵位赠送给三叔吴通焕公。又将第二次封品爵位赠送给兄长吴承球公（球相）。星石公淡泊功名利禄，后愤世辞官，居住浙江乍浦，开设"吴源来号"商行，经商行医。并建立温州会馆，方便同乡人生意来往。命其次子吴恩侯公在会馆传授武术，桃李满门，誉满杭、嘉、湖。星石公居平湖乍浦几十余年，商界推为重望，行中遇有纷争，其终据理决断，公正处之，故大家皆心悦诚服。星石公又悬壶济世，遇劳苦百姓伤疾不吝解囊相助，凡济困扶危，排忧解难，数不胜数，被当地百姓尊称为"乍浦堂头吴老爷"。

公自小具有武术天赋，兄弟三人（长兄吴承球，三弟吴承琚）中，其身体最雄健魁梧，拳、棒、刀、枪、骑术样样精通，七虎拳、梅花棍等，练得生龙活虎，登峰造极。精通轻功、点穴、流星、口针、石器等，武功全面，文武全才，其书法真迹至今仍保存在瓯渠上新屋。与瑞安文人大学士孙诒让、孙诒泽兄弟相交甚密，星石公大寿，其题祝"古希眉寿"大匾额（此匾毁于"文革"）。星石公又熟读医书，与兄弟研讨编写骨伤资料，武术图谱、书籍，承上启下，是温州武术史上主要代表人之一。

吴恩侯（1877—1950）字作梁，又名开惠，浙江省永嘉县瓯渠人，清代晚季武庠生。出生于武术、医术世家，幼年天资聪颖随父亲吴星石公（清同治癸酉武举人，供职兵部）学医习武，习武之外，勤读诗书，他的柳体正楷颇具功力。凡若技击、举重，远胜常人，拳、棒、弓、刀、剑、棍，样样俱优。在伤科方面吸各家之长，结合中药、草药，获得特殊疗效。对贫穷百姓，免费医治。在乡里排忧解难，威望众归。生平仗义疏财，乐善好施。修路、建桥、捐地造学校等，被当地百姓尊称为"恩侯相"。

1900年，曾任嘉兴府枫泾镇长，民团团长。1928年，中国第一届全国武术擂台赛在杭州举行，浙江省主席张静江为总负责，吴恩侯为评判委员，同为评委的还有孙禄堂、刘百川、杜心五、杨澄甫、吴鉴泉等。

时值国内军阀割据，混战不已，外患内忧，恩侯公同所有有识之士一样，图强救国，他与胡公冕先生（中国工农红军第十三军军长）联系，送子吴超征投考黄埔军校三期学习。晚年受中国人民解放军浙南游击纵队龙跃司令的影响，宣传和平解放的道理。受恩侯公开明思想的影响，子孙辈中多位参加了温州地下党组织。

（永嘉县农办）

永嘉蓬溪村

山水诗鼻祖谢灵运

蓬溪村位于永嘉县东皋与鹤盛之间,距县城60公里。东西南三面环山,北临鹤盛溪,隔溪有低丘为屏障,溪水绕障而行,形成东西两个门户,有世外桃源之境。背枕鹤盛溪,蓬溪村是楠溪江中游风景最优美的古村。鹤盛溪在村北水口的悬崖下拐了个弯,日积月累,溪水在崖壁底冲刷成深不可测的湾潭。

蓬溪村选址讲究,不仅风光如画,而且地形险固。蓬溪村在一个袋形盆地里,四围高山重重,只有北面缺口,却又被鹤盛溪封住。祖先在溪西绝壁上架起一里多长的栈道,村子方可出入。蓬溪村的民居多内向,院落谨严,平面有三合院式或四合院式,立面有两层楼阁式,有要檐;单层、四面板壁、檐口低矮、出檐深远,并留有方形木墩为柱础,许多古舍用蛮石原木,经几片粉壁勾勒衬托,显得简洁古朴,而意韵淳厚。

村中一座小亭,翼然高台之上,这是康乐亭,也就是纪念村民的祖先康乐公谢灵运的亭子。亭中康乐公的肖像似乎有些现代化,神情倨傲,昂首向天。

蓬溪的村民以谢氏为主,杂居着少量的李姓。楠溪江流域的谢氏都是名门之后,他们的远祖是古代赫赫有名的山水诗人谢灵运。

谢氏在东晋一朝,既是百年望族,又有中兴之功,谢灵运世袭爵位康乐公,世称谢康乐。刘裕篡夺司马氏政权后,打击旧家世族,谢灵运在政治上郁郁不得志。南朝宋武帝永初三年(422),38岁的谢灵运被放逐为永嘉太守。到永嘉后,谢灵运意气消沉,寄情山水,不问政事。《宋书》本传这样记载:"郡有名山水,灵运素所爱好,出守既不得志,遂肆意游邀,遍历诸县,动逾旬朔,民间听讼,不复关怀。"

想必楠溪江的佳绝山水留给谢灵运的印象实在太深,宋文帝元嘉十年(433),谢灵运在广州被杀后,后人扶柩回到永嘉,建墓并定居于温州城内。北宋年间,谢氏后裔又回到鹤盛溪畔建村筑寨,圆了谢灵运的一个山水隐居之梦。

谢灵运诗与颜延之齐名，并称"颜谢"。谢灵运所开创的山水诗，把自然界的美景引进诗中，使山水成为独立的审美对象。他的创作，不仅把诗歌从"淡乎寡味"的玄理中解放了出来，而且加强了诗歌的艺术技巧和表现力，并影响了一代诗风。鲍照的乐府诗，唱出了广大寒士的心声，他在诗歌艺术上的探索与创新也有十分积极的意义。在山水诗产生与发展的过程中，杨方、李颙、庾阐、殷仲文和谢混等人，都曾有过一定的贡献。但真正大力创作山水诗，并在当时及对后世产生巨大影响的，则是谢灵运。

谢灵运的山水诗，大部分是他任永嘉太守以后所写。这些诗，以富丽精工的语言，生动细致地描绘了永嘉、会稽、彭蠡湖等地的自然景色。其主要特点是鲜丽清新，如《南史·颜延之传》载："延之尝问鲍照己与灵运优劣，照曰：'谢五言如初发芙蓉，自然可爱；君诗若铺锦列绣，亦雕缋满眼。'"此外，汤惠休说"谢诗如芙蓉出水，颜如错采镂金"；钟嵘说谢诗"名章迥句，处处间起；典丽新声，络绎奔会"；萧纲也说"谢客吐语天拔，出于自然"。一方面，与颜诗的"铺锦列绣""雕缋满眼"相比，谢诗显得"自然"；另一方面，当人们读厌了那些"淡乎寡味"的玄言诗，而一接触到谢诗中那些山姿水态与典丽新声时，自然会感到鲜丽清新、自然可爱。关于谢诗的"自然"，唐释皎然在《诗式》卷一《不用事第一格》中说：谢诗的"自然"，既不同于李陵、苏武那种"天与真性，发言自高，未有作用"的自然，也不同于曹植等人那种"语与兴驱，势逐情起，不由作意，气格自高"的自然，而是"为文真于情性，尚于作用，不顾词彩而风流自然"。所谓"作用"，就是经营安排、琢磨锻炼。以此而能达于自然，这正是谢诗胜人之处，也是他开启新诗风的关键所在。王世贞说：谢灵运诗"至秾丽之极而反若平淡，琢磨之极而更似天然，则非余子所可及也"。

诗歌发展史的角度看，魏晋和南朝属于两个不同的阶段：魏晋诗歌上承汉诗，总的诗风是古朴的；南朝诗歌则一变魏晋的古朴，开始追求声色。而诗歌艺术的这种转变，就是从陶谢的差异开始的。陶渊明是魏晋古朴诗歌的集大成者，谢灵运却另辟蹊径，开创了南朝的一代新风。

在谢灵运之前，中国诗歌以写意为主，摹写物象只占从属的地位。陶渊明就是一位写意的能手。他的生活是诗化的，感情也是诗化的，写诗不过是自然的流露。因此他无意于模山范水，只是写与景物融合为一的心境。谢灵运则不同，山姿水态在他的诗中占据了主要的地位，"极貌以写物"（刘勰《文心雕龙·明诗》）和"尚巧似"（锺嵘《诗品》上）成为其主要的艺术追求。他尽量捕捉山水景物的客观美，不肯放过寓目的每一个细节，并不余力地勾勒描绘，力图把它们一一真实地再现出来。如其《入彭蠡湖口》，对自然景物的观察与体验十分细致，刻画也相当精妙，描摹动态的"回合""崩奔"、月下哀狖的悲鸣之声、"绿野秀"与"白云屯"那鲜丽的色彩搭配，无不给人以深刻的印象。其《于南山往北山经湖中瞻眺》一诗，于山水景物的描摹更加细致入微。

  谢灵运的那些垂范后世的佳句，无不显示着高超的描摹技巧，其语言工整精练，境界清新自然，犹如一幅幅鲜明的图画，从不同的角度向人们展示着大自然的美。尤其是"池塘生春草"更是意象清新，天然浑成，深得后人激赏。李白、杜甫、王维、孟浩然、韦应物、柳宗元诸大家，都曾取法于谢灵运。

  谢诗不像陶诗那样以写意为主，注重物我合一，表现出整体的自然美，而是更注重山水景物的描摹刻划，这些山水景物又往往是独立于诗人性情之外的，因此他的诗歌也就很难达到陶诗那种情景交融、浑然一体的境界。同时在结构上，谢灵运的山水诗也多是先叙出游，次写见闻，最后谈玄或发感喟，如同一篇篇旅行日记，而又常常拖着一条玄言的尾巴。如其著名的《登池上楼》。

  从陶渊明到谢灵运的诗风转变，正反映了两代诗风的嬗递。如果说陶渊明是结束了一代诗风的集大成者的话，那么谢灵运就是开启了一代新诗风的首创者。在谢灵运大力创作山水诗的过程中，为了适应表现新的题材内容和新的审美情趣，出现了"情必极貌以写物，辞必穷力而追新"和"性情渐隐，声色大开"的新特征。这一新的特征乃是伴随着山水诗的发展而出现的创新现象。这新的特征成为"诗运转关"的关键因素，它深深地影响着南朝一代诗风，成为南朝诗风的主流。而且这种诗风对后来盛唐诗风的形成，也有着十分积极的意义。自谢灵运之后，山水诗在南朝成为一种独立的诗歌题材，并日渐兴盛。

（永嘉县农办）

乐清北阁村

文艺全才李经敕

　　北阁古村位于浙江省东南沿海部的乐清市北部，雁荡山的后院，东临双峰乡，南至龙西乡，西与永嘉岭头乡接壤，北靠福溪乡。北阁古村落，北枕五老峰，门对仙溪秀，古村落依山傍水，山清水秀，北屏山上相传为周代王子晋炼丹飞升之所。北阁属亚热带海洋性季风气候，气候温和湿润，四季分明，雨量充沛，年累计平均气温17.7℃。生态环境优美，植被茂盛，自然景观资源丰富，有仙溪八景映衬，还有仙人洞、仙人桥、仙姑洞等景点点缀其间。

　　北阁历史悠久，李氏家族重视教育，以耕读传家，明代知书研墨者甚众，其中有布衣诗人李经敕等。清时曾出武进士李振镶、武举人李林珍、名孝子李林蔚、诗人李子瑾、名医李郁周。尤其是近现代，名人辈出，民国时期出过爱国将领李价人、名士李林源，当代村里还出过著名数学家、中科院院士李邦河等。

　　李经敕（1513—1562），字明典，号后峰，北阁人。何白《李后峰先生传》说："吾乡雁荡之阴，盖有南北阁云。南阁世为章氏居，章氏以选簪绂起家，蔚为望族。而北阁李氏，世乏显者，而又未曾有文章，有之，自后峰先生始。"李经敕是个神童。小时候，有一次他和一群小孩在小溪里捉鱼，邻居大爷问他们：谁能对对子吗？说罢就报出上联，"浅水游鱼露脊"；李经敕随口即答道："高林鸣凤扬声。"众人为之大惊。稍大点，便已精研先秦两汉骚赋诸体，降及唐李、杜诸家诗集，并开始作诗，倦了就临法书，寒暑无间。

　　南阁章玄梅从湖口解官初归故里，组织诗社。有一天偶尔从别人处见到李经敕的诗作，极口称赏。就命三儿宗孔招李经敕入诗社，一见就定为忘年交，日夕过从。章玄梅曾当着别人的面对李经敕说："咱们家乡善诗文的，在我之前只有李著作孝光五峰公，继五峰公而起的，恐怕就是你了。"章玄梅于是就叫李经敕为"后峰子"，据何白《李后峰先生传》记载，章玄梅"每出行，则策一蹇，必邀后峰撰仗以从，虽穷崖绝壁，无不眺览。晚则止佛庐，出囊中毫楮，分韵赋诗，相向呜呜吟。每至夜分烛跋，则命寺僧以松明继之，或十余日忘返，至今山中传为盛事云"。

关于李经敕的诗才，据何白《李后峰先生传》，有这么两个传说为人津津乐道。之一是，有一次赵廷松和朱谏几位招诸诗人在外云庄雅集，李经敕应邀参加，那天定的诗题为《赋暮春载酒》，限"归"字韵。李经敕诗先成，中有"园林变色樱桃熟，时序无言燕子归"之句，众人都为之搁笔。之二是，李经敕家贫，曾授徒十余年以谋生，常以家无余财不能外出游历为恨。他的学生金昭后来当了刑部郎中，就带老师北行。由此得以游览诸多名胜，并结识不少名士大夫，但日久生厌，遂决计还乡。归途经苏州，投刺拜谒文征明，这时文征明已高龄九十余，杜门谢客。李经敕立文家门前多时，不得而入，于是口占一诗，叫守门人转呈主人，诗云：

> 白发前朝老史臣，挂冠高卧草堂春。
> 即看天上归星象，更遣人间识凤麟。
> 杜老不妨能潦倒，右军本自出风尘。
> 十年湖海迷途客，愿得相从一问津。

文征明得诗，倒屣迎入，引为上客。索李的纪行诗观之，大为赞佩，只恨相见之晚。临别时文征明作径尺大书四幅相赠，并说我已经两年来未曾作这样的大书了。

李经敕著有诗文集《后峰稿》，今佚。清人曾唯编《东瓯诗存》选取李经敕诗 10 首（后《乐清文征》亦收录此 10 首），均见于李经敕自书诗翰手卷。

诗歌之外，李经敕复善书、画。何白称其"居恒神观恬靖，虽茅茨之下，焚香洒扫，终日兀坐，不翻书则作字，木榻承膝处几穿"。可见其用功之勤。他的书法作品和他的诗歌一样，存世亦极少。20 世纪 50 年代，方介堪发现李经敕自书诗翰手卷（或称之为《后峰诗墨》），为温州市博物馆所收藏。这是李经敕于嘉靖三十五年（1556）八月所书，是时他 44 岁。这是至今发现的李经敕唯一存世墨宝。1957 年，马一浮为这件墨宝作跋，题诗道："雁荡云封两阕荒，诗人笔底富山光。行间恐有龙惊蛰，收入江心寺璧藏"。跋中并有"虽片羽亦足珍也"语。

李经敕书学前辈书家文征明，其自书诗翰手卷，书体为行草，用笔劲健，风神俊朗，吴鹭山评其"波磔近似文征明"，是一件有大家风范的书法精品，从作品看，李经敕可称明代中期温州地区的代表性书家之一。

诗人历来景仰清廉的操守，旷达的襟怀，敬重鄙薄名利、坦荡处世的高尚人格。廉洁耿介之士，素来"不患位之不尊，而患德之不崇"，坚持认为"士有百行，以德为首"。因此，总是把山川自然当作"安身崇德"的外在媒介，将鄙视世俗利欲，摒弃现实污浊的真挚情怀寓于其中。

是家乡的山水养育了这位布衣诗人，李经敕最终也隐逸于家乡山水之间，所谓山川人物相得，就是这种境界啊。

（赵顺龙）

岱山北浦村

诗画声名动江浙的厉志

秀山,作为岱山县的一个建制乡,明末清初时这里本来有兰山和秀山两个岛,苏东坡《送冯判官之昌国》诗中有"秀山摇荡兰山舞,小白桃花半吞吐"之句。光绪年间围海造田,两岛相连,统称秀山。

踏上秀山岛后,一定要先到兰秀博物馆去看看,听听博物馆主童布端老人讲述浙东"三海"之一的名人厉志以及厉氏一族的后人,看看那里收集的镇馆之宝文物,然后流连一下北浦厉氏古居,会得到一个对于秀山岛、对于厉氏一族,对于当地的民俗风情有一个比较全面的了解认识。

厉志其人

居于北浦的清代厉氏名人厉志,字骇谷,号白华山人,著有《白华山人诗抄》。他的诗画书法名动江浙一带,与当时镇海的姚燮、临海的傅濂齐名,人称"浙东三海"。清代诗人何绍基推其为"两浙近代诗人冠冕",康有为称赏其诗"超绝清诗谢尘埃",民国书画家严廷桢以为,清朝三百年在浙东诗人中,厉志的诗,可谓"空前绝后"。

厉志"幼失怙恃"家道并不富有,但他还是刻苦攻读,中了秀才。光绪《定海厅志》记载说,厉志"自以家乡见闻孤陋,思橐笔作四方游"。他从青年时代起,走出秀山岛,在一些诗友的帮助下,先从浙江本地开始,相继游历永嘉、天台、雁荡、杭州、宁波等地,后又偕友行迹于南京、苏州等城市。志书中说他"自瓯游归,益肆力于诗古文词","晚工书画,有兔起鹘落之势。今得之者,辄珍如拱璧"。

在厉志所有的诗酬唱和活动中,最为有名的是在道光十三年(1833)与邻县一批文人组织参与的"白湖诗社"。这是由慈溪鸣鹤镇叶氏一族发起组织的一个民间文学社团,从乾隆末年到道光二十年,前后活动了四十余年。"风流文采,照耀一时",留下许多千古绝唱诗篇。除了叶氏族人外,姚燮、厉志、孙家谷、王煮、戎金铭等,均有歌咏。"运斗以酌,扣舣而歌""丽词绮语，清妙宛转"，都是绝好的怀乡恋土之作，而爱乡和爱国是一脉相通的。厉志参与的这一雅集规模和影响力，可以与东晋王羲之《兰亭集》相颉颃，并且在时间和频次上也大大超过后者。在鸣鹤白湖诗社读史赋诗长达半年多时间里，厉志等每人创作诗词七百余首，在这些诗篇中，他们托古论今，臧否人物，指陈得失，寄托了诗以言志的情怀，是当时浙东地区诗歌创作的一面鲜明的旗帜，也是浙东近代诗坛上的一件盛事。不但为推动慈溪三北地区的诗歌创作活动作出显著的贡献，更重要的，是展示了秀山这一孤海岛屿的独特人文，奠定了"浙东三海"之一的文学地位。

晚年由于健康原因，厉志"目不甚明睐"，但书画造诣益进。厉志的渔农生活尽管清苦，但是在他诗作中都反映出了对家庭、妻子殷切的感情，对诗友真挚的友情，对生活乐观开朗的心情。他既是一个对生活充满情趣、品德高尚的人，又具立意深远、思虑凝重的学者风范。在许多诗篇中反映了他清贫的生活中对妻子、对子女的生活情趣。同时，还在游历定海的多篇诗作中，对明末抗清献身的将士和遗留的古迹产生深深的凭吊和思古之幽情。掷地有声和悲愤凄绝的诗句震荡着后人的心灵。"残碑侧卧无人读，字画依稀没荆杞"，"空山夜半作风雨，望帝魂归心骨摧"（《宫井》）；"坟上岁岁长荆棘，坟下秋草没径生。山寺夜半啸风雨，绯袍象笏闻血腥。（《谒同归域》》）"展示了诗人一腔忧国热血和入木三分的如椽笔力。

厉氏故居

进入秀山乡政府的所在地北浦街，最夺人眼球的就是县级古民居保护单位——厉家五房。

作为秀山北浦一个望族，厉氏对于秀山有着重大的影响力。秀山岛民一般以渔、盐和海运为业，而厉氏先祖则是以海运事业发族，最后成就一个诗礼之家。"厉五房"顾名思义是厉姓家的五房兄弟居所，这些居所散布在北浦街东坡路两侧，以厉四房的房屋保存得相对完整。

在东坡路两侧，厉五房的一些古建筑零星地散落在现代民居的缝隙之中，现存的一座厉氏宗祠墙门在经历了一场大火后侥幸仍在，这个穿堂墙门的柱子外部都已被烧成了炭质。砖刻的门额有定海人乾隆五十五年进士、中书舍人陈庆槐所书"德礼不易"四字，门额以下是一对五字楹联：

"其出入以度；合内外之宜。""德礼不易"语出《左传·僖公七年》："管仲言于齐侯曰：'臣闻之，招携以礼，怀远以德，德礼不易，无人不怀'。"厉氏门额上这四字的意思是说凡事不要违背道德和礼数，要坚定不移守住自己的道德底线。而两边楹联的内容则是告诫子孙要治家勤俭，量入为出，凡事合宜，内外和谐，充分体现了厉氏家族以道德和诗礼治家的良好文化氛围。在另外的一些墙头和柱子上零星发现的一些楹联，如"非显非藏姓氏，半耕半读人家""农亩时勤业，儒林日漱芳"等，也都体现了厉氏家族那种"礼乐绳其祖武，诗书贻厥孙谋"的"诗礼世家"优良传统。

在厉五房的周围，我们随处可以发现一些厉氏家族遗留下来的文化碎片。那些被敲碎砌入乱石墙中都是一些有文字的石刻，如一块刻有"乾隆已酉年·他山□□"字样的石碑就在弄堂口；一块刻有"澧泉"的石刻极有可能是一口井边的碑；一些线条极为细腻、打磨光洁的条石，尽管都镶嵌在断垣残壁上，却能够让人联想到它昔日繁华的岁月，雕琢精美的石窗尽管风化剥落，也难掩藏它曾经的奢华和富丽。

（庄世维）

> 奉化董家村

书法大家董开章

奉化县江源自古称镇亭山的第一源，流经的第一大村便是董家村。董姓远祖世居浙西龙游，唐时官于邻县嵊县，至五代初始迁境内。明永乐二十年（1422），董家先祖庆云公自大堰后畈村迁入。董家村不仅古宅保护完整，而且人文荟萃，旧时有父子登科的传说，近现代涌现出多位教育家、科学家，有当代台湾"书法之父""亚洲之宝"之称的董开章先生就是从董家村走向海内外的。

董开章（1909—1998），字斐成，别号天南居士，大堰董家村人。在书法艺术中浸淫八十余年，书艺已臻炉火纯青，声名远播。

六岁研习书法

董开章六岁时，父母送他入董家祠堂读书。授课的老师是族内学有专精的长辈。董开章入学之际，他的堂兄董震文也在祠堂授课，董震文时任宁波梅墟中学教务处主任。为回馈乡间，返乡到祠堂授业。

董震文因董开章资质聪颖，见是可造之材，便成为董开章学习书法的启蒙老师。又因董开章书法学习颇有心得，为不埋汰人才，乃携董开章到梅墟中学入学，正式学习现代课业。董开章不负堂兄栽培厚望，在梅墟中学毕业之际，成绩名列前茅，获得直升宁波甲商高级中学资格。

梅墟中学与甲商高级中学的创办者是谢蘅窗，他为鼓励学校内学子认真向学，立下不成文规定，举凡甲商毕业而成绩优异者，即拔擢到他创办的裕昌煤号任职。董开章毕业那年，成绩勇冠全校，于是年仅17岁的他，告别家乡只身赴上海，加入谢蘅窗先生的事业行列。

沪上学艺投师

在裕昌煤号工作之际，董开章依然勤学书法，对小楷尤下功夫，并开始接触王羲之、王献之的书帖，从此勤学二王书艺。

1928年，董开章带着一幅小楷和几幅行书投帖拜师高振霄先生。先生说："不必拘礼，请把你的习作拿出来给我见识见识吧。"先生见小楷的字迹娟秀严谨，看了后道："看来你是一个用功的人，从你的小楷可以看出你已有些功底。在学二王吧？学书法就得刻苦，要耐得住寂寞，没几十年的工夫，难有成就啊！"就这样，高振霄先生就收下了这个学生。

　　民国二十年（1931），董开章在上海工作6年之后，因生意业务往来，认识了夫人吴翠娥的娘舅，在他的牵线下，和时正20岁的吴翠娥结婚，婚后育有6名子女。任职期间，董开章有幸认识了当时上海市商会长袁履登，经其赏识，邀请至上海市商会担任秘书长，因职务上的需要，董开章接触书法的时间更多，书艺更见精进。

　　1948年，大陆时局动荡不安。至1949年元旦，上海出现乱象，董开章随商界同侪，一起避乱香港，将妻儿暂置沪上。恰逢时局大变，自此孤身滞留海峡彼岸。

钟情书法80载

　　董开章来台后，经中国农民银行董事长竺芝珊（蒋介石妹夫）看重，邀请至董事会担任秘书，直到退休。其间董开章更是寄情于书法，潜心临池，博采众长，卓然有成而自树一格，名重于艺林。

　　1962年，锐意书道的董开章创建了台湾中华书法学会、台湾中华硬笔协会等。历任学会常务理事、副秘书长及台北书法研究会、中华硬笔书法学会理事等职。整理出版了《宋拓雁塔圣教序》《兰亭》《圣教》《宋拓大观帖》《明拓曹全碑附汪仁溥临本》等。书法艺术享誉韩国、日本、东南亚，乃至美国、澳洲等地。他的作品被这些国家和地区众多的博物馆、美术馆等所收藏。他的行楷被台湾教育部门认定为几种规范书体之一。

　　1984年，董开章与夫人在香港短暂相见，1个月后分别。1986年，夫人吴翠娥辗转来台相会，相携相依不再分开。1997年，董开章思乡心切回到上海定居，于1998年病逝。

　　董开章先生的一生诠释了至情至性的为人根本，对父母至孝；对妻儿至真；对故土至笃。作品被台湾书法界公认为"端凝雍穆，敦厚平和，无逞才使气之疵，有玉润金生之致"。

　　2008年10月22日，逢董开章百岁诞辰暨逝世十周年纪念，为了解和铭记这位在中华书法传承上倾注了毕生心血的大师，首次在上海朵云轩举行书画展，一百多件作品吸引书画人前来观赏，其中百个"寿"字图从海峡彼岸运回大陆亮相。由上海古籍出版社出版的《董开章书画集》于同期问世。

2009年2月23日，董开章先生的几个子女秉承父亲的遗愿，将25幅共45件作品及生前所获奖状、奖杯、奖章捐赠给天一阁博物馆收藏。

2011年12月中旬，在沪的董开章子女向奉化市文保所捐赠了16幅作品，并举办董开章先生遗作展。

百寿字屏的来历

1942年，董开章母亲74岁，董开章割五色金箔纸笺，筹集当时耆贤书"寿"字为母做80大寿的准备。应邀写第一个"寿"字的是进士出身、曾任两江总督的陈夔龙，一手工整有力的"寿"字一出，沪上一大批书画大家殿后共贺。董开章的老师高振霄、吴待秋也分别送来祝寿大字。继而，齐白石、张元济、叶恭超、冯超然、马公愚等文化名人写来"寿"字，楷书、行书、草书、篆书、隶书、金文各体具备。董开章自定一个书者当在花甲之上的标准，如陈夔龙的"寿"字后自题"九十叟"。1948年，历时6年的百寿字屏集齐完毕，裱成20条字屏，每幅只裱5字。董开章母亲生日当天，百寿高挂，喜气洋洋，上千贺者无不赞叹。

女儿眼中的董开章

董开章先生每逢遇有人求字，无论名人、后辈，只要觉得对方是真心实意喜欢书法，他都会欣然应承。

女儿董昭仪记得：有一回，父亲收到山东某人写来的书信，说是在书画册上看到过董先生的作品，很仰慕，欲求墨宝。父亲就认真地写好让我去邮寄，我问："这是谁啊？你都不认识啊。"父亲说："他远道来求，说明是真的爱好书法啊。"但另有一次，一位熟识的同乡商人欲出资购买一幅字，过了好几天，我都没看到父亲动笔，就忍不住问为啥。父亲说："哎呀，他是附庸风雅啊。"

董昭仪认为，父亲始终是一个淡泊名利的人。董开章过世后，她一直记着父亲的叮嘱："这些作品早晚要进博物馆，一幅也不能卖，可以的话，还是捐赠给家乡吧。"

弟子眼中的董开章

董开章在台岛的岁月里，坚持沿循前古大家，撷取各家之精华。刘松炎是董开章的弟子，是台湾中华国际文化艺术交流协会秘书长，他形容恩师是一个"真性情"的人。他说，恩师只身台北，思念上海，自号天南居士，足见对家人的真情；恩师爱酒，却独饮绍兴黄酒，可见对家乡的真情；恩师毕生独钟王羲之，尤见对书圣的真情。这样一个真性情之人才能修得真艺术。沐浴在董开章先生的书香中，弟子感言，中国文化博大精深，弘扬传统文化对海峡两岸来说是一项共同的责任，他的书法作品是中华一宝，董开章不仅仅是台湾的董开章，也是中华民族的董开章，是两岸共同的财富。

深情回望故土

董开章在青少年时，为乡人书写匾额及对联。抗战期间，回乡小住，送给叔父橱柜上的挂匾，上题"日寇压境，挈眷返里，以解匪气……"字样。

回乡的董开章不忘为村里题字，村北一座建于 1948 年的石拱桥上两面镌刻有"枫潭桥"三字，一面阳文一面阴文，阳文为董开章书法教师董震文先生所书，阴文为董开章所书。

在台岛闻悉故乡奉化修县志，作了 4 件条幅以志祝贺，可见董开章先生一直没有中断对故土的默默凝望。

董开章先生有一枚"天南居士"章，寓意家在地北，余在天南，乡情弥厚可见一斑。在长达三四十年的岁月里，孤居台北的董开章，几十年如一日地深爱着海峡这一端的妻子和 6 个儿女，辗转到达的书信偶尔一解两地情怀。女儿董昭仪记得，父亲的来信是半文半白的，用毛笔写在直行信笺上。受当时环境制约，书信内容多是简单的"报平安"之类，寥寥数笔，却纸短情长。

（陈　峰）

> 建德建南村

注解《唐诗三百首》的章燮

　　章燮（1783—1852），字象德，号云仙。浙江建德大洋镇建南村（原三河乡章家村）人，生于乾隆四十八年，逝于咸丰二年，享年70岁。工吟咏，诗有唐人气质，为时人所钦佩，每天以教子弟为乐，蒙其教诲者如坐春风。教课之余，注疏蘅塘退士孙洙所编《唐诗三百首》。在原有注解，旁批之外，广征博引，源流分明，兼及诸家诗话，内容相当周备。且能注意辞义贯串，深入浅出，简要不烦，颇有特色，堪称唐诗注本中最详尽、最严谨的版本。《唐诗三百首》章燮注疏本自道光十四年（1834）秋季刊印以来，广为流传，遍及全国。建国以来，浙江就已三印其书，约五十万册。除外，尚著有《古唐诗精选注》《诗话合选》《针灸揭要》《高林别墅诗集》等著作，可惜很多都遗佚无法流传。

　　章燮，自小勤勉好学。他有个堂兄叫章庞，两人亲如骨肉，学玩均在一起。章庞平时经常到西乡桐山后金的外婆家玩，章燮都跟着一起前往。章庞表哥金正是金仁山十四代裔孙，金正先祖金仁山乃皇宋大儒，南宋理学大师，是继朱熹之后钻研道学的"浙东学派"领袖之一，其思想一度为宋元明清官方哲学。有这样的渊源家学，金正读多了乃祖金仁山的《大学疏义》等书籍，人也雅致好古起来，章燮在金正家玩时，也跟着章庞"表哥，表哥"地乱叫。好学的章燮，为亲近金正，干脆在金村认起干爹来，再来金村就师出有名了，自然那个干爹就是金正本人，他成了金村一位不入籍的"秀才"。于是，在老师干爹金正的亲手教导下，章燮饱读诗书。可是没过多久，金正认为自个儿不能进举，收授学生会让学生沾染晦气影响科举前途，就算干儿子也不肯再教，除非先拜他人为师，学有小成，之后，再一起切磋学艺才无妨。不得已，章燮就到离干爹村三里外的新叶村去拜叶士林为师。

　　不曾想，叶士林为乡间十足的"唐宋派"文学代表，吟必唐诗，诵必韵文。章燮后来"工吟咏，诗有唐人气派"就受那段经历的影响。章燮玩唐诗入味后，就决计不肯歇手。与干爹、干兄交流切磋，学习研究乃祖金仁山周易义理心得，竟为作诗时借象数来服务立意。研究《论孟集注考证》《通鉴前编》等注疏书籍，也为研究唐诗打底，就是平日即物抒怀，也总模仿王摩诘、李太白、杜少陵等作品来写，深浅不论，闲忧不避……这些，都为他后来给蘅塘退士孙洙所编《唐诗三百首》作注疏奠定基础，使注疏在原有注解面上更翔实，更周备。

　　平日，章燮也教书、写作。吟诗如吃肉，口腹之必需；著文关心学问，乃教书之需要。同样地，就是撰写闲杂文章，其旨归也在为印证唐诗意境、义理。以一门心思加以研究、阐述，所获心得，自然深奥通达。何况他有疑惑，还可以到桐山后金及新叶亦师亦友处求教！再是从金仁山那些官方哲学里去探究根源。再不然，他还能够利用博大精深易学原理来参与考辨。所以，集一生主要精力做成的《唐诗三百首（章燮注疏本）》，自清道光十四年秋季刊印问世，就盛传不衰，为历代学子挚爱、传阅，后人再读"三百唐诗"，犹如沐浴春风，犹如聆听章燮当年亲自训导那味"谆谆教诲"。

　　章燮常悠游乡村名胜，往新叶幽谷觅古宋元的重乐书院和矗立村口的明代拷云塔，到山泉名村寻找明代兵部侍郎绝句高手唐龙踪迹……

　　相传章燮痴迷唐诗的程度之深，竟从山泉村去迎来唐龙脉下裔孙做自己孙媳！这些情事细节，在正史没有记载，在家谱也鲜有述及，大都只流传于他曾经游历的那些村坊间。

　　后来，章燮的《古唐诗精选注》《诗话合选》《针灸揭要》《高林别墅诗集》等著作一一问世，只不过在他去世时，被子孙当作殉葬品埋入地下，烂朽无迹，煞是可惜！而《唐诗三百首（章燮注疏本）》由于深入人心，才得以传世，委实侥幸！

　　章燮的学问高超，教授得法，课讲得精彩无比，因此，学生遍及周边乡野。他也积攒了不少钱财，于清嘉庆三年（1798）戊午年，在章家村造大房，房屋座北朝南，主体建筑面积约有300平方米，三进三开间，前厅后堂，主体建筑40根柱子，其中前进天井旁有方形石柱子4根，且刻有楹联。前厅二进为单层大厅，天井一个，后堂为三间二搭厢二层楼房；前厅左右有二道侧门可通东西厢房，两厢房均为三间二搭厢二层楼房，建有"吸壁天井"和用青石铺砌的大鱼池，鱼池既可养鱼观赏，同时又可用作防火"太平池"。古宅为清代的典型的徽派建筑，门厅为"石库门"，门前原设有石鼓一对（现已失），整座古宅大木构架的木雕装饰和小木装饰都十分精致，具有较高的建筑艺术研究价值。

章燮的一生，是倾力做学问的一生，为家族后人所膜拜。

（胡志丰）

建德珏塘村

青山深处的诗人翁洮

风景秀丽的珏塘村里，有一群翁姓人称自己为"青山后人"，他们都是唐代大诗人翁洮的后裔，在这里世世代代已经住了一千两百多年了。

一　聪慧少年，崭露头角

晚唐时期，寿昌有个县令叫翁明，山东青州人。翁明到寿昌来上任时，除了他的妻儿，还带着四哥的儿子翁洮。翁洮只有十余岁，从小父母双亡，由叔父抚养长大。小翁洮虽是生在山东，但自幼长在浙江，出落得清秀异常。

一日，翁洮正在县衙的书房里背书："道可道，非常道。名可名，非常名……"翁明走了进来，道："洮儿，你怎么在背老子的《道德经》了。叔父昨日叫你背《孟子·梁惠王》可曾背出？"翁洮道："叔父，您要我背的《孟子·梁惠王》那说的是仁君如何治理天下的道理，孩儿已经背熟。孩儿现在背的《道德经》，说的是道法自然，讲究无为而治，孩儿更喜欢这个。我们大唐是李姓天下，《道德经》乃是老子李耳所作，历代圣上都对此经推崇备至。高宗皇帝称其为《上经》，玄宗皇帝更尊称此经为《道德真经》。孩儿虽小，但是身为大唐子民，也应该熟读此经才是。"翁明点点头，道："洮儿，你天资聪颖，可惜自幼父母双亡，他们把你托付给我。我从山东青州老家到浙江寿昌来做官，便将你带在身旁，为的是方便日日教导你。明日便是三月三了，我和县里的文人一起，组织一次诗会，以文会友。长汀源的李频也要来，他比你大几岁，文采极佳，你也要与他好好结交。听说桐庐白云源的方干先生要来。方先生为人耿直，才华出众，是咱们睦州文坛的领袖。到时你也去见见他，让方先生指点指点你。"

翌日，天清气朗。艾溪边上的竹林里，一群文人正乐陶陶地饮酒吟诗。轮到吟诗时，需要脱口而出，方干、施肩吾、徐凝、李频诗思敏捷，很快成诗,博得一片好评;翁明一时难以即席吟诵。众人起哄,便要罚酒三大杯。年少的翁洮原只想站在叔父边上看看。见叔父要受罚,便挺身而出,道:"众位先生,小可不才,愿代叔父作诗,若是作成,能否让叔父免罚?"

众人打量了一下翁洮,见他一身青布衣衫,却掩不住的满面才气。方干看了看大家,便说好,要求以《春日》为题,在一炷香内作出便可。翁洮向方干拱拱手,道:"方先生,我看不必。这几日正是繁花似锦,要作春日诗,直是垂手可待。待我吟来:漠漠烟花处处通,游人南北思无穷。林间鸟奏笙簧月,野外花含锦绣风。鸾抱云霞朝凤阙,鱼翻波浪化龙宫。此时谁羡神仙客,车马悠扬九陌中。"

众人一听,喜出望外,一首《春日》将珏塘花红卉绿、雾掩岚浮的美景一下子送到众人眼前,后面的"鸾抱云霞朝凤阙,鱼翻波浪化龙宫"更是让人看到了小小翁洮的过人志向。方干大喜过望,招手叫来翁洮:"小翁洮,老夫欲收你为门生,不知是否愿意?"翁洮一愣,边上的李频捅了捅他:"还不赶紧拜见老师!"

从此,翁洮的学问在方干、李频等众多师友的指导下突飞猛进,不久后,去长安赴试,在光启年间中了进士,开始了他的仕宦之路。

二 解官回乡,归隐航头

翁洮生活的晚唐时期,藩镇割据,天下大乱。黄巢在山东起义,席卷了现在的大半个中国。唐僖宗召大将李克用去镇压起义军。李克用率兵攻入关中,将黄巢赶出长安,后又率军渡河,在中牟大败黄巢。黄巢军从此一蹶不振,最终被各地方藩镇镇压。

这时,翁洮在长安任员外郎。见到黄巢军被灭,很是振奋,认为国家有望。不料,朝中有昏官见李克用功高,竟然向皇帝进言,要征讨李克用。翁洮一听,大惊失色:狡兔死,走狗烹,飞鸟尽,良弓藏,这乃是治国大忌啊。翁洮便连上数本,言说李克用兵强马壮,又携灭黄巢之威,提议皇帝万万不可动此想法,应该对李克用加以安抚才对。

不料皇帝昏庸,终究还是下令征讨李克用。翁洮见朝廷黑暗,大失所望,想起了少年时读的《道德经》,认为还是"无为而治"好,不如回乡隐居。翁洮找到了同朝为官的同乡好友李频商量,说要辞官回家。此时李频虽也有同感,却劝翁洮不如到地方做点实事。

不久后，李频到福建任建州刺史，而翁洮则回到寿昌。在寿昌，翁洮四处寻找隐居之所，最后，他看中了寿昌城西外10里航头的青山绿水，便在此隐居下来，自号"青山老人"。

第二年春天，翁洮在航头桥上赏景。天空中，云彩像仙人的手掌，缓缓地将春阳托出，小溪里波光粼粼，鲜艳的桃花沿着溪水伸向远方。登上石桥，放眼望去，那飘荡着淡淡的炊烟的进村的路上，蜿蜒曲折，高高低低伸向村庄，路边长满绿色乔木香花。青青的杨柳随风摆舞，绿杨荫下，是游人歇脚的好地方，静静的航头桥边，没有长安城中车马往来扬起的尘埃，没有来往人流的喧哗。这景象使人陶醉，仿佛进入世外桃源一样。翁洮忍不住诗兴大发，写了一首《题航头桥》来赞美家乡美丽的自然风光：

故园桥上绝埃尘，此日凭栏兴自新。
云影晚将仙掌曙，水光迷得武陵春。
薜萝烟里高低路，杨柳风前去住人。
莫怪马卿题姓字，终朝云雨化龙津。

看到如此美景，翁洮决定长居在航头。由于他看穿了朝廷里面宦官当道、皇帝无能、各地动乱不堪，便决定立志教书育人。他在白眉山下创立了青山书院，专门培养治国安邦的人才。古代书院始于唐朝，当时浙江只有两所，翁洮也成了我国最早创办书院的先贤之一。

又过了一年，好友李频不忍心翁洮才华被埋没，又向唐僖宗建言，向朝廷力荐翁洮。这时，皇帝因为征讨李克用时吃了败仗，想起了翁洮的先见之明，便下令叫睦州守臣专门到寿昌航头找到翁洮，请他出山。

不料翁洮深爱航头的山水，无意官场，写了一首《枯木诗》给皇帝："枯木傍溪崖，由来岁月赊。有根盘水石，无叶接烟霞。二月苔为色，三冬雪作花。不因星使至，谁识是灵槎？"在这首诗里，翁洮向皇帝表示自己已经年老，不愿意再到朝廷做官，只愿意在家乡好好养老。

皇帝看了这首诗，不禁感慨翁洮有这样好的才华，过去却未加以重用。翁洮把自己比喻成一棵枯死的老树，知道他是再也不肯出来当官了。为了表示对翁洮的尊重，皇帝下令，特地到皇家园林曲江池中去捕捞了几尾大鱼，作为赏赐，给了翁洮。

翁洮过世后，被葬在寿昌县城西的青庵山上。人们为了纪念他，在寿昌县的文庙里塑了他的塑像，并每年正月十六进行祭拜。翁洮的《青山集》一共收录了古诗 300 首，可惜现在大部分都已经散佚了。只有在《全唐诗》中还有 13 首留了下来，成为浙江历史文化的重要瑰宝。

（郑永根　蒋羽乾）

桐庐芦茨村

晚唐诗人方干及其后裔

芦茨村位于桐庐县西南部,依山傍水,风景秀丽,"一折青山一扇屏,一湾碧水一条琴",这是清代诗人刘嗣绾描绘的村落情形。该村有农户451户,1319人,大都是晚唐著名诗人方干的后裔。

晚唐著名诗人、隐士方干,字雄飞,桐庐白云源人,生于唐宪宗元和四年(809)。据方氏宗谱记载:"白云源,见云岭出云,画溪如画;茂林修竹,隐约其间;芳草幽兰,馥郁其际;采于山美可茹,钓于水鲜可食,虽古桃源未易拟。"秀绝人寰的白云源,为方干的成长铺就了良好环境。

方干自幼颖悟,及长有清才,喜吟咏。方干作诗,以苦吟著称,炼字琢句,毫不含糊。他自言"吟成五字句,用破一生心"。所作诗清润精巧,佳句迭出。如"窗接停猿树,岩飞浴鹤泉""野渡波摇月,空城雨罾钟""一县繁花送香雨,五株垂柳绿牵风"等,皆为人们广泛传诵。据说他的缺唇,就是因集中心思炼字琢句,边走路边自吟,一不小心,一脚踩空摔倒,嘴唇被跌破造成的。故被朝廷一些庸臣戏称为"缺唇先生"。

方干一生,虽也获得县令徐凝、钱塘太守姚台,睦州刺史侯温、浙东观察使王龟等人所器重,但一生怀才不遇。咸通年间(860—874),方干怀着报效国家,荣祖耀宗之心,赴京参加考试。他的才学虽然倾倒所有官员,但有司奏曰:"干虽有才,但科名不可与缺唇人,使四夷闻之,谓中原无解士矣。"还有一些浅见官宦,还谓方干是枯槁之流,无关于世教。之后,方干仍不灰心,复试几次,但均受挫。方干方知功名无望,遂隐居于会稽镜湖。方干写诗叹曰:"志业不得力,到今犹苦吟。吟成五字句,用破一生心。世路屈声满,云溪怨气深。前贤多晚达,莫怕鬓霜侵。"这位才高八斗、学富五车的晚唐诗坛精英,布衣终身,穷困潦倒,报国无门,于光启二年(886)怀恨而逝,终年78岁。

方干一生诗作无数,去世后,他的门生称其为"玄英先生",并辑其诗370余首,编为《唐玄英先生诗集》10卷。《全唐诗》编有方干诗6卷

348篇。北宋范仲淹守睦州，绘方干像于严陵祠配享。

芦茨人杰地灵，自唐代出了明诗人方干后，到了宋代，更是英才辈出，方干后裔还出了十八进士。这里仅记述其中三位的事迹，聊以窥斑见豹。

方楷——荣归故里见范公

这是值得芦茨人庆幸的事，在迎来村里第一位进士方楷荣归故里不久，这一天，新任睦州太守范仲淹又要来访，真是双喜临门！村民们都身穿儒服，夹道相迎。

到访时，接待人员中一位儒生模样的后生，给范太守留下了很好的印象：只见他接待时彬彬有礼，举止文雅；陪访中应付自如，落落大方，一切都安排得有条不紊。范太守穿村过巷，一路走来，谈笑风生。来到方处士旧居前，他却神情凝重，久久伫立；进居内，徘徊、驻足、仰望、观瞻，激动不已。刚坐下，未及品茗，便要来纸笔，挥笔写下《留题方干处士旧居》一首。正在身旁的那位后生，读完此诗，便提起太守刚放下的笔，和诗一首："莫言寸禄不沾身，身后声名万古存。幸得数篇传宇宙，得无余庆及儿孙。"

此时范太守才得知，眼前这位接待陪访并和诗的后生正是方处士的八世孙，刚得科名的方楷，便连声赞叹道："初出茅庐，后生可畏，风雅先生后继有人啊！"并又提起笔题诗一首，赠与方楷。方楷感激万分，并为范太守送行。

方蒙——殿中侍御史

方蒙入仕后，位从县令升刺史，又升为吏科给事中，其间办成三件大事。哲宗元祐年间，某地时值年荒，灾民累累，百姓流亡。方蒙深知百姓疾苦，上表朝廷，请求开仓，赈济灾民。在他的力挺下，无数灾民终于得救。后又有一年，南面入侵，侵扰一方百姓，百姓生活不得安宁。方蒙一面出兵打击入侵者，一面安抚受害百姓，终于保住了一方太平。不久，荆州又发生多起暴乱，州郡中平暴的官员李尚上奏朝廷说：危害百姓的暴乱难以除去，只有吏科给事中方蒙为官贤良又有正义感，如果派他去，暴乱一定会平息。于是朝廷就派方蒙去讨伐，后终于平息。平暴有功，哲宗皇帝钦赐方蒙为殿中侍御史。

方恁——礼部侍郎

说到方恁,不能不提其父方载。方载是进士,更是位文学家、教育家。他为官不久,便乐道不仕,在家专心教儿方恁研读"六经"多年,直至去世。父死,方恁在墓旁筑庐,为父尽孝。更可贵的是服丧期间,仍按父愿,单独一人在墓庐内继续刻苦攻读"六经"。至三年守孝期满,仍不肯回家。当听说妻子要来墓庐看他,他便托人带信给妻子,送去一个善意的谎言:途中有深潭,神灵一定会弄翻你的船,希你千万不要来。这样又在墓庐延续数年,边守孝,边研究,终于完成《礼记集解》。方恁乘进京游学太学之机,将这部凝聚着父子两代心血的《礼记集解》进献朝廷,深得赞赏。从此他在京攻读,终于进士及第,仕至礼部侍郎。

(桐庐县农办)

富阳双江村

晚唐诗坛怪才罗隐

双江村（旧名钦贤罗家）地处葛溪、松溪的汇合处。这里山清水秀、风光宜人，系新登八景之一的"松葛双清"所在地。晚唐著名作家和杰出诗人罗隐便出生在这里。据《新登镇志》记载村里鸡鸣山下旧有罗隐读书台、罗隐宅和宅前罗隐手植的两株桂花树。如今，仅存一只护宅石老虎、一片罗隐故居宅基和一块记述罗隐事迹的《鸡鸣山记》碑（现寄存于新登中学圣园碑林）。

罗隐生平：出身寒微，命运坎坷

罗隐（833—909），本名横，字昭谏，号江东生。据新登钦贤罗氏家谱记载，为避战乱，罗隐的祖先由湖南长沙迁居于新登镇双江村鸡鸣山脚。唐文宗太和七年（833）癸丑正月廿三日辰时，罗隐诞生于新城县钦贤罗家。罗隐生活于唐朝晚期，此时社会阶级矛盾激化，朝廷腐败，官吏贪污，战乱四起，民不聊生，罗家也日渐衰落。

汪德振《罗昭谏年谱》有记载，罗隐童年，生活过得十分清苦，为糊口，他常给人家放牧。他常趁清晨放早牛之际，在鸡鸣山上刻苦勤奋读书，其诗文少年即负盛名。他从宣宗大中六年（852）20岁那年起，凭自己的真才实学赴京（长安）赶考，一直考到懿宗咸通十四年（873）41岁，10次应试，次次落榜。这倒不是罗隐才疏学浅，而是他秉性耿直，所写诗文善于讽刺，易得罪人，不为豪门权贵所容。屡败屡战导致罗隐便有了隐退之心，而改名为隐。此后，罗隐辗转各地，寄人篱下，贫困飘泊，据《新登镇志》记载，足迹遍及江、浙、赣、湘、鄂、皖、豫、燕、鲁、陕、晋诸地，备受艰苦。在广泛游历中，他对当时社会现实之认识亦较深刻。特殊的时代，特殊的经历，造就了诗人愤世嫉俗，好打抱不平的特殊性格。

直到唐昭宗光启三年（889）罗隐55岁时，由于同宗邺王罗绍威的推介，他离长安东归。罗隐回到家乡，投奔坐镇杭州的钱镠帐下。钱镠重用了他，使他在以后的22年中，做出了一番有益于人民的事业。罗隐卒于梁太祖开平三年（909）盐铁发运使任上，享年77岁，被称为诗坛怪才的一颗巨星就此陨落。

罗隐诗文：诗坛奇葩，传世瑰宝

　　罗隐是晚唐的讽刺诗文大家。他关心民瘼，讽刺丑恶，忧国忧民，诗风独具一格，对后世影响深远。他的诗作、人品均受到历代骚人墨客的赞颂。如唐代杜荀鹤的《钱塘别罗隐》、宋代许广渊的《题罗隐宅》、元代黄元之的《钱塘署有罗昭谏手植海棠一本》，明代凌誌的《题罗隐故宅》、方廉的《舒啸亭》、马世杰的《罗隐宅》，清代张瓒的《鸡鸣山》等诗文，都高度赞扬了罗隐。

　　毛泽东主席很欣赏罗隐的讽刺诗文，在他故居的藏书中，有罗隐的两本诗集——《罗昭谏集》与《甲乙集》。在这些诗集中，毛主席对其中很多首诗都划着浓圈密点，有几篇还加上批语。例如，《焚书坑》"千载遗踪一窖尘，路旁耕者亦伤神。祖龙算事浑乖角，将谓诗书活得人。"罗隐从另一角度写秦始皇的焚书坑儒，含蓄有新意，毛主席对这首诗的最后两句加了密圈。《秦帝》"长策东鞭极海隅，鼍鼍夺走鬼神趋。怜君未到沙丘日，肯信人间有死无。"这首诗讽刺秦始皇寻求长生不老之术。毛主席对前两句加了曲线，后两句加了密圈。《西施》"家有兴亡自有时，吴人何苦怨西施。西施若解倾吴国，越国亡来又是谁。"罗隐的这首诗，不把国家兴亡的责任归于个人的作用，不认为封建王朝是天命不亡的。在当时的历史条件下，有这样清醒的见解，确实难得。毛主席在这首诗的标题前划着两个大圈，全诗都加了密圈。限于篇幅，恕不一一赘述，像这样圈点的粗略统计约有91首。罗隐，是毛主席极为赏识的一位既有才华又值得同情的诗人。

　　江泽民同志也曾引述罗隐《夏州赠胡常侍》诗中的名言："国计已推肝胆许，家财不为子孙谋。"以此来诫勉共产党人和领导干部，应处处以国事、人民之事为重，绝不去干那种为了"家财"而以权谋私之事。

　　鲁迅先生也很赏识罗隐的诗文，他在《小品文的危机》一文中曾评说："罗隐的《谗书》几乎全部是抗争和愤激之谈。"《谗书》被他称誉为"一塌糊涂的泥塘里的光彩和锋芒"的一部作品。这里的"光彩"比喻作品表现出作者卓异的见识，发人深思，犹如黑暗中的一道闪电，尤其显得明亮夺目。所谓"锋芒",是赞扬它具有抗争的精神。罗隐的诗文堪称唐诗宝库中的璀璨明珠,是中华文化的传世瑰宝。

罗隐传说:流播神州,薪火相传

一千多年来,在我国民间口耳相传着许多关于罗隐的各种传说,这些传说已进入浙江省非物质文化遗产名录。传说都是民众出自对罗隐的爱戴,也出于平民百姓对罗隐的理解、同情和奇想的集体文学创作。由于罗隐前半生过着漂泊的生涯,足迹几乎遍及全国,因而传说流播的区域很广,我国东西南北都有,并形成了同一个故事的许多不同版本。因此罗隐传说已成为中华民族的一份宝贵传统文化遗产。

众所周知,历史人物与传说人物,既有联系又有区别。劳动人民对历史上的著名人物,特别对本地方的历史名人,擅用"传说"形式加以歌颂和宣扬,从而形成口头的(即经民众加工塑造)历史人物,也就是传说人物。不难推想,人民对罗隐的认识,晓得传说中的罗隐远比知道历史上的罗隐多得多。在罗隐故里,罗隐传说故事真不少,如《罗隐出世》《讨饭骨头圣旨口》《牵纸窝榔头》等。

由富阳区文广新局编撰出版的《罗隐传说》,仅采集富阳地区罗隐传说就有90篇,其中反映罗隐童年生活的传说14篇。如《罗隐出世》《罗隐和石狮》《讨饭骨头圣旨口》《浮石潭的传说》《山谷为啥有回音》《拜先生》《打屁股止痒》《小罗隐赶石头》《鹅飞日》《罗隐放牛》《一碗炒黄豆》《茅草代刀》《知错就改》《角尺的来历》等。这些传说,多角度地反映出罗隐的勤奋刻苦好学,机智勇敢聪明,本性善良助人。在罗隐故里,不知有几代人,常用这些罗隐童年传说教育自己的孩子。时至今日,仍有人还在给孩子们讲,由此可见,罗隐传说具有极强的生命力。但愿先贤罗隐的精神及其诗文、传说能够薪火相传,绵延永久。

(盛伯勋)

> 安吉鄣吴村

画写乡愁吴昌硕

　　安吉县鄣吴镇鄣吴村，是一代宗师吴昌硕的故里。鄣吴，明以前称"鱼池乡""归乡里"，吴昌硕曾刻有一印，印文曰"归仁里民"。明以后，因鄣吴地处古鄣郡（秦建制）之南，又是吴氏族人的居住地，故称"鄣南吴家村"，俗称鄣吴村。鄣吴村依山傍水，风景秀丽，因村后高山林立，村前古木参天，日照短，故又有"半日村"之雅称，吴昌硕也曾有一印为证。

　　自北宋末年吴氏始祖吴瑾卜居于此，历南宋、元、明数百年间，因"未尝有大变革"（吴昌硕《重修宗族序》），且族人重教之风日盛，吴氏家族得以繁衍发展，人口逐渐鼎盛。咸丰末年时，鄣吴村已成为五六千人的大村，其中籍科举之阶跻身仕林者近两百人，最著名的当推明嘉靖年间的"吴氏父子四进士"，故有"大大鄣吴村，小小孝丰城"的美誉。

　　吴昌硕（1844—1927）就出生于这样的一个书香世家，原名俊，字昌硕，别号缶庐、苦铁、老缶、缶道人等，为吴氏第二十二世孙，其艺术造诣被誉为"诗书画印熔一炉，风流占断百名家"。吴昌硕幼时随父开蒙，七八岁时即入"溪南静室"（吴氏私塾）读书。闲时随父下田劳动，嬉戏牧牛于鄣吴村"柳树窠"。十余岁起喜刻印章，其父加以指点，初入门径。早年的乡村耕种、刻印和读书生涯，都深刻地印在吴昌硕的记忆里，成为后来刻印、作画、吟诗的极好素材。吴昌硕画得最多的几种"园菜果瓜"是南瓜、葫芦、白菜、竹笋、枇杷……都是鄣吴田野里常见之物，其画中不灭的野趣就是来源于幼时的田园生活。1913年西泠印社建社之际，作为首任社长的吴昌硕为印社亲题社额，并撰写长联"印岂无源？读书坐风雨晦明，数布衣曾开浙派；社何敢长？识字仅鼎彝瓴甓，一耕夫来自田间"。

　　关于吴昌硕幼时喜印，乡里人还流传一段故事。据说，吴昌硕因家境清贫，无钱购买刻刀、印石，便以铁钉作刀，古砖为石。偶得一石便如获至宝，刻了又磨，磨了又刻。他经常独居一隅，就着窗前光线刻印，终日不倦，被同辈戏称"乡阿姐"（吴昌硕晚年曾刻一印"小名乡阿姐"。由于少时刻印太专心，不小心凿伤左手无名指，后未痊愈竟烂去一节）。

关于少时溪南静室的书香生活，吴昌硕有诗作描述：

> 别墅下溪南，绕屋种松树。
> 秋空窠鹤归，明月照山路。
> 下有读书堂，是我旧吟处。
> （吴昌硕《缶庐诗》）
> 枯禅相与对，法侣静无哗。
> 溪上丹砂井，时飞一片霞。
> （吴昌硕《溪南静室》）

吴昌硕成名后，几乎每年都返村探母、祭祖。他关心乡里宗亲，维护故里风貌。为杜绝滥砍伐林木之事，他回乡参与发起树立《阖村公禁碑》于村东关帝庙；宗族"以家乘之辑谋于俊卿"，他遂参与鄣吴村《吴氏宗谱》续编，并亲作《吴氏列祖诸传》等；村里儿童无处上学，他便说服族人腾出吴氏宗祠作校舍，以族长的名义将族产"柳树窠"的田产赠为"校产"；乡亲请其写字、画画，他从不推辞，留下真品百余件，鄣吴一带张贴"宗堂画"之风即起于此时。吴昌硕赠予乡民画作之事还被传为美谈，有的演绎为民间故事，如"吴昌硕和《西瓜图》的故事"就是其中一则。

话说，当年吴昌硕回故里探亲，正值赤日炎炎三伏天。他从泗安下船后，徒步三十余里，到达鄣吴村口，酷热难当，满头大汗，衣衫全湿。忽然见到路边一瓜棚，他便踱入休息。瓜农一看是大名鼎鼎的吴昌硕，一边起身让座，一边去田里摘了个大瓜，用刀剖开，那西瓜青皮红瓤，水淋淋、甜滋滋。吴昌硕几片西瓜落肚，一通凉气沁入心脾，顿觉暑气全消，汗都干了。坐得一个多时辰，他方拱手告辞回家。

第二天，吴昌硕亲自来瓜棚送来一幅四尺的中堂画，画的就是西瓜！只见那画面上瓜藤缠绕，长得十分茂盛，藤蔓间大大小小、错落有致地分布着几个西瓜；中间的那个大瓜，已剖成两半，一半还连在藤上，红的瓤，青的皮，黑的子，鲜艳夺目。那老农十分欢喜，如获至宝，连声道谢。

老农把画送到城里装裱后，挂于堂屋正中。劳作之余，站在屋中细细观赏，自得自乐。不想，日子一久，那幅《西瓜图》却显出奇异之处来——竟会随着季节的更替变幻颜色！春天，那瓜叶、藤蔓色泽嫩绿，瓜瓤青青，瓜子白白；到了夏日，藤叶黑绿，瓜瓤鲜红，瓜子黑黑。最奇的是，三伏天里，任你劳作得大汗淋漓，心中冒火，只要往画前一站，便觉得凉风习习，口里生津，浑身清凉，舒服至极。村里人闻讯后，都争先恐后来看《西瓜图》，老农家里日日如办喜事般热闹。一传十，十传百，后来竟然传到县衙里。县太爷闻讯后，带着师爷、衙役一班人，浩浩荡荡直奔鄣吴而来。在瓜农家里，县太爷屏退众人，一人仔细品玩。只见画上的西瓜颜色鲜艳夺目，画法柔里藏刚，更有那画中透出阵阵凉风，如入仙境之感。回去之后，县太爷夜不能寐，整日惦念《西瓜图》，后绞尽脑汁把画"借"到县衙。但说也奇怪，《西瓜图》不神了！那瓜瓤始终是青青的，瓜子始终是白白的，连藤蔓都是蔫头蔫脑的。县太爷大失所望，只好又把《西瓜图》送还给种瓜老农。

《西瓜图》回到瓜农堂屋后，又重焕生机。赶来看画的人更是越来越多，连省城也有人赶来。老农家的陋室实在无法容纳数不尽的看画人了，于是瓜农索性将画挂到祠堂里去了。有乡民说，抗日战争前在吴氏宗祠里还看到过这幅会随季节变幻的《西瓜图》呢！

如果说《西瓜图》栩栩如生的故事更像传说，那么村里老人提到的另一幅画的故事则更真实。说是"三年灾害"时，村里人在后山种苞谷，附近的鸟儿、虫儿都来采食，有吴家后人挂了幅吴昌硕的旧画，画上是一顶礼帽和一大片荷叶。远远看去，像一个头戴礼帽、下穿荷叶衣的人立在田里。自此以后，连雀子都不敢来偷食了。

当然，吴昌硕留给后人的不仅仅是这些故事传说。鄣吴一带，深受昌硕遗风影响，书画氛围浓厚，人人会动笔，家家挂书画。上至七八十岁老翁，下至七八岁孩童，争学书画，蔚然成风。鄣吴乡民经常在昌硕画苑中交流习画，昌硕小学还被评为省书画教育研究会实验基地，并与日本北九州花房小学结为友好学校，连年进行书画交流。随着百姓书画技艺的提高，近年来鄣吴一带的扇业也逐渐兴起，先后成立了五十余家制扇企业，其产品远销日本、韩国、新加坡等东南亚国家，扇面画也成为当地新兴的特色文化产业。"白天扛锄头，晚上拿笔头"成了众多鄣吴乡民的生活方式。

(李琳琳)

绍兴安桥头村

鲁迅在外婆家的故事

孙端镇安桥头村朝北台门是鲁迅外婆家。鲁迅小时候经常到外婆家来做客。外甥大于皇帝,他就受到村民的热情接待和宠爱,还与同龄孩子们一起放牛、钓虾,一起看社戏。在外婆家自由自在快乐的日子,成了他心目中的一方乐土,还可以免读索然无味的"秩秩斯干,幽幽南山"了。

朝北台门

安桥头村,距绍兴城区三十余里,离海塘不过里许,全村三分之二的人姓鲁。以谱系表查得,按"定绍世恩嘉,佩德达旺祖"排列,到鲁迅外祖父鲁晴轩代,是恩字辈。村里人多数务农,也有捕鱼、做酒、孵豆芽。有一家叫"正大"的小店。鲁迅在小说《社戏》中作了如实描写:"那地方叫平桥村,是一个离海边不远较偏僻的临河的小村庄;住户不满三十家,都种田、打鱼,只有一家很小的杂货店。"

村中有条东西流向的小河,河上建有低矮平板石桥一座,叫通宁桥,这就是小说中的"平桥"。鲁迅外婆家在"平桥"脚南,这是一座建于晚清的低矮平房,坐南朝北,"朝北台门"的名称由此而来。是鲁迅太外公鲁世卿所建,月白色的粉墙,封闭式的院落,为清代江南农村较典型的殷实人家住宅。太外公在乡下势力很大,地方上出现纠纷,只要他出面就能顺利得到解决,难怪当时有"若要官司赢,只找鲁世卿"的民谣。

鲁迅外祖父鲁晴轩(希曾、恩迪),1851年考中浙江乡试第24名举人,1862年去北京任户部主事,1864年告病回乡,光绪九年(1884)冬去世,宣统元年(1909)与妻子何氏葬于皇甫庄农田里。

母亲鲁瑞,是鲁晴轩小女儿。鲁迅在《自传》中亲切地说:"母亲姓鲁,乡下人,她以自修得到能够看书的学力。"鲁瑞虽出身官宦之家,但与安桥头村民很是亲密,每次回娘家朝北台门来,总称他们"伯伯""公公""婆婆"。村里人见这位嫁出的姑奶奶回娘家来便传语相告:瑞姑太太回来了！鲁瑞就和大家亲热地叙友情，拉家常。鲁迅到外婆家来更是高兴，因为这里可以享受到特别的优待。

外甥大于皇帝

俗话说："外甥大于皇帝。"鲁迅每年立夏前后到外婆家来，每天就有一大碗村民刚从田里摘来剥肉煮熟的鲜罗汉豆送来，放在外婆家的八仙桌上，说是给城里来的外甥"尝鲜"。也只有在这时，家家的孩子可放下手中的活来陪鲁迅玩，大家快乐地在一起放牛、钓虾、捉迷藏，过自由自在的生活。

鲁迅在他自传色彩很浓的小说《社戏》中，真情地记叙了他幼年时和外婆家农民孩子的亲密友谊："和我一同玩的是许多小朋友，因为有了远客，他们也都从父母那里得了减少工作的许可，伴我来游戏。在小村里，一家的客，几乎也就是公共的。我们年纪都相仿，但论起行辈来，都至少是叔子，有几个还是太公，因为他们全村都同姓，是本家。然而我们是朋友，即使偶尔吵闹起来，打了太公，一村的老老小小，也决没有一个会想出'犯上'这两个字来，而他们也百分之九十九不识字。我们每天的事情大概是掘蚯蚓，掘来穿在铜丝做的小钩上，伏在河沿去钓虾。虾是水世界里的呆子，决不惮用了自己的两个钳捧着钩尖送到嘴里去的，所以大半天便可以钓到一大碗。这虾照例是归我吃的。其次便是一同去放牛，但或者因为高等动物了的缘故罢，黄牛水牛都欺生，敢于欺侮我，因此我也总不敢去近身，只好远远地跟着、站着。这时候，小朋友便不再原谅我会读'秩秩斯干'，却全都嘲笑起来了。"

从安桥头往北一里，有一个小村庄叫镇塘殿，它紧靠曹娥江。每年农历八月十八日，是沿塘村庄的潮会节，届时家家办酒，迎接四方来客，正在安桥头做客的鲁迅，这一日也与小朋友们一道去观潮，有这许多识水性的农家孩子保护着这城里来的大外甥，外婆也很放心。他们站在海边，远望潮水滚滚而来，转眼逼临海岸，汹涌澎湃，惊天动地。鲁迅的好朋友鲁六一、鲁七斤都是弄潮好手，每到这时，他们顺着海潮，争抢潮头鱼。惊险场面，难得一见。

看社戏

在安桥头外婆家，鲁迅最盼望的是看社戏。周作人先生在 1900 年 4

月12日《日记》里有载述："下午安桥头社庙有戏。"可见鲁迅与他常在安桥头或附近社庙看社戏。村东面有一座土地庙，供奉的是土地爷爷，他是阴间最基层的衙门，人死后都要向它报到，民俗为"烧庙头纸"。人们对它的恭敬为的是保佑地方安宁，五谷丰登。庙内还建有鸡笼顶的戏台。安桥头社戏常在这里演出，时间就在农历的四月或八月。社戏有两种，一种是有正式剧本的古装戏，即大戏；一种是宣扬生死轮回、因果报应的"劝善戏"，后来变成消灾祈安的"太平戏"，即"目莲戏"。安桥头演社戏以目莲戏为主。

据安桥头老辈回忆，鲁迅幼年时还在安桥头村旁的里赵村（2004年6月行政村规模调整后已并入安桥头村）看过社戏。小说《社戏》也有交代："至于我在那里所第一盼望的，却在到赵庄（即里赵）去看社戏。赵庄是离平桥村五里的较大的村庄；平桥村太小，自己演不起戏，每年总付给赵庄多少钱，算是合做的。"里赵紧依安桥头西首，其实相距二里左右，两村东西水陆连接相通。安桥头村的孩子们晚上邀鲁迅一同摇着船去看戏很合情理。里赵社庙临河，过去两村常合演社戏。从朝北台门向里赵村走一里左右，那里当时确有一方六一公公的豆田，孩子们晚上看戏回来"偷"他的罗汉豆吃多有情趣，而且里赵的村名与"赵庄"吻合。

有时候鲁迅还随小伙伴一道到相距安桥头三五里的吴融、礼江、寺东及大舅舅鲁怡堂家皇甫庄等村看社戏，后来他就在《社戏》中阐述了当年他与农民小朋友月夜看戏的情景："一出门，便望见月下的平桥内泊着一只白蓬的航船，大家跳下船，双喜拢前篙，阿发拢后篙，年幼的都陪着我坐在舱中，较大的聚在船尾。母亲送出来吩咐'要小心'的时候，我们已经点开船，在船石上一磕，有说笑的，有嚷的，夹着潺潺的船头激水的声音，在左右都是碧绿的豆麦田地的河流中，飞一般径向赵庄前进了。""最惹眼的是屹立在庄外临河的空地上的一座戏台，模糊在远处的月夜中，和空间几乎分不出界限，我疑心画上见过的仙境，就在这里出现了……"

鲁迅幼年在安桥头外婆家看社戏，与农家孩子们建立的那真挚深厚的友情，一直珍藏在他的心间，朝花夕拾，难以忘怀。

（绍兴市农办）

湖州南浔下昂村

赵孟頫与下昂村的渊源

湖州市南浔区菱湖镇下昂村和元朝书画大师赵孟頫有着深厚的渊源。南宋灭亡后，作为宋秀安王后裔的赵孟頫，生活窘困，从湖城来到他生母邱夫人娘家柳溪村。元亡明兴，柳溪里人为纪念本乡邱氏后人，遂改村名为松雪（赵孟頫号）；又因唐朝文学家陈子昂生于长江上游"天府之国"四川平原，而赵孟頫也字子昂，生于长江下游"人间天堂"杭嘉湖平原，所以称陈子昂为上昂，赵孟頫为下昂，这样，下昂也成了村名，"松雪""下昂"就替代了原来的柳溪地名。

赵孟頫（1254—1322），宋太祖第十一世孙。宋理宗宝祐二年（1254）九月初十，赵孟頫诞生于湖城甘棠桥堍秀安僖王府。赵孟頫有兄弟10人，他居第七，姐妹有14人。他父亲有妻3人，赵孟頫生母邱氏是妾。5岁时，赵孟頫入家塾启蒙，始学书，日练书法万字。其父赵与訔善诗文，富收藏。赵孟頫8岁时，随父宦游金陵（今南京）。12岁时，其父病逝。此时，虽贵为秀安僖王侯世家，但家境每况愈下。赵孟頫的长兄们都以父荫补，在宋廷或外地任官职，而赵孟頫的生母在家族中地位并不显赫，所以，邱夫人嘱咐他："你年少又丧父，如果不能自强于学问，你就无法生存，我们孤儿寡母这一生就没希望了。"于是赵孟頫刻苦磨砺，昼夜不休。23岁时，元军攻进南宋都城临安（今杭州），宋恭帝降元；元军过钱塘江，追杀南宋残余势力。赵孟頫很快由王室贵族沦为平民，生活艰难，甚至"向非亲友赠，蔬食常不饱"。在此困境下，邱夫人仍不断告诫赵孟頫："蒙古鞑子当道，他要一统江山，必然要收录江南贤能之士而用之，所以你一定多读书，要在知识博学上不同于普通人。"于是赵孟頫便隐居湖城、菱湖、德清，广交师友，发愤读书，必熟读领会透彻才罢。

赵孟頫26岁至32岁（1280—1286）期间，受母命，到菱湖找堂兄赵孟頵和柳溪外婆邱家，隐居下来，这期间便在菱湖、松溪留下了众多与他有关的传说。

赵孟頫到了柳溪（今下昂），外婆家境也不大好，他便安排两个妹妹住外婆家，自己和弟弟赵孟吁住在赵家墩，赵家祖坟守坟人的小屋里，那里四面临水，西边云巢山与莫干山逶迤相连，襟山带水，他就和弟弟读书写字，有时就去菱湖赵家弄堂兄赵孟頵家，切磋书画，吟诗作赋。他特别钟情菱湖水乡风光，以柳溪周边村落特色，取名莲花庄、桃花庄、桂花庄，将一块四面环水的清丽高地呼为浮霞郡。在柳溪村东、竹墩村西，有三座贯成珠串的小山：南凉山、中凉山、北凉山，他登上北凉山，画《玉山雪霁图》以记游事，后人刻石置碑于北凉山顶庙中。对菱湖镇南栅南当湾的真武庙，俗称南圣宫，他感到气势恢宏，便书额"金阙飞升"，该匾额直到解放后南圣堂拆除时才被毁。

当赵孟頫后来受第三次征召，受到元世祖忽必烈赏识重用，以至得到元朝五代帝王对他的赞赏，他累官翰林学士承旨、集贤学士、荣禄大夫、一品大臣后，在湖城建别业，取名莲花庄；把甘棠桥故居一带四面环水之地呼为浮霞郡。传说，他曾为柳溪当年建造的四座石桥，分别题写了诗意盎然的桥名：东边桥名"日晖"、西边桥名"听月"、北边桥名"清远"、西南桥名"众安"，这四座古桥至今尚在。由于赵孟頫的外婆家在柳溪，他和菱湖百姓有患难之交，更因他是宋皇族后裔，又是著名书画大师，因此元末明初，里人将古村市柳溪改名下昂、别名松雪以纪念他。下昂集镇有一条西东向的市河，原名柳溪，也改名为昂溪，其北支流则保留为柳溪名。明朝初年，出于对名人的尊崇，当地村民在浮霞墩建松雪庵，内供魏国公赵孟頫和魏国夫人管道升的肖像，清初改为塑像，年年祭祀。松雪庵在20世纪八十年代恢复，民间香火鼎盛。

赵孟頫一生虽"被遇五朝，官尽一品"，终因赵宋王室后裔而不委要职，更无实权，所以他致力对书画孜孜不倦的追求，终成独领几代风骚的书法绘画大家。元世祖忽必烈经汉族大臣程钜夫推荐，曾三次征召赵孟頫，最后应召，任奉训大夫，凭学识才干官至一品，先后受元世祖、元成宗、元武宗、元仁宗、元英宗赏识，元仁宗还将赵孟頫比作唐之李白、宋之苏轼，称其有七大过人之处："帝王苗裔，一也；状貌昳丽，二也；博学多闻，三也；操履纯正，四也；文词高古，五也；书画绝伦，六也；旁通佛老之旨，造诣玄微，七也。"元朝统治全国时实行残酷的民族压迫政策，全国军民分四等，北方汉人和南方汉人列为第三等和第四等，受尽欺凌。赵孟頫后来任职翰林侍读、侍讲学士、知制诰、修国史时，常借古论今、直言进谏，使元统治者后来对汉人、南人的政策渐趋缓和。

赵孟頫为官清廉、处事公正、关心民间疾苦，也为同僚和百姓所称道。有三则佚闻，数百年来为家乡传颂。有一次赵孟頫回到湖城，见一对老夫妇摇着破船，如乞丐一样过日子。赵孟頫以前泛舟碧浪湖时曾认识他们，看到他们，同情地说，"我送衣服供食你俩人，可否帮我打扫鸥波亭吗？"老夫妇高兴地答应。又一天，赵孟頫跟着弟弟步行至鸥波亭，看到俩老人，问道，"你们住在这里，日子过得怎么样啊？"老夫妇感激地说，吃住衣食都有了，担心将来老死没有棺材坟地。赵孟頫想了一会儿，说，"我刚才走过来时，看到奎章阁有一太湖石非常奇特。"于是吩咐跟随取来纸笔，就在亭内画了幅厅石图，交付老夫妇说，"你们卖了后，就有后事的费用了。"

后来，老人将画拿到骆驼桥，众人一见是赵孟頫真迹画品，有人就以十千购买。有一位文人，曾看到一卷千字文，以为唐人字，绝无一点一画似赵孟頫的书格法度，看完后方知是赵孟頫所写，卷上还有赵本人的自题。题云："我二十年来写千字文以百数篇，此卷不知何年所书。当时学褚河南《孟法师碑》，所以结字规模八分。今日看到，不知哪儿为最好？田良卿朋友在骆驼桥市场中买到此卷，特来让我题跋，写在此千字文书法后。因想到自己从五岁入小学学书，不过跟大家一样习帖摹临罢了。没料想今天有人拿去可以卖了，而我友良卿却化若干倍钱去购买，都是可笑之事啊。元贞二年（1296）正月十八日子昂题。"从字里行间，可以看出赵孟頫之书法所以妙不可言，这是他数十年无帖不习的缘故。元朝陶宗仪，在他《南村辍耕录》文集中感叹：赵孟頫翰墨为国朝（元朝）第一，犹且佩服前人，谦虚自叹不如，可近来有那么一批自称文墨高手，仅仅能点画如意，便夸大自我，与赵孟頫相比，真不知羞愧啊！

家乡人都知道赵孟頫和夫人管道升伉俪情深，管夫人也是一代才女，两人作画互题诗词，琴瑟和谐，可是夫妇间也有过一段风波，这就是著名的管道升《我侬词》。很多史料记载，赵孟頫五十岁时，尽管与夫人管道升相濡以沫，有一天却忽然想起了娶妾的念想，于是写了一首词给管道升："我为学士，你做夫人。岂不闻王学士有桃叶桃根，苏学士有朝云暮云。我便多几个吴姬越女，无过分。你年纪已过四旬，只管占住玉堂春。"管道升看了后，不吵不闹，不愠不火，也写了首《我侬词》："你侬我侬，忒煞情多；情多处，热似火！把一块泥巴，捻一个你，塑一个我。

将咱两个,一齐打破,用水调和,再捏一个你,再塑一个我。我泥中有你,你泥中有我。与你生同一个衾,死同一个木椁。"赵孟頫读了这首词,自觉惭愧,终于打消了娶妾的念想。

从前人对赵孟頫的评论和他的为人处世,一代书画大师值得家乡人民世世代代纪念他,传承弘扬他所体现的优秀中华文化之内涵。

(李惠民)

金华金东畈田蒋村

诗坛泰斗在这里诞生

自从美国学者罗伯特·C. 弗兰德的长篇论文《从沉默中走来——评现代诗人艾青》发表后,世界文坛曾兴起过一股艾青热潮,他们将艾青与智利聂鲁达、土耳其希克梅特并称为"这一时代的伟大诗人",誉为"中国诗坛泰斗"。但人们也许万万想不到一个伟大的诗人竟诞生于浙江金华70里外的一个小村庄,名叫畈田蒋。

艾青的父亲蒋景鋆是一位拥有上百亩土地的清末优贡生。他为了守住家业,"没有狂热!不敢冒险!""却用批颊和鞭打管束子女",其中常受父亲打骂的便是长子艾青,父亲的理由很简单,说他一生下便克父母,那是因为母亲楼仙筹在怀孕4个月后便一直生病。有一天母亲梦见儿子已站立在一个被汪洋大海包围的孤岛上,两只突然起飞的海鸥惊吓得她直打哆嗦,幸亏她信佛,才使释迦牟尼显灵,用尘拂将她拂醒。但临产很不顺利,48小时的难产使母亲气息奄奄,于是掷下艾青,抬回娘家,因此艾青自童年便失去母爱。奶奶天天为艾青烧香,父亲却为这不吉利的儿子算命,结果算出个"克父母",从此艾青成为家中不受欢迎的人。后来艾青风趣地说:"我母亲难产这是补得太多,而算命先生却在我一生下便挑拨父子关系。"母亲根据梦中情景,将儿子取名为海清,后来父亲的老师傅鸿河又觉得用不吉利的梦去取名会更不吉利,需要澄清,因此又将海清改为海澄,这便是艾青的原名。

为了给全家消除灾难,父亲觉得光给名字澄清还不够,于是根据算命先生排的八字还得送到一家村里最穷的人家去寄养,这样大叶荷便成了他的保姆。说起大叶荷,她是畈田蒋村的童养媳,老家在邻近的大叶荷村,因童养媳地位低下,连个正名都未尝起过,大家便以她老家"大叶荷"相称。艾青后来在狱中写成的成名作《大堰河——我的保姆》中的大堰河便是她。大叶荷在生下3个男孩后,丈夫病亡,改嫁后的丈夫又是一个游手好闲的混混,致使原本清贫如洗的家更加雪上加霜。这时恰好大叶荷与他生的第二个女儿出生不久，艾青便来到这户人家，大叶荷以养育艾青而养育他的家，为了让艾青有足够的奶水，大叶荷狠心将自己的亲生女儿溺死。这件事催生了艾青一生的叛逆成长。

当时，父亲在离畈田蒋村三里地的傅村镇合股开了一家"永福祥"酱坊，希望儿子长大能帮他管账，因此对珠算管得特别严。父亲多次说："永福祥地上掉落的铜板也要比你以后干什么都强！"然而艾青却不学，为这件事，父亲几乎每天晚上都要骂他。

升初中时，艾青报考的是浙江省立七中（现金华一中），人们很难相信，艾青竟还落过榜，究其原因并非是其成绩拙劣，恰恰相反，他在金华傅村育德小学时，各门功课名列前茅。尤其是语文，但万万没想到，毛病却又恰恰出在语文上，升初中考试的作文题叫《苦旱记》，艾青因没有见过苦旱，不想乱编，于是交了白卷，由于反对讲假话，第一次考中学便吃了亏。但第二年1925年9月他仍以优异的成绩考进了省立七中。不久大革命的风暴席卷南方，艾青则因偷看油印本《唯物史观浅说》而被校方记大过，自然回家少不了父亲的一顿棍棒。但艾青却从不后悔，反而再用"无数功利的话语，骗取父亲的同情"。让其去法国留学。留学回国后，艾青却因参加"左联"而被当局关进了监狱，父亲因对儿子的绝望，曾一夜哭到天亮。当艾青出狱后，父亲为了留住儿子，便为他娶了一房妻子张竹如，以便让他安心继承祖上财产。但艾青却"用看秽物的眼光，看祖上的遗产"。看着艾青淡漠的态度，父亲终于被激怒了，他愤恨儿子，把自己的家庭当作旅行休息的客栈。但是作为父亲又怎能理解儿子那更为远大的理想？"为了从废墟中救起自己，为了追求一个致善的理想，""即使我的脚踵淋着鲜血，我也不会停止前进……"父亲与儿子终于决裂了，艾青也再次离开了畈田蒋。此时，抗日的烽火已经燃起，艾青便与茅盾、冯乃超、丁玲等人组织成立了"中华全国文艺界抗敌协会"，尔后在桂林任《广西日报》南方副刊主编，在重庆任《文艺阵地》编委，积极投入抗日救亡运动，1941年在周恩来支持下终于从重庆奔赴到延安。两个月后，父亲也因病而亡。艾青说："从此他再也不会怨我，我还能说什么呢？"

在他出殡的时候，
我没有为他举过魂幡

> 也没有为他穿过粗麻布的衣裳；
> 我正带着嘶哑的歌声，
> 奔走在解放战争的烟火里……
> 母亲来信嘱咐我回去，
> 要我为家庭处理善后，
> 我不愿意埋葬我自己，
> 残忍地违背了她的愿望，
> 感激战争给我的鼓舞，
> 我走上和家乡相反的方向……

1942年，因汉奸告密艾青为共产党员，艾青的畈田蒋故居也全部被侵华日军付之一炬，母亲楼仙筹气恨交加不久也含恨离开人间。而这时的艾青正根据毛主席的指示在修改延安文艺整风纲领性文章《我对目前文艺工作的意见》。全然顾不上老家的变故，因此父母至死都未能最后见上儿子一面。

> 因为我，自我知道了
> 在这个世界上有更好的理想，
> 我要效忠的不是我自己的家，
> 而是那属于千万人的，
> 一个神圣的信仰。（艾青：《我的父亲》）

正因为这样，艾青这颗诗坛明星才能从畈田蒋的大地上升起，带着战火的硝烟，经过血与火的洗礼，在全国乃至全世界的天空折射出耀眼的光芒。

（蒋鹏旭）

浦江礼张村

笔尖上的礼氏名人

礼张，距浦江县城东北9公里。自礼张溯双溪源北上，越大岭、少岭，为浦江县中部平原地带通往北部山区的交通大道。据传该村为姓氏地名，先居有李、张两姓，称"李张"。又传，该村地处双溪源里，张姓迁于此者，称双溪源里张，简称"里张"，清乾隆、光绪《浦江县志》皆称里张，后雅化而成今名。

巍巍礼张，山灵钟秀；翰墨文库，人才渊薮。

自清朝康熙至光绪年间，一个50多户的小山村，有文化名人38人。20世纪30年代，名震国内的艺术沙龙"白社"5名骨干中，礼张村就有张书旂、张振铎2人。礼张书画家辈出，蜚声中外。

张书旂（1900—1957），我国杰出的花鸟画家。工花卉，尤善翎毛，亦作山水、人物。他与徐悲鸿、柳子谷并称"金陵三杰"。抗战期间，他创作的巨幅国画《百鸽图》，以国家名义赠送给美国政府，祝贺罗斯福三次连任总统，蒋中正亲书"信义和平"四字于幅边，悬挂于白宫，成为挂在美国白宫的第一幅中国画。所绘百鸽姿态各异，疏密布局，经营别致，徐悲鸿称他"画鸽应数为古今第一"。潘天寿先生称书旂先生的画"设色绚丽，构图新颖，为花鸟传神写照，深为雅得"。1949年3月赴美，应聘担任加利福尼亚等大学教授。后在旧金山设立"书旂美术室"，出版著作，传授画艺。足迹所至，中外报刊腾扬，艺名播及全球。

张振铎（1908—1989），我国著名的花鸟画家和美术教育家。历任全国文联委员，民进中央委员，中国美术家协会湖北分会副主席，湖北艺术学院教授、副院长等职。其画作与堂侄书旂同出一源。但在20世纪50年代后，他的画风在时代感召下一变为大气蒸腾，雄浑苍润，粗犷豪放，富有浓郁的生活气息，大有铜挟铁板之绝唱。他毕生从事中国画创作和美术教育，桃李秾华，高足如吴冠中、丁希宁、汤文选等均斐然成大家。人们用"南天一柱"来形容其在艺术上的地位与成就，李可染亦以"南张

（振铎）北李（苦禅）"赞之。

张世禄（1902—1991），我国著名语言文字学家、教育家。先后在南京、复旦等十多所大学任教授。毕生致力于汉语音韵学、普通语言学研究。所撰上海本《现代汉语》教材的汉语词汇研究方面，提出了"同义互训"词和"类义"词等学说。20世纪70年代末至80年代初，又转向汉语语法的研究，对汉语语法体系突破"洋框框"的改革，在学术界引起极大反响。一生著作宏富，有专著20余种，译著4种，出版《中国声韵学概要》《中国古音学》《广韵研究》等著作，开我国现代音韵学之先河。被称为"治学的楷模，为人的表率"。

张世简（1925—2009），我国著名花鸟画画家。他将笔墨与时代相结合，把握传统精华，强调写生与传神，锤炼笔墨、纯化形象，突破格律，融写实与写意为一体，意趣纵横，音律浮动，清丽明朗，既有张书旂的明快亮丽，又有潘天寿的厚重磅礴，呈现出大家风采。1991年获得日本国际文化联盟颁发的第一届世界和平文化奖"宝鼎赏"，1999年获得联合国教科文组织金质奖章。在中央电视台主讲的《写意花鸟画技法》和《写意花鸟画法讲座》，影响了一大批书画爱好者。出版有《写意花鸟画技法》《写意花鸟构图浅说》《荷花画谱》《张世简画集》等。

张纪恩（1907—2008），著名的革命老人。1925年加入中国共产主义青年团。1928年下半年调至上海中共中央机要处，在周恩来直接领导下任机要秘书、机要主任。新中国成立后，担任煤炭工业部煤炭科学研究总院上海分院顾问。1980年，受中央档案馆之邀，帮助中央档案馆对一批早年的中共中央档案进行辨认手迹等鉴定工作；又以自己特殊的革命经历帮助上海文物保管委员会先后寻访了党中央机关刊物《布尔什维克》编辑旧址，党中央机关接头地点以及中共中央机关旧址；提供重要历史材料和有历史价值的照片；无偿向中国革命博物馆等捐赠革命文物、历史文物、名人名家的艺术珍品；为《百年恩来》纪录片提供了珍贵史实资料；撰写了《周恩来同志在上海革命活动片断》《六大以后中共中央直属支部点滴》《回忆恽代英》等大量革命回忆录和党史资料；东方电视台为张纪恩制作了《中共地下文库守卫者——张纪恩》纪录片。毛毛在写作《我的父亲邓小平》时曾专程采访过他。著名作家叶永烈称张纪恩腹藏党史风云。

礼张村环山抱水，景色奇秀。"数代墨香喜人杰蔚然，双溪狮象叹地灵奇关"（此为张世简先生在礼张书画文化公园超然亭中所撰对联）。站在超然亭俯视整个村庄，真有一种超然物外的感觉。山环水抱、景色清幽，大岭、白岩岭两水汇于村北，至村东南又纳西源之水，奔流而下，注入浦阳江。

礼张书画陈列馆是国内少有的村级书画馆之一，其收藏书画的品位之高，令人叹为观止。

礼张名人折射出文化魅力，使礼张赢得了"文化之乡""书画礼张""山水礼张"等美誉。风情万种，云蒸霞蔚，成为浦江文化中光彩夺目的一页。

（浦江县农办）

金华金东琐园村

儿童文学家鲁兵

鲁兵，浙江金华琐园村人，原名严光化。2006年1月5日，鲁兵先生在上海逝世，享年82岁。鲁兵，既是编辑又是儿童文学作家。他编辑过《中国儿童时报》《童话连篇》《小朋友》《365夜儿歌》《365夜谜语》等儿童读物。他还写了不少优秀作品。如《唱的是山歌》（获全国第二次儿童文学评奖一等奖）、《老虎外婆》（获全国儿童读物优秀奖）、《小猪奴尼》（获儿童文学园丁奖的优秀作品奖）等。他还节编了古典文学作品《水浒》《西游记》《说岳全传》，改写了《小西游记》《包公赶驴》等。

鲁兵先生最重要的儿童文学主张：儿童文学是教育儿童的文学。20世纪80年代，他率先提出了这一观点，一时之间在儿童文学界引起了一场轩然大波。赞同者有之，批驳者有之，不同的声音不同的观点引发了一场关于"儿童文学到底是什么样的文学"的大讨论。

一个童心永驻的大孩子

据与鲁兵既是老乡又是同学和同事的著名作家野圣回忆，鲁兵小时候，就喜欢玩水玩泥巴，《泥巴孩子》写的就是他玩泥巴的童年生活。散文《从水里提上来的朋友》，生动地记述了他跳到水塘里捉鱼摸虾的情景。在小学里，鲁兵是个爱爬树的小猴子，因为他手脚灵活，谁也爬不过他，后来他回母校浙江金华师范附小访问时，还曾去找他爬过的那棵大树。

更可贵的是，即使在枪林弹雨中，鲁兵依旧童心未泯。

解放前夕，他满怀激情投奔浙东的革命游击队。在游击队里，他一边行军，一边编战地情报，把自己写成从山上奔下来的很快活的一匹马。他又先后参加了进军大西南的战斗和抗美援朝，在又黑又湿的坑道里，鲁兵除了编写大量的坑道快板诗以外，还写了《朝鲜小姑娘》《十五发子弹》等战地故事，寄给国内的儿童报刊发表。

从朝鲜回来后，他又想念起孩子们，于是向部队老首长打了申请报告，获准来少年儿童出版社做起小朋友的大朋友。

他编的五四运动以来一系列的有关理论、作品、史料的一套珍贵的蓝皮书丛书，《365夜》系列丛书、《中国幼儿文学集成》和《当代名家经典童话》系列丛书……已经成为当代中国儿童文学的经典。

面对挫折从未气馁

鲁兵从部队转业到少年儿童出版社后，从1956年下半年开始，主编《小朋友》。为了孩子们能得到美的享受和陶冶，他毅然向当时受到不公正待遇的一些画家，如关良、林风眠等组稿；他还利用出差机会，搜寻具有民族风格和乡土气息的民间艺术，使天津杨柳青年画、无锡惠山泥人、色彩斑斓的京剧脸谱等，也常刊于《小朋友》的封面、封底。可惜好景不长。1957年11月，因为在《小朋友》第21期上刊登了一组带有童话色彩的连环画，讲一个小女孩爱护小老鼠的趣事，竟被人在报上点名批评，由此引发起一场"老鼠风波"。鲁兵因此于1958年1月被下放农村，不久又转往工厂，几起几落，历经磨难。

然而鲁兵面对挫折从未气馁，下放中依旧坚持儿童文学创作。十年浩劫过后的1978年元旦，少年儿童出版社重新挂牌，鲁兵被任命为低幼读物编辑室主任。

一上任，他马上投入紧张的工作。为了解决十年浩劫导致的稿源危机，鲁兵同其他编辑经过研究调查，决定把作者工作的重点转移到幼儿园老师方面，提出"选题从幼儿园来，作者从幼儿园来"的方针。鲁兵和编辑们深入到各幼儿园，组织起全市性的幼儿园教师创作学习班，进行耐心而艰苦的培训。经过一年多的细致工作，一批从未写过文学作品的教师，终于在写作上取得成绩。他们创作的作品既有生活气息，又富教育意义，而且切合孩子们的实际，显出新鲜、活泼、生动、有趣的艺术特色，仅低幼编辑室就为他们出版了几十种。他们的作品还在全国许多低幼文学的刊物上发表，有的教师还参加了作家协会。

铸造儿童文学界传奇

在深入幼儿园当中，鲁兵听到有的老师反映：许多年轻父母每天忙于工作，很少读书，而年幼的娃娃们听故事的兴趣越来越浓烈。但哪儿有那么多故事来满足孩子"贪得无厌"的需求呢？不少年轻父母甚至希望幼儿园能提供一些材料。这件事引起了鲁兵的思考。

孩子喜欢听故事，是天下皆知的。社里有人出国参观，回来曾说外国有专门提供父母给孩子讲故事的书，一天讲一个故事。鲁兵灵机一动，马上和编辑室的全体人员商量，何不编辑一部大型幼儿故事集，以满足孩子们和为之焦急的父母。鲁兵将其取名为《365夜》。

经过多次遴选与反复研究，最后从数千篇古今备选作品中确定了365篇。其中有产生于原始社会的神话，有公元前6世纪的伊索寓言和我国先秦寓言，还有流传了无数年代的民间故事以及古典作家的佳作。鲁兵明确指出："这些故事是人类智慧的结晶，历千百年而依然光彩照人。不知道《夸父逐日》《精卫填海》，也不知道《小红帽》《灰姑娘》，只能是个缺乏起码的文化教养的人。"最重要的工作放在了鲁兵面前，对这365篇作品进行加工、改编。首先，有些采撷自古籍中的神话故事，若不进行加工、改编，孩子们根本无法听懂。譬如《山海经》中的《夸父逐日》是不足50字的古文，要编成一则适合幼儿听的故事仅仅翻译成白话文是不行的，必须充实其内容，丰富其细节，花上心力进行再创作，才能达到目的。于是，鲁兵把它扩展到六百多字，不只注重对人物形象的塑造，还模拟孩子的美好想法增述了夸父逐日的缘由，最后又把原文的"弃其杖，化为邓林"七字，演化成两节文字，述其神异，让人读后余味无穷。

这部70万字的幼儿读物，终于在1980年10月和次年7月分册先后问世。成为1981年的畅销书，而且经久不衰，逐年重印，至今累计印数已达380多万套，铸造了儿童文学界的传奇。在这之后，鲁兵又主编了《365夜儿歌》和《365夜谜语》，印数也都超过了100万册大关。

时刻关爱家乡

鲁兵对自己的母校是一往情深的，在金华师范附小的校史展览室里，陈列着鲁兵赠送的一千多本书，称为鲁兵专柜。

浙江师范大学蒋风教授说，鲁兵先生是幼儿文学的倡导者，他与该校有着深远的关系。浙江师范大学儿童文学研究所前身"儿童文学研究室"建立时曾在全国范围内聘请了八位特约研究员，其中就有鲁兵先生。鲁兵先生特别关心该所的成长，生前就表示愿把自己的藏书捐赠给即将建立的浙江师范大学国际儿童文学馆。浙江师范大学收到的鲁兵先生藏书，都是各位作家的签名赠书,非常珍贵。

50多年的儿童文学创作生涯

享年82岁的鲁兵,写作生涯始于大学时代。1945年他考入浙江大学英语系,同时爱上儿童文学,开始写童话、散文和诗,并出版了童话集《桥的故事》。

鲁兵作为一个儿童文学作家,曾经有超乎人们想象的举动。1949年春,鲁兵参加了浙东游击队。后来随解放军进入西南。1951年,鲁兵还参加了抗美援朝战争。

1955年,从部队转业后,进入他一心向往的单位——少年儿童出版社。从此他为少年儿童编著了一辈子的好书。他编著的儿歌集《好乖乖》、童话诗《老虎外婆》《小猪奴尼》《春天里、夏天里、秋天里、冬天里》均获全国首届幼儿读物编著奖。其代表作《哪吒闹海》更广为人知,并被译成英、法、日等国文字。他生前曾任中国出版工作者协会幼儿读物研究会会长,获过首届"韬奋出版奖"、第六届"樟树奖"、第21届陈伯吹儿童文学奖杰出贡献奖。

鲁兵先生在中国儿童文学史上占有极为重要的地位,至今人们还一直怀念他。

(金东区农办)

常山前旺村

王介与王安石的笔墨情怨

王介，北宋诗人，今常山前旺村人。他与王安石之间的关系，经历过重大变化，至今都值得人们回味思考。

"君子和而不同""君子之交淡如水""高山流水""芝兰之交"，这些话都是古人形容友谊的。可是对于王介与王安石这对冤家来说，两人的友谊可谓是"靡不有初，鲜克有终"。因为政见不同、性格不同等原因，两人从一对好朋友，慢慢的关系渐行渐远，到最后情分淡薄，形同陌路。要知道，我们现代人有"好朋友不一起做生意"的说法，不过古人可没说过"好朋友不能同朝为官"的话，如果当年有这句"至理名言"，想必王介与王安石也能"善始善终"，为后世留下一段佳话。

正所谓"道不同，不相为谋"，由于王介与王安石的个性特征、为人处世、人生志向都不尽相同，甚至很多是背道而驰的，这就导致了两人经常互相看不顺眼，出现冲突。用现在的话来说，就是两人的人生观、世界观、价值观不一样，这就注定了两人之间经常会有分歧，无法做长久的朋友。

《衢州府志》记载王介"学识渊博，善于文辞，生性负气，喜直言、善讥谑，专交贤豪名士"，宋代张耒《明道杂志》记载王介"性聪悟绝人，所尝读书皆成诵，而任气多忤物"，并且在担任开封府试官时，仅因一考生多次使用的"畜"字与皇帝名字"顼"同音，要将该生淘汰。而同僚刘攽坚决反对，两人闹得不可开交，最终王介被礼部罚款，并丧失了审卷官的资格。从中可以看出王介虽有知识、有才华，可是却生性自负，说话直接，甚至有些刻薄，容易得罪人，还为人刻板，做事喜欢较真。更有《东轩笔录》云："王介性轻率，语言无伦，时人以为心风。"宋代的彭乘亦在《续墨客挥麈·语言卒易》记载道："王学士介，博记俊爽，然语言卒易，人多谓之心风。"心风，就是现在我们所说的癫症，虽说评价王介言语疯癫可能有夸张之嫌，但是也不难看出王介性格不讨人喜欢，欠缺说话艺术，人缘有点差。

相比之下，在《宋史》中，王安石则被记载为"文动笔如飞，见者皆服其精妙"，"安石议论高奇，能以辨博济其说，果于自用，慨然有矫世变俗之志"。苏洵曾评价他说"囚首丧面"，为了日夜读书而不注重自己的饮食和仪表。连王安石政治上的死对头司马光都评价他"但不晓事，又执拗耳"。从中可以看出王安石才华横溢、自视甚高，并且为人执拗，是一个有矫世变俗之志而不拘小节的人。

王介与王安石，两人都自负，都相信只有自己才是对的，坚信真理只掌握在自己手中，一旦遇到分歧，两人都坚持自己的主张，谁也不服谁。并且由于王介保守复古，为人刻板，喜欢较真，遇上了为人倔强、性子执拗的王安石，可以说是"针尖对麦芒"。

一 人生若只如初见

王介（1015—1076），字中甫，北宋诗人，浙江省常山县芙蓉章舍人。王安石（1021—1086），字介甫，号半山，江西临川人。据史料记载，王安石与王介在金陵（今南京）读书时，曾是同窗好友，两人年岁相近，又都是学识渊博之辈，性好诗书，所以经常一起吟诗唱和。在文人荟萃、儒学鼎盛的金陵，想当年两人应也曾同游秦淮河，共访玄武湖，留下一段珍贵的少年友谊。

但正如人们所说，象牙塔内的友谊总是纯洁美好，不受世俗的干扰和污染，进入社会之后总是不那么纯粹。王介和王安石两人友谊也不能免俗。《石林诗话》就曾记载王介"尝举制科不中，与荆公游甚欢，然未尝降意少相下"。由此可证明，在王介未中进士之时，在与王安石交往中，就从不对他降心相从，对其谦让。俗话说，"人比人得死，货比货得扔"。庆历二年（1042），王安石便进士及第，这时的王安石年仅21岁，可谓少年得志。而王介直到庆历六年（1046），才得以考中进士，这时的王介已经31岁，虽说也是金榜题名，春风得意，但是与好朋友王安石比，心理落差肯定还是有的。随着二人社会地位的变化，两人的友谊开始埋下隐患。

二 一入朝堂深似海

熙宁二年（1069），王安石被召授参知政事，两人之间的友谊开始破裂，矛盾爆发。因为之前王安石数召不起，王介遂作"草庐三顾动幽蛰，蕙帐一空生晓寒"之诗讽刺王安石，隐隐嘲笑王安石之前屡次征召而不起的矫情，质问其为何不能坚持初衷。王安石得诗大笑，亦作诗"丈夫出处非无意，猿鹤从来自不知"回敬王介，以"丈夫"自比，将"从来不自知"的王介喻为"猿鹤"，颇有燕雀安知鸿鹄之志，哥的志向你不懂的意思。两人唇枪舌战，你来我往，火药味十足。

熙宁三年（1070），王安石任同中书门下平章事，位同宰相，在全国范围内推行新法，开始大规模的改革运动。这时王介却因不满新法，上疏劝谏神宗"原陛下师心勿师人"。这种和王安石唱对台戏的行为，马上为王安石所获悉。因此王介一度被罢官，闲居判鼓院。两人虽同朝为官多时，却不能志同道合，这无论是对王介，还是王安石，都是人生一大憾事。

三　从此王郎是路人

此后，王介出知湖州，在上任前王安石特地为他送行，并赠诗道："东吴太守美如何，柳恽诗才未足多。遥想郡人迎下马，白苹洲渚正沧波。"才华横溢、自视甚高的王安石在诗中不谈政事，只赞美王介的才华和描绘湖州一带优美太平的江南景象，并以曾出任吴兴太守的南朝著名诗人柳恽作比，称赞王介文才极高，想借此缓解两人之间因政见不和而产生的矛盾。这对于身居高位的王安石来说，可以说是给足了王介面子。

令王安石没有料到的是，"不识时务"的王介根本不接受他伸出来的橄榄枝。不仅对他的示好视而不见，并且当即和诗十首，盛气朗诵，其中一首是："吴兴太守美如何，太守从来恶祝鮀。生若不为上柱国，死时犹合作阎罗。"将王安石喻为春秋佞人祝鮀，暗讽王安石只不过因为巧言媚人才受到君王重用，而把自己捧到"上柱国"（古时极其荣誉的功勋称号）和"阎罗"位置，大有"生不如你，死也要比你强"的作派。

对于王介这种"倒打一耙"，把人臭骂一顿的行为，王安石可谓是无可奈何，只好回答他说"阎罗见缺，请速赴任"。也因为王介这种"任气多忤物，以故不达"的性格，出知湖州成为了王介一生官宦生涯的终点。晚年的王介嗜书成癖，不问政事。

不管怎么说，王安石在和王介的这段友情中，在政治上因为立场原因，对王介屡次挑衅虽未宽容，但是也不曾与他翻脸，友情未绝。在熙宁九年（1076），王介病故后，王安石写下《王中甫学士挽辞》，诗曰："同学金陵最少年，奏疏曾用牍三千。盛名非复居人后，壮岁如何弃我先。种橘园林无旧业，采苹洲渚有新篇。蒜山东路春风绿，埋没谁知太守阡。"

（常山县农办）

「衢州衢江朱杨村」

盈川好县令杨炯

杨炯，初唐诗人，与王勃、卢照邻、骆宾王齐名，世称"初唐四杰"。生于公元650年，卒年不详，华阴（今陕西华阴）人。他于显庆六年（661）被举为神童，上元三年（676）应制举及第。补校书郎，累迁詹事司直。武后垂拱元年（685）坐从祖弟杨神让参与徐敬业起兵，出为梓州司法参军。天授元年（690），任教于洛阳宫中习艺馆。

杨炯自幼聪明好学，博涉经传，尤爱学诗词。唐高宗显庆四年（659），他10岁应神童试登第，待制弘文馆。上元三年（676），再应制举试及第，补授校书郎。永淳元年（682），中书侍郎薛元超推荐他为弘文馆学士，后迁太子詹事司直。公元684年，武则天连废中宗、睿宗，自己临朝称制。徐敬业在扬州起兵反对武则天，杨炯的堂弟杨神让跟随徐敬业讨伐武则天执政，结果兵败被杀。杨炯由此事受到牵连，大约在公元685年被贬为梓州（今四川三台县）司法参军。秩满后，于天授元年回到洛阳，在司艺馆任教。天授三年（692）七月十五日，洛阳宫中拿出盂兰盆分送佛寺，武则天与群臣在洛阳城门楼上观赏，杨炯立即写成《盂兰盆赋》一篇，进献给武则天，极力歌颂武则天的周王朝，并希望武则天"任贤相，淳风俗，远佞人，措刑狱，省游宴，披图策，捐珠玑，宝菽粟"等成为帝王的风范。武则天大悦，对杨炯重新任用。当年秋后，杨炯随即受命出任盈川县令。

杨炯以边塞征战诗著名，所作如《从军行》《出塞》《战城南》《紫骝马》等，表现了为国立功的战斗精神，气势轩昂，风格豪放。其他唱和、纪游的诗篇则无甚特色，且未尽脱绮艳之风；另存赋、序、表、碑、铭、志、状等50篇。张说谓"杨盈川文思如悬河注水，酌之不竭，既优于卢，亦不减王"。《旧唐书》本传盛赞其《盂兰盆赋》"词甚雅丽"，《四库全书总目》则以为"炯之丽制，不止此篇"，并谓"其词章瑰丽，由于贯穿典籍，不止涉猎浮华"。所作《王勃集序》，对王勃改革当时淫靡文风的创作实践，评价很高，反映了"四杰"有意识地改革当时文风的要求。

如意元年（692）秋后，迁至盈川出任县令（县治在今浙江省衢州市衢江区高家镇盈川村），而朱杨村就是当时杨炯的治理范围。杨炯在盈川出任期间，奉法利民，惩贪倡廉，为老百姓心中的一代好官。不过，由于对现实的不满，在当地也是为政严酷，对下属要求极严。相传在杨炯出任盈川令的第二年，在一次出巡期间，偶然经过胜杨村，见到这里风景秀丽，流水潺潺，百姓们都男耕女织，互相以礼相待，甚是一片繁荣安详的景象。杨炯称其为当地不可多得的村落，并亲自赐予"胜杨"，来表达自己对这个村庄的喜爱之情。胜杨村由此而来。而后来更是相传杨炯在死前就跟身边的亲人说，要将自己的墓地选在胜杨村。他在盈川三年多时间，卒于任所，后人称他为"杨盈川"。

民间相传当年杨炯在盈川当县令的时候，为官清正廉洁，对待百姓体恤有加。在任期间深知盈川县百姓被盈川江东西阻隔交通十分不便。遂下意建盈川江大桥，并与百姓允下建大桥的许诺。于是，他将建桥的奏本上奏朝廷，要求皇上批准并下拨银两。因当时朝中有嫉妒其才者持反对意见，故皇上武则天没有准奏，致使建大桥的计划成为泡影。对此杨炯感到非常失望，心中有无限的郁闷，感觉对不起自己的百姓。恰逢那年大旱，各地百姓到处求雨都无法缓解旱情。杨炯也为百姓求雨多次，但都没有成功。于是，他在万般无奈和郁闷之中纵身盈川潭中，以祭祀天神。当杨炯纵身跳入江水中后，天上突降大雨，百姓无不欢天喜地。但得知杨炯以身殉职的时候却无限的悲痛，因此被百姓传为千古佳话。至今为止，在高家、莲花一带，每年农历六月初一还要举行隆重的杨炯出巡祭祀仪式。自杨炯殉职后，他的俩儿子带着家眷来到盈川西北十里的杨家村居住了下来，在那里休养生息，直到现在。

朱杨村的杨氏宗祠，一直供奉着一尊杨炯像，黄袍黄帽，完全是一副唐代文人的风范。村里于1914重修了《胜桥杨氏宗谱》，该宗谱有别于普通家谱，其首页至五页均有精美图案印制，且为皇帝敕封：一、圣旨诰命；二、憺公制策；三、孚公制策。精美的雕版印刷，规制严谨，非官家印制而不成。翻开家谱首篇即是"胜桥杨氏宗谱源流序"，序云：

我族自炯公以上老谱详载分明，无容再赘。迄自炯公终盈川令后，承统公始迁衢郡北乡黄山下居焉。因龙山被洪水所伤，相传数世，人丁不旺。启文公徙居上杨之南，是为中杨，公油然兴仁孝之思而将谱牒一新。然而谱牒虽修，其址虽换，龙脉相同，历传数代，门祚仍衰。百通公又迁中杨之东，是为下杨，即谓胜桥杨。夫然后而我族始昌盛焉。但历数传之久，未曾付梓修葺。予恐世远无考，故抄录世系源流遗纪，使后有贤子孙追宗谱牒，庶可依吾之式，历代相传纪录，则知分派亲疏，不至混淆矣。因特笔而谨记之，后之子孙慎毋以此而轻忽之也。

杨氏自杨炯开始到杨百通历唐、宋、元、明四朝代。其间不断迁址，从当初的"黄山下"到现在的胜杨，虽然只是在方圆几里的地方搬迁，却足以证明杨氏数百年来为了家族的兴旺而不断努力。因为当年杨炯在盈川县令的位置上为官清廉，爱民如子，而且谱写了为民求福祉不惜生命代价的千古赞歌。现在盈川一带的大型民俗活动《杨炯出巡》，就是当地百姓为了纪念这位为民清正的好县令而举办的祭祀活动。在每年的六月初一这天，一大早就要抬着杨炯的塑像在原盈川县城周围的十几个村进行巡游，重现杨炯为官期间冒酷暑视察田间地头的场景。通过这种形式来祈求杨公神灵的保佑。而在杨炯子孙居住的胜杨村，人们传承着三月初六祭祀祖宗杨炯生日的仪式。在这一天，各家各户都要杀鸡宰羊装扮祭祀盒，到杨氏宗祠祭拜祖宗杨炯，并且邀请四方宾客前来庆祝并以此来感谢当年杨炯在胜杨村所作出的贡献。

（黄利成）

诸暨东溪村

歌咏阶梯山景的骆问礼

诸暨市赵家镇东溪村位于会稽山腹地，它由皂溪、张家坞、丁家坞3个自然村组成。历史上的会稽山从南北朝开始，向来以秀丽的自然景观和旖旎的人文景观高度融合而著称于世。东晋顾凯描写会稽山为"千岩竞秀，万壑争流；草木蒙笼其上，若云兴霞蔚"，南朝的诗人王籍吟咏山阴道"蝉噪林愈静，鸟鸣山更幽"，更成为描写会稽山的千古绝唱。

阶梯山位于丁家坞东南的大山深处，当地人又称其为芥菜山，为会稽山支脉走马岗分支，下临太平桥、黄四娘潭。山上松林密布，远望千峰迭翠，四周坡壁如削，山涧幽深，清泉潺潺，村在半山中，盘云雾嶂，人烟错杂。

人因山而成名，山因人而更美，相互辉耀。

明朝名臣骆问礼的诗作《咏阶梯山十景诗》，再次把会稽山自然景观和人文景观的奇妙融合推向了高潮。

骆问礼，生于1527年，卒于1608年，字子本，号缵亭，诸暨枫桥钟瑛村人。明朝著名谏臣、学者、作家。世宗嘉靖四十四年（1565）进士，初任行人司行人，继任南京刑科给事中。问礼秉性刚方，行止高洁，遇事敢言，不避权贵。一生著述颇丰，有《续羊枣集》9卷，《万一楼集》61卷，《外集》10卷，《诸暨县志》20卷。《明史》有专门的《骆问礼传》。万历初期，骆问礼因不堪推官曾维纶附庸权贵，诽谤自己，虽有皇帝的额外恩宠"特旨留用"，但他还是豪言"吾岂以三公易一日哉"，毅然辞官回家。

枫桥钟瑛村与丁家坞阶梯山相隔不远，阶梯山的秀美风光，成为这个致仕回家的大文人修身养性的极佳处所。此时的阶梯山上有座云济庵，有僧人近百。云济庵建于明嘉靖十八年（1539），是天台宗高僧古潭修炼处。骆问礼因为数度造访云济庵，渐渐和古潭成了好友，由于意气相投，两人有相见恨晚之感，常常秉烛夜谈。骆问礼因为官场失意，现有青山绿水为伴，尘外高人作侣，顿时乐而忘返，有时在庵中一住就是数月。阶梯山上的飞瀑、怪石、清泉、流水随处可见，云蒸霞蔚，怡人耳目，骆问礼置身其中，日久生情，于是作《咏阶梯山十景诗》，把阶梯山上的梯云岩、瀑布泉、经霜石、莲花池、钱王井、玩月坡、伏龙潭、降魔石、息心亭、放生台等称为十景，一一予以描写抒怀。堪称诗中有景，景中有诗，一唱三叹。诗作如下：

梯云岩
曳履穿云上，千寻石作梯。跻攀朝日返，悬挂晚红齐。
皇序阶难蹴，天门路不迷。更登宁有既，已觉陋涂泥。

瀑布泉
分得庐山胜，银河落九天。迢迢穿鹫岭，脉脉吐龙涎。
曳玉轻声越，惊虹素质鲜。徐凝才气薄，喜句喜多缘。

经霜石
偃仰卧荆榛，离奇琢未成。中坚绝纤快，外固胜重扃。
玉筍传来远，金縢弃置轻。不看箕与斗，千古擅佳名。

莲花池
本植污泥中，澄波直干通。心空丝不断，叶郁蕊犹浓。
艳冶呈朝露，清芬浥晚风。高僧堪结社，杖履每过从。

玩月坡
四面皆得月，此地更澄清。竹径摇风影，松梢滴露声。
虮踪缘磴曲，蛮语隔墙轻。经罢潇然坐，浑忘到五更。

伏龙潭
神物原无迹，深山借一瓢。寒炎清澈底，盈缩暗通潮。
元气从中盎，祥光分外饶。霎时云雾起，沾沛出重霄。

降魔石
老禅魔已断，谁待石为降。落落形难合，磷磷性自刚。
雨濡苔转色，草翳月生光。山鬼凭多技，真空万劫忘。

息心亭
禅定随方得，优游复此亭。八窗朝日莹，一榻午风清。
面壁縢缠膝，依松石匣经。此时真出世，何物可将迎。

放生台
已谓无生灭，胡为复放生。尧仁原自阔，汤网欲谁矜。

习习风云护，欣欣草木荣。登台兴远思，戒杀亦人情。
　　　　　钱王井
凿井人何在，相传浪有名。地偏泉脉正，甃古藓痕清。
松覆枝悬绠，兰丛馥入瓶。诗脾正消渴，旋汲不须烹。

　　骆问礼的十景诗，既写出了阶梯山的美丽风光，也抒发了自己超然物外的高洁情操，借物抒情，寄情于物。从此，一个坚贞不屈、名扬天下的朝廷铮臣骆问礼，和阶梯山的十景互相映辉，名动越中，并成为当地珍贵的人文遗产。

　　　　　　　　　　　　　　　　　　　　　　　（商迪骅）

绍兴上虞东山村

功勋彪炳的谢安

东晋杰出的政治家、著名军事家和文人谢安（320—385），字安石，出身于陈郡阳夏（今河南太康）谢氏名门。在西晋永嘉之乱中，谢氏一族南迁东土始宁（今浙江绍兴上虞区）。谢安15岁时善玄学，成为新一代名士领袖。40岁前，高卧东山，放情山水，朝廷多次征他为官，都被谢绝。40岁后，一为国家出力，二为支撑谢氏门面才"出山"。谢安为东晋朝廷服务的二十多年中，做了两件大事：一是遏制了大司马桓温篡晋的图谋；二是在谢安的统筹安排下，由谢氏骨干统领的"北府兵"，取得了淝水之战的胜利。

淝水之战后，谢安主张趁胜北伐，一统华夏，但遭到东晋统治集团司马氏的排挤，被出镇广陵（今扬州），不久谢安抑郁去世。死后初葬建康（今南京）梅岭。至陈太建十一年（579），陈宣帝次子始兴王叔陵，发谢安墓，弃其柩，葬其生母彭氏。时任长城（今长兴）令的谢安裔孙夷吾，将谢安遗骸迁葬于长兴西南四十多里的三鸦冈（今太傅庙村），自此，一代名将谢安墓一直保存在长兴。

高卧东山　放情丘壑

东晋咸康四年（388），谢安19岁，已到了出仕的年龄。时任宰相的王导，想把他安排在司徒府任著作郎，谢安以身体欠佳为由，婉辞不赴。王导虽然权势炙手可热，谢安不愿出仕，他也无可奈何。

谢安在会稽"优游山水六七年，闻召不至，弹奏相属，而晏然不屑也"。除了在家训育子弟，常与王羲之、许询、支遁、孙绰等名士，啸傲山水，垂钓水滨，狩猎深山，泛舟沧海，修禊佳节。所以，永和九年（353）春三月，他们一行相聚在会稽山阴（今绍兴）的兰亭。由大书法家王羲之写下《兰亭集序》这饮誉千古的不朽名篇。当时谢安的妻兄说："若安石立志东山，当与天下共推之。"意思是如果谢安不出来做官，大家会公推他为士林领袖。

谢安在大自然里陶冶情操，表现在临危不惧、胸有成竹的气度上。《世说新语》："当与孙绰等泛海，风起浪涌，诸人并惧，安吟啸自若。舟人以安为悦，犹去不止。"突然转急风，谢安才慢慢地说："如此将何归邪？"驾舟人承言即回。众咸服其雅量。后面编者还加了一句："审其量，足以镇朝野。"谢安的胆识，表现在处惊不变，力挽狂澜，这确乎是一种宰相风度。

以身许国　慨然出山

升平三年（359），谢安40岁时，已升任西中郎将的弟谢万受命率军至下蔡攻燕。谢安深知其弟平时矜豪傲物，不肯接近部将，不会做下属的安抚工作，担心他不能胜任而跟随他一起出征。果然，部众与敌一触即溃，谢万单骑逃回。本来部属将激哗变，由于谢安而被制止。朝廷下诏废谢万为庶人。

升平四年（360），谢安41岁，兄谢奕、堂兄谢尚先后去世，弟谢万被废为庶人。谢氏家族遇到了严重挫折，为了支撑谢氏门面，同时也是为国家着想，谢安不得不改变初衷，谋求出仕了。八月，大司马桓温诏他为司马。至此，谢安以"世道未夷，志存区济"慨然应诏，意思是国家不安定，立志为国做些贡献。

谢安到职的那天，刚好有人给桓温送一味名为"志远"的药草。桓温手持药草问谢安："此药又名小草，何一物有二称？"谢安尚未开口，一个名叫郝隆的官员抢着回答："此甚易解，处则为志远，出则为小草。"暗喻隐居不仕，那叫志向远大；出来做官，那就成了随风倒的小草，分明是在讽刺谢安。桓温目谢而笑曰："郝参军此过为恶，亦极有会。"说郝隆虽是开玩笑，但并不粗俗，很有领悟。

太和四年（369），谢安50岁，随桓温北征，得知弟谢万病卒（时谢万已被朝廷复起为散骑常侍）。谢安遂借弟丧为名，投笔求归。温准令返家治丧。不久朝廷任他为吴兴（今湖州市）太守。在任"修城西官塘，在官无当时誉，去后为人所思"。

咸安元年（371）十一月，桓温废海西公改立司马昱为简文帝。桓温专擅朝政，生杀任情，简文帝对他无可奈何。为培植自己的势力，与桓温抗衡，简文帝选中了谢安。于是谢安由吴兴太守升为侍中，再升为吏部尚书、中护军。谢安所以能顺利升迁，一是谢安虽不满桓温的专横跋扈，但尚未与之发生公开冲突；二是谢安的才干又为举朝上下所公认。因此，桓温做了个顺水人情，极力推荐谢安。

淝水之战　功勋卓著

谢安执政后，面对北方强敌前秦，眼看一场保卫民族生存的战争不可避免。他深知国家要战胜强敌，除了必须的军力外，还要有丰厚的物质基础。因此，他注意减轻百姓负担，发展生产以增强国力。

太元八年（383）八月，前秦苻坚从长安出发，带步兵60万，骑兵27万，号称百万，旗鼓相望，前后千里，大举进攻东晋。

秦军声势浩大，晋朝京师震动。谢安派弟谢石为征虏将军、征讨大都督，派侄子谢玄为前锋都督和儿子谢琰为辅国将军及西中郎将桓伊等率领北府兵8万，抵抗秦军。同时，命令龙骧将军胡彬领水军5000支援寿阳。

谢玄出发前问计于谢安，谢安胸有成竹地说："已有别旨"。谢玄不放心，又派人去问，谢安却带人到郊外别墅去了，一时亲朋毕集，欢聚一堂。谢安提出以别墅为赌注与谢玄下棋。平时谢玄棋艺高出叔父一筹，今日因惦念前方军事，心情不宁，棋连连败北。谢安看出侄子的心事，回头对外甥羊昙说，别墅给你罢，便转身外出，直至深夜才归。

秦卫将军梁成率众5万，进屯洛涧，沿淮列栅。谢石、谢玄等至洛涧南岸，与梁成军相距25里，不敢轻进。苻坚派朱序至谢石营，勒令速降。序本晋臣，志在保晋，私语谢石谢玄道："秦兵不下百万，若同时并至，诚不可敌，今乘诸军未到，速宜与战，若得败秦前锋，余众夺气，将不战自溃了。"谢玄接受序议，嘱他伺机归晋。谢琰道："机不可失，敌不可纵，朱序此来，正天授我机！"秦军攻占寿阳后，与晋军隔江相峙。谢玄派人对苻融说："将军临水布阵，看来不想与我决战了。请你们稍稍后退，让晋军渡过淝水，我们决一雌雄。"苻坚、苻融自恃兵多势众，认为可以答应晋方要求。

苻坚说，可以引军少退，待晋军有半上岸，我们铁骑扫荡，定获全胜。于是苻融麾军稍稍退却，不料此时在秦军中的晋军旧将朱序大呼："秦军败矣！"那些不愿打仗的汉人和被抓来的秦军，以为秦军真的败北，拼命后撤，秦军阵脚大乱。谢玄指挥北府兵，从容渡过淝水，像一支利箭向秦军猛击。苻融赶快骑马掠阵，想制住溃逃，在乱阵中被晋军斩于马下。晋军斗志昂扬，如猛虎下山，锐不可挡。一直追杀到寿阳以西30里处才鸣金收军。秦兵大败，战死、踩踏而死者，蔽野塞川，逃者"闻风声鹤唳，草木皆以为晋兵"。

秦军战败，前方送来驿书。当时谢安正与客弈棋，接书匆匆一看，随手放在床上，继续下棋，脸上丝毫没有露出神色。客人问："你看的什么书信？"谢安徐答："小儿辈遂已破贼！"镇定如此，对手佩服得五体投地。

夙志未酬　与世长逝

淝水之战后，谢安在朝中的威望达到了顶峰。他想继续维持东晋内部的团结，利用这一有利时机，趁机北伐中原，统一华夏，便指挥晋军进抵邺城，收复洛阳。在内部则继续搞好与桓氏集团的关系。太元九年，桓冲病逝，荆、江两州缺守将，朝野一致认为谢玄在淝水之战中有殊勋，理应由他来取代桓冲的空缺。但是，谢安从全局和国家着想，没有让谢玄去补缺，仍以桓石虔、桓石民和桓伊任三州刺史。

东晋统治集团是一群腐朽的氏族门阀，他们根本不去理解谢安的一片忠心、苦心，他们惧怕谢氏功高震主，成为"新的军阀势力"，于是把征战中的北伐部队撤回来，宁肯偏安江南。孝武帝还把才20岁的胞弟会稽王司马道子录为尚书事，与谢安"共掌朝政"，兄弟俩联合起来排挤谢安。

太元十年（385）正月，谢安决定离开京城，出镇广陵之步丘，筑垒名新城，后人追思之，名为召伯埭。谢安在权力斗争中，宿志未酬而抑郁得病，遂向朝廷要求回京疗疾，并要求把儿子谢琰召回，"解甲息徒"，朝廷一一照准。同年八月丁酉，溘然长逝，享年66岁。

（谢文柏）

遂昌举淤口村

杨可扬的版画人生

举淤口村位于遂昌县最西部的西畈乡,山高水长,穷乡僻壤。以前不通车也不通邮,是一个名不见经传的偏远小山村,被世人称之为遂昌的"西藏"。1914年8月的一天,村民杨发熙家中第五个小孩呱呱落地,虎头虎脑的小子给家里增添了无限的喜悦。

农村传统按宗祠里的辈份取名,也称"祠堂名"。这个刚出生的小儿属"加"字辈,便取名"杨加昌"。日月如梭,很快杨加昌7岁了,该进村里私塾念书了,旧时读书有的要取学名,私塾先生再三斟酌,把杨加昌改成了"杨嘉昌"。这位"杨嘉昌",便是后来一生富有着传奇色彩的杨可扬老先生。

这方水土与外面的世界相隔好几十里的山路。一年中,长辈们很难得出山几次,于是每次采购回来的生活用品都显得极其珍贵,用旧报纸包了又包,深怕日晒雨淋。聪明乖巧的小可扬自然能得到长辈们特意捎来的饼干糖果,大人们随手丢弃的让人眼花缭乱的报纸,更是让他着了迷。报纸上的那些"美丽牌""金鼠牌"等香烟广告上时髦的图画,让可扬充满了遐想,从未走出深山半步的他,也明白了外面的世界是多么的神秘和让人向往。无意中家里发现有一本石印的《三国演义》,那书上栩栩如生的人物画像,让他兴奋不已,就偷偷地用习字的竹纸映描书中的图像,这一描,就上了瘾,并且越描越来劲。随着一天天的长大,终于盼来了能够迈进公立小学上学的那一天,不再每天就是令人厌烦的"之乎者也",除了课程广泛,更有了让小可扬盼望已久的图画课。那一本本花花绿绿的图画书,小可扬是如痴如醉,对画画的痴迷愈加一发不可收拾。自从见到了丰子恺大师的漫画后,更加深了他对图画的从新认识。每天一有空,便一个人躲在角落,临摹大师的漫画,经常忘记了吃饭和睡觉的时间。

一晃到了21岁那年,可扬已是一位朝气蓬勃的大小伙子,怀着万般的憧憬,离开故乡,后经人介绍在宁波的一家书店打工谋生。除了做好每天的工作，可扬还是忘不了最钟爱的画画，书店的工作带给了他更多的见识和热情。画多了，也尝试着往上海的一些漫画杂志寄了几张精心创作的漫画作品，想不到竟被采用，还寄来了稿费。尝到成功喜悦的他竟然不知天高地厚地发誓要成为一名画家。于是不顾工友的多次劝导，毅然辞工只身来到上海的一所学校学习画画。本来就家境贫寒的他，身上并无多少积蓄，实在无计可施，只好含泪半途退学。有道是天无绝人之路，在万般失意中他有幸参观了中国第二届木刻作品展览，那朴实厚重的版画作品，从此烙在了可扬的心中，挥之不去。

　　杨可扬和版画就此结下了不解之缘。1937年春，师从马达先生（鲁迅先生倡导下的中国新兴木刻运动的开拓者之一，抗战爆发后，组织"中华全国木刻界抗敌协会"、翌年任教于延安鲁迅艺术文学院，成为"延安画派"的主要代表人物之一）转习木刻版画。1938年，加入中华全国木刻界抗敌协会，长期从事进步木刻运动。1938年年底，参与《民族日报》筹办工作。1940年冬起，与郑野夫先后在浙江丽水、福建武夷山市赤石经办中国木刻用品合作工厂，从事木刻用品生产，编辑出版版画讲义书刊，坚持将新生产的木刻刀连同油印的讲义邮寄给全国函授班的学员，致力于推广战时木刻运动。长期从事进步木刻运动，版画创作成为他毕生的追求。由《保卫祖国》开启创作生涯，从抗日战争期间的《孤儿寡母》，到解放战争时期的《张老师早!》，到解放后的《山村小店》，到新时期的《浦东之春》等，作品个性鲜明，无不浸透着先生对人民和生活的无限深情。不断的学习创造中，成就了先生自己独特的风格。他的作品风格磅礴大气，就像他淳朴无私的心胸一样，充满黑白分明的气息，沉实厚重。在那个炮火连天、哀鸿遍野的抗日战争时期，杨可扬以刀为枪，积极响应鲁迅先生倡导的新兴木刻运动，进行着后方的抗日宣传。与众多的热血青年一起投身于保家卫国的战斗中。同时，德国柯勒惠支、比利时麦绥莱勒等来自西方进步版画家作品的不断涌进，让自大山里走出来的杨可扬眼界大开，又重新看到了另一个版画世界。

　　鲁迅先生教诲"木刻要为现实生活与斗争服务"的艺术主张，杨可扬一直铭记在心。抗战时期，许多的木刻图画，被四处张贴，作为鼓舞人心的宣传画。解放前的一批黑白版画，《张老师早》《撤佃》《垮的日子》等，淋漓尽致地描述了小人物的苦难生活，先后被中国美术馆、大英博物馆收藏。

1942年，风靡一时的"木刻用品合作社"从浙江丽水迁至福建的赤石镇，改名"中国木刻用品合作工厂"，可扬也随之迁移。稍有安定，他不仅恢复在丽水编辑时被迫中断的期刊《木刻艺术》，随后，带领大家着重编辑"新艺丛书"。曾用过"周山""林间月""廖家平""杜平""好文"等笔名发表文章和美术作品。时年5月，就任"中国木刻研究会"理事；1946年到上海后与其他同行筹办了规模盛大的"抗战八年木刻展"，同年，"中国木刻研究会"改组为"中华全国木刻协会"，杨可扬当选为常务理事。1949年后，专事美术编辑出版工作，是上海人民美术出版社和上海版画协会的创建人之一。

杨老刻得一手好版画，还写得一手好文章，不仅在评论时事时严谨犀利，也会写一些清丽动人的散文游记，博得众多读者的好评。80年代初，他应邀为香港书展创作藏书票，这也是他的第一枚书票。他刻制了一枚鱼儿翔底、追踪月影的套色藏书票，鲜活逼真，让人见了无不赞叹。后来不断创作创新，共有300余枚书票相继问世。上海解放后，杨老进入上海人民美术出版社的前身《华东画报》社，一直到离休，一干就是40多年。先后任上海人民美术出版社副总编辑、中国美协上海分会副主席、中国版画家协会副主席、中国藏书票研究会艺术顾问、上海版画协会会长等职。大量作品被博物馆、艺术馆、私人所收藏，是作品被收藏最多的版画家之一。晚年还创作了世博会吉祥物海宝骑在老虎身上的版画贺年卡，1991年杨可扬先生被中国美术家协会、中国版画家协会授予美术最高奖——"中国新兴版画杰出贡献奖"。

杨老先生对家乡充满着无限牵挂。至耄耋之年，还两度回乡探望，并于2004年将177件珍藏的版画、藏书票捐赠给遂昌。2009年2月还在病榻上致电村里商谈发展之策，对村中的文化建设提出了很多可行的建议和方法。乡亲们对杨老先生同样有着深厚的情感，他们时常都在想念村中这位引以为豪的老先生。

2010年5月31日，96岁高龄的杨可扬先生因病辞世。作为30年代鲁迅新兴木刻运动硕果仅存的先驱者和代表人物之一，他的离别无疑是中国版画界的一大损失。

2011年5月31日上午，中国版画大师杨可扬骨灰安葬、铜像落成揭幕暨杨可扬文化公园——百合园开园仪式在大师故里——举淤口村举行。杨老的坐式铜像慈祥又庄重，身旁放着照相机和刻板。铜像右侧的巨石上，镌刻着"人生就要像版画一样，一丝不苟，黑白分明"。这是杨可扬大师的人生格言，所见之人无不敬仰。

在家乡人民的热切期盼下，杨老终于叶落归根，魂归故里。从此，长眠在他魂牵梦萦的故乡……

（唐昌跃）

缙云仁岸村

山村"自家人"潘天寿

在风景秀丽的缙云县仁岸村,这里不仅有"浙江省最甜"的杨梅而闻名遐迩,还因为潘天寿在此一段生活的岁月而富有文化品味。

潘天寿是当代中国绘画大师,曾是第一、二、三届全国人大代表,浙江美术学院院长,中国美术家协会副主席,浙江美术家协会主席。抗日战争时期,潘天寿先生一家在缙云仁岸村度过数年艰难的岁月,同仁岸村的劳动人民结下了深厚的情谊,留下许多珍贵文化遗迹。

艰难的岁月

潘天寿年表记载"1941 年,45 岁……回浙江缙云探亲"。事实上从 1937 年抗日战争开始,杭州国立艺专就辗转内迁,首先是迁往湖南源陵,1940 年由昆明附近安江村迁至四川璧山。之后,日本对中国疯狂侵略,实行烧、杀、抢"三光"政策,根本无法上课,师生的生命也危在旦夕。潘天寿携夫人何愔带着全家逃难。经过千里迢迢的奔波,来到"自家"——姓何的缙云县仁岸村(何姓有卢江何、清源何之分,潘天寿的岳父何公旦称:在缙云找到清源何的望族祖宗,帮称仁岸人为自家)。他们在这里落脚、隐蔽居住。这是 1941 年春。

兵荒马乱之年,在仁岸的潘天寿一家生活温饱也就同周围的山村百姓一样,完全陷入饥寒交迫的地步。常常是九口人一大锅粥,或是丝瓜蒲菜熬起一大锅汤,大家喝着充饥。有一段时间,他家确是钱尽粮空了,房东何金法送给他 20 斤大米,潘先生不肯白拿,但一时又付不出钱,就从箱子里拿出一件紫色半新旧的长夹袄给调换。1988 年深秋,我们访问房东何金法老人,问起潘天寿先生留下什么遗物时,他老人家兴高采烈地穿起这件长夹袄给我们看,当时我们还为他拍了照。后来何金法老人一直穿着这件夹袄,衣袋里藏着我们给他拍的照片,直到寿终。

在仁岸避难的一年多时间里,潘先生一连失去了二位亲人。他的岳父何公旦先生因流离颠沛，年老体弱，重病缠身，虽喜面食，但当时连吃点面粉的条件都没有，只能搞些麦麸做饼或炒着下咽充饥。在衣不暖体、食不饱肚、重病无医的折腾下，不幸去世，下葬在仁岸水口山的白岳庙下。潘天寿夫人何愔在仁岸生下一子，由于母亲没营养，没有奶水维持小生命，出生没几天便活活枯死，潘先生和何夫人抱头痛哭，悲痛欲绝。1984年，我们初次去了解潘天寿避难住所，眉发如霜的房东何金法老人老泪纵横，激起辛酸的回忆。

"穿草鞋的自家人"

仁岸人对潘天寿一家的到来满是欢喜，十分亲切。如今你若问起潘先生，那些八九十岁的老太婆和老公公还能深情地称潘先生是姑夫，称何愔是姑母。他们对潘天寿一家到仁岸的景况记忆犹新。潘天寿一家除潘天寿与夫人何愔、岳父、岳母、男孩潘新儿、女孩潘曦儿外，还有潘先生的二个姨子，一个长着白净的脸蛋，一个扎着长长的辫子，除此就是保姆"阿钟"。一共9人就在何金法刚盖好的一厢两间木房里住下，和仁岸人同舟共济、相依为命。仁岸人对潘先生一家的亲密和尊敬不仅因为仁岸村民的与何愔夫人都姓"何"为自家，更主要的是因为"穿草鞋的都是自家人"。

杭州美院院长在仁岸，此事也传到了县府，一日县长何宏基光临潘先生住房。村口门前都有警察监守，县长下令"不许闲人出入"，但潘天寿却决然称道"穿草鞋的都是自家人"任其出入。在旁的县长一时发了呆。

潘天寿就是和穿草鞋的穷人同一个派，坐在一条板凳上，他以"清贫为乐"。

潘天寿住入仁岸不久，日本强盗的飞机、炸弹和刀枪逼近浙南山乡。为安全起见仁岸人又送先生一家穿羊肠小道翻山越岭到杨坑去隐蔽。有几个扛皮箱的见一只沉甸甸的箱子，猜是什么金银宝贝，充满了好奇心，扛到时更要潘先生打开看看。箱子打开，只见里面尽是笔墨砚台之类的画具，别无他物。扛箱的顿开茅塞，明白潘先生不是"财主"，潘先生是与天下穷人同姓"贫"。

在山乡避难的日子里，每天一大早，潘先生就穿起草鞋，带着儿子潘新儿，跋山涉水，认真向山里人请教，他爱这里的山山水水，爱这里的农民，常同何愔到仁岸溪边大堤上，看着农民犁田耕耘。关切地问寒问暖，有时一连坐上几个钟头,似乎要听出稻禾拔节、稻花开瓣的声音。回家后则埋头练习和创作,当时纸张有困难,乡亲帮忙找来一叠叠草纸给他当画纸,常常画到三更半夜,在这忧国忧民的日子里,潘先生坚持对绘画事业的耕耘,宛如一个孝子尽情地要给受难的祖国母亲塑造最美好的形象。他画画时硬拉着村里小孩到身边学,教他们写字画画,把自己的作品送给"穿草鞋"的,仁岸村几个高小毕业生均有他送的对联,如今若有保存该是很宝贵的了。

在那兵荒马乱的岁月,山村农民的治病真是困难极了,潘天寿夫人及两个姨子都懂点医学。潘天寿就叫她们认真研究医术,闻说有人得病就前去看望,仁岸何仲法、何仲生等接受过治疗。何仲法打"半日鬼",两个多月瘫痪在床,潘先生大姨一贴药就治愈,就这样常年累月不知治好多少病人。

在三年时间里,潘天寿数度在缙云与亲人团聚,并曾赴仙都鼎湖景区考察写生,缙云人民亦因此而有幸惠存大师的诗作《过仙都》:

五云留我暂栖迟,始识云间峰壑奇。
风定洒瓢溪可耳,崖铭鹤寿墨凝眉。
久闻金鼎骑龙事,且唱青莲乐府辞。
应有如花人不寐,中天丝竹月明时。

到离别临行时,先生家仅有的衣物和坛坛罐罐,几乎拿不出一件完整和像样的东西。在这种情况下,他还是给仁岸和杨坑的房东以白藤椅和蓝腰裙等物,寄下深厚的情义。还为山区穷人培养"文化人才"。缙云籍当代画家李震坚就是潘天寿培育出来的。继承潘先生的传统,致力探索、创新,李震坚对中国人物画作出卓越的贡献,1980年春为潘老作的国画肖像蕴含了无限的师生恩情,一脉相承,继而在李震坚的指导和熏陶下,缙云又涌现了李泽豪、杨文源等画家。

抗战胜利后,潘先生还把缙云两位诚实的农民孙云生、刘德凡推荐到美院工作。冬日亲自给他们添衣服,夏天给买蚊帐。

潘先生儿子潘公凯(曾任中国美术学院、中央美术学院院长)给我们来信中说:潘先生一家对抗战中在缙云的一段生活很怀念,对那一带的老乡及山山水水很有感情……

在潘天寿住过的土地上

潘天寿的故事在仁岸世代传颂。他的品格成为仁岸人做人的榜样,鼓励人们爱国奋战,维护民族的尊严,开拓美好的前景。

仁岸村在解放前还是个凄凉的小山村,几所破旧的民房深深埋在草窝刺丛中,如今仁岸已完全变了样,村前架起了大桥,村后的公路翻过大洋山云端直通温州,一幢幢崭新的条石、红砖房屋拔地而起……这里现已发展成为浙江省最甜的杨梅基地,仁岸人凭自己勤劳的双手,在潘先生往日避难的土地上建筑起美好的家园。

仁岸离盘溪中学不到2里,这块潘先生住过的土地,现在成为这个学校的美术教学基地。参观潘天寿当年避难住房,拜访房东聆听潘先生在仁岸的故事,介绍他的生平事迹和作品,到仁岸写生,成了美术教学的常设课。

缙云在1986年前,多年没人考入美术方面的艺术院校,1987年,盘溪中学"潘天寿美术兴趣小组",许多同学考入美术学院,传承一脉墨香。

鉴于中国国画大师潘天寿先生及其家属、亲戚等8人在抗日战争期间曾移居缙云县达数年之久,留下许多珍贵文化遗迹。为挖掘地方历史文化,促进我县文化事业发展,2009年7月19日在缙云建立"中国潘天寿艺术(缙云)研究所"。

(陈子信)

象山黄贤村

林逋巧对斗知县

　　黄贤村位于奉化市裘村镇的西南部，三面青山环绕，一面濒临象山港，行政区域面积9.5平方公里。

　　黄贤村历史悠久，有着两千多年的文化沉积和内涵丰富的人文古迹与历史资源。据《史记》记载：汉初张良的老师"商山四皓"之一的夏黄公因辅佐刘邦之子刘盈有功，刘盈登基后，因他不愿为官，皇帝就将下黄公隐居过的这一片土地赐予他并命名为"黄贤"，地名一直沿用至今。为纪念黄贤开山元祖及其女儿黄姑采药救人的公德，特在东南山岙建造东祠庙。东祠庙依山傍水，掩隐在茂林修竹丛中，门前矗立着大型石牌与两棵由宋代乡贤林逋手植的千年古柏相依相映，无声地叙说着历史的变迁和沧海桑田。

　　黄贤村，北宋时著名诗人、书画家林逋，孩提时代就是在这里度过的。林逋小时候就读的学舍就是上林书院，遗址尚存。今已将原址扩大两亩面积，这里将成为浙东林逋文化研究中心和纪念地，也将成为一处独特的梅鹤文化景点。

　　林逋，字君复，早岁浪迹江湖，后隐居西湖孤山。《宋史·隐逸传》称其"性恬淡好古，弗趋荣升。家贫衣食不足，晏如也……归杭州，结庐西湖之孤山。二十年足不及城市"。林逋终身不娶不仕。喜欢种梅养鹤。自称"以梅为妻，以鹤为子"。他清苦终身，年六十而卒。

　　林逋是北宋著名诗人。诗的主要内容是吟咏湖山胜景和抒写隐居不仕、孤芳自赏的心情。写景精细、字句精炼、意境完整、情趣活泼。《宋史》说林逋的诗"自写胸意，多奇，风格澄澈淡雅"。如《长相思》："吴山青、越山青、两岸青山相对迎，谁知离别情？君泪盈、妾泪盈，罗带同心结未成，江头潮已平。"读后使人感慨万千。

　　林逋不但以诗著称于世，又精于书法。其风格"清瘦遒劲"。黄庭坚称赞道："林处士书，清气照人，其端劲有骨，亦似斯人涉世也。"是评说字如人，高风亮节。

林逋从小聪明过人，仗义执言。曾传有"抛珠退县官"和"巧对喻贪官"的故事。前者是说王知县要为其岳父做寿，强行索要黄贤村100颗珍珠。乡亲们敢怒不敢言。年仅7岁的林逋站出来要与王知县对对联，并约定，如果能对出，则上交珍珠，如果对不出则请自便回去。知县见是一小孩，也就随口答应了，并要林逋出上联。只见小林逋不慌不忙，吟出上联："白杜白鸡啼白昼"。知县抓耳挠腮，忙乎半天，汗水滚落一地，还是对不出。看到知县认输，小林逋说，下联我自己也已经想好，请知县大人指教。说罢，便吟出了下联："黄贤黄犬吠黄昏。"对联如此精妙，知县心中暗暗称奇，但也羞得无地自容，只好带着衙役悻悻离开，上贡珍珠之事再也不提了。后来，黄贤人将林逋智斗知县时边上这汪潭水命名为抛珠潭。

后者说的是有年夏天，黄贤村人与邻村为争夺山林发生械斗，出了人命，虽然责任在对方，但人家钱多、势大、硬是告到县里，知县王老爷接到状纸后，存心想出一出三年前为敲竹杠被林逋戏弄的恶气，传齐三班衙役，威风凛凛地坐上大堂、带原告、被告候审。他自恃有才，便高声喝道："身冬衣，手夏扇，小子只知肚饱，不知春秋。"而林逋慢条斯理晃着脑袋从容应对："坐南堂，朝北阙，老爷不爱官声，只爱东西。"知县领悟林逋的诗意，权衡利弊，若是草菅人命，弄不好要丢官罢职。最后只得秉公办事，惩办了肇事凶手。

林逋是中国古代三大隐士之一，与"不事王侯"的东汉严子陵，"归去来兮"的晋代陶渊明并称。林逋逝世后，宋仁宗赵祯赐给他"和靖先生"的称号，成为中国历史上少有的由皇帝赐封的隐士。历代文人雅士慕其名，纷纷上黄贤老家探寻或至孤山吊唁。奉化忠义乡人，清朝名人吴文江曾赋诗曰：

> 山回路曲白云深，书院依然积上林。
> 不是先生故居处，将归归处更何寻。
> 遗稿原无封禅书，真儒真识有谁如。
> 自从湖上寻梅鹤，久使山中旷旧居。

黄贤村为了纪念林逋的一生功德，特在黄贤村南面打造林逋广场，重建明珠湖。附近的东元塔和商山古桥也是为这位乡贤所建。东元塔位于黄贤森林公园东部,矗立在商山之上,高七层,为奉化东部第一高塔。它西邻明珠湖,湖山辉映,塔影横陈,游人置身其中恍如林逋徜徉于孤山与西湖之间,令人心旷神怡。商山古桥始建于北宋,现存的桥身是1871年同治十年修建而成,距今也有一百三十多年的历史。桥下的抛珠潭仍清澈见底,游鱼碎石,历历可见。

元朝时,在黄贤村的林逋的第七代后裔林净因,曾东渡日本,开创了日本饮食业,成为日本的馒头先祖。2008年,林净因的第34代后人,84岁的川岛英子携儿孙们在东祠庙拜谒列祖列宗。

象山港畔的明珠——黄贤村,正在为建设诗意栖居的新农村不懈努力。如果林逋地下有知,不知会作出何等欣喜的诗篇呢。

(象山县农办)

后记

《千村故事》丛书《名人名流卷》上下卷自2015年3月启动，至今正好三年。在书稿清样校对完成、即将杀青付梓之际，不免有许多话想说。

2015年3月，浙江省农办和浙江农林大学联合制定了《千村故事"五个一"行动计划》，内容包括：编撰一套丛书、形成一个成果、摄制一碟影像、推出一馆展示、培育一批基地。《千村故事》就是其中的一套丛书，分《浙江古村概览卷》《特产特品卷》《礼仪道德卷》《清廉大义卷》《劝学劝农卷》《名人名流卷》《民风民俗卷》《手技手艺卷》《生态人居卷》共九卷11册。

《千村故事"五个一"行动计划》受到省委省政府的高度重视，省委书记夏宝龙、省长李强、省委副书记王辉忠、副省长黄旭明等领导先后批示，要求"一定要把这件大事做好"。浙江省现有历史文化名村一千三百多个，深入挖掘古村落的历史文化，传承乡村文明，对建设"文化浙江"具有重要的历史价值和现实意义。

《名人名流卷》所收集的故事初稿都是由各地市、县、区农办提供的，绝大部分是民间文人的创作和基层文史工作者研究的成果。由于撰稿人的写作风格、切入视角和研究水平不同，在本书编写的过程中对原稿都作了不同程度的修改甚至重写。由于故事所涉及的人物、事件，纵向时间跨度很大，大多缺乏史料互证，我们虽然花了大力气对其中的疑点进行了考证，也难免存有许多可议之处，许多故事连原作者和相关照片的拍摄者都难以确论，概以当地"农办提供"记之。在此我们向所有为古村落文化研究付出心血的前辈先生、同行同道们表示衷心感谢！

在成书的过程中，需要感谢的人实在太多了，浙江省农办主任章文彪先生、浙江省农办社会发展处处长邵晨曲先生、浙江省农办社会发展处副处长林爱梅女士统筹各地农办收集故事素材，为成书奠定了坚实的基础；各地农办为编写组的实地调研提供了大力支持；浙江农林大学副校长金佩华教授亲自组织把关、督促实施；中国农民发展中心主任、浙江省政府参事顾益康先生、中国农民发展中心首席专家、浙江省农业厅原副厅长赵兴泉先生悉心指导；王景新教授对整部丛书作了周密谋划。通过书稿的编写不仅丰富了自己的见闻，也深切感受了领导、专家们科学的思维方式、务实的工作风格和严谨的治学态度。

在成书的过程中，主编的研究生也参与了资料检索、实地调研和清样校对，他们是张凯丽、王利曼、周琳、吕雅静、梁冠平、何路、韩钰、花佩，在此一并鸣谢！

2017年3月25日